조선의 못난 개항

조선의
못난 개항

일본은 어떻게 개항에 성공했고 조선은 왜 실패했나

문소영 지음

역사의아침

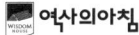

목차

6	글을 시작하며
19	흥선군은 왜 스스로 왕이 되지 않았나
35	최익현의 상소와 무위로 돌아간 흥선대원군의 개혁들
47	1차 아편전쟁에 위기를 감지한 일본, 허송세월한 조선
67	요시다 쇼인과 문하생들 VS. 박규수와 사랑방 손님들
91	조선과 일본의 젊은 지식인들, 세계를 보다
115	1910년 한일 강제병합은 누구의 책임일까
133	외세를 등에 업은 고종과 고메이 천황의 저항
163	일본의 하급무사와 조선의 유림
193	비주류가 주류를 전복한 일본 VS. 무능한 주류가 존속한 조선
213	김옥균은 왜 사카모토 료마가 되지 못했나
233	이완용은 왜 이토 히로부미가 되지 못했나
253	일본과 조선 개혁의 문화적·경제적 차이
282	글을 마치며
289	참고문헌

글을 시작하며

고종이 즉위한 1863년부터 1910년 한일병탄에 이르기까지 47년 동안 조선에 가장 중요하고 시급했던 정책은 무엇이었을까. 그것은 개화開化였다. 서양의 근대적 문물을 받아들여 나라를 근대화하고 서양식의 부국강병을 추진했어야 했다.

21세기 현재의 시점에서 돌아보면 그 답이 선명하고 명확하다. 하지만 19세기 말 당시에 조선의 운명을 책임지고 있던 왕실과 똑똑한 사대부의 눈에는 그것이 잘 보이지 않았던 것 같다. 백성들은 말할 것도 없다. 서양의 군사적 침탈이 얼마나 강도 높게 진행되는지에 대한 정확한 인식이 일부 몇몇을 제외하고는 거의 없었다.

16세기에서 18세기까지 조선과 일본을 비교한 《못난 조선》을 쓰고 난 뒤, 19세기와 개화기에 대해 써야겠다고 마음먹었다. 《못난 조선》을 쓴 것은, 1910년 한일병탄이 19세기 개항기에 적절하게 대응하지 못한 정책적 실수와 실패뿐만 아니라 16세기 이래로 300년 동안 누적된 경제·문화·사회적 문제에서 연유된 바는 없는지 찾아보려는 노력이었다.

조선은 16세기부터 경제·사회·정치·문화 수준이 낙후되기 시작해 19세기 본격적인 개항과 개화를 진행해야 하는 시기에 빠르게 적응해나가기 어려웠다. 반면 일본은 16세기부터 축적된 정신적·물질적 토대 위에서 조선에 비해 상대적으로 쉽고 빠르게 개항에 적응해 나갔을 것이라는 가설을 세웠다. 《못난 조선》은 이런 가설을 확인해 나가는 과정이었다. 조선과 일본은 모두 강요된 개항을 받아들여야 했다. 하지만 조선과 일본의 개항의 결과는 완전히 달랐기에 그 물리적 토대를 중심으로 원인을 찾아보려 했다.

《못난 조선》의 연장선상에서 쓰인 이번 책은 140~50여 년 전 개항의 결과가 21세기 한국과 일본의 정치에 꾸준히 영향을 미치고 있기에 19세기 말과 20세기 초 역사에 현미경을 들이대고 그 현미경을 통해 본 바를 충실하게 설명하고 싶은 욕구에서 비롯되었다.

일본은 1853년 미국 페리 함대에 의해 강제 개항을 시작했지만, 개항에 적응하는 과정이나 구체제를 해체해나가는 과정이 흥미로웠다. 특히 구체제 해체의 주체로 하급무사와 지식인이 결합돼 무혈혁명으로 메이지 유신에 성공하는 과정을 들여다보면서 개항 이후 34년간 허송세월을 했던 조선에 대한 안타까움이 더욱 커졌다. 조선이 개항기에 허송세월을 한 이유와 원인에 대해 명료하게 기록해야 할 것 같았다. 그것은 조선의 개항과 일본의 개항의 차이를 밝히고, 조선은 국가개조에 왜 실패했고, 일본은 어떻게 성공했는지 비교·분석하는 일이다. 사실 이런 작업은 역사를 전공하지도 않았고, 역사연구가 전업이 아닌 날마다 취재하고 기사를 써야 하는, 시간이 충분하지 않는 '생계형 기자'가 진행하기에는 적지 않은 어려움이 있다. 《못난 조선》을 두고 받은 '일개 기자'가 논의할 일이 아니다라는 식의 비난도 마음에 걸렸다. 또 16~18세기보다 정치·사회·외교적으로 더 복잡하게 꼬여 있는 개화기를 한국인들이 싫어하는 일본의 성공사례와 비교해서 서술한다는 것은 심리적으로 몹시 부담스러운 일이다. 불가피하게 일본은 잘했고, 조선은 못했다는 식으로 반복될 텐데, 누군가는 읽던 책을 집어던질 수도 있겠다는 생각이 들었다. 그러나 욕을 먹더라도 조선과 일본의 개항을 비교하기로 마음먹었다.

1876년 개항한 조선은 34년 뒤인 1910년 일본의 식민지로 전락했다. 개항이 진행되던 34년간의 조선은 어수선하고 무질서하게 움직이며 좌충우돌했다. 망국을 향해 폭주하는 조선이란 기차에 올라탄 승객들은 비참한 상황이었다. 승객들은 기차를 운전하는 기관사들이 제대로 운행해갈 것으로 믿고 있었지만, 실제로 기관사들도 기차를 어떻게 움직여가야 할지 몰랐다. 그들은 마차를 끌던 마부라 기차를 조작할 줄 몰랐다. 마부 수준의 기관사들은 압도적인 군사력을 앞세워 조선을 압박하는 중국·일본·러시아를 '활용'할 수 있다고 착각했다. 또 마부 중 일부는 자신들의 이익을 챙기려고 혈안이었다.

그러다보니 기차는 더욱 좌충우돌할 수밖에 없었다.

또한 조선은 1882년 임오군란, 1884년 갑신정변, 1894년 동학혁명과 청일전쟁, 그리고 갑오개혁 등으로 대내외적으로 어수선했다. 1882년 임오군란으로 청나라 군대가 상주하는 등 청나라의 간섭이 심해졌다. 조선이란 기차를 자국에 유리하게 몰고 가겠다는 의도였다. 일본도 가만히 있지 않았다. 청일전쟁에서 승리해 종주국인 청나라를 몰아냈는데도 러시아·프랑스·독일의 삼국간섭으로 조선에서 우위를 점하지 못하자 일본은 1895년에 경복궁에 난입해 명성황후를 살해하는, 상상할 수도 없는 만행을 저질렀다. 이런 어수선한 사회·정치적인 사건은 조선에서만 벌어졌을까?

1853년, 조선보다 겨우 23년 일찍 개항한 일본은 걸림돌 없이 일사천리로 개혁을 해나간 것처럼 보인다. 개항 14년 만인 1867년 도쿠가와 막부의 마지막 쇼군인 도쿠가와 요시노부는 약 270년간 휘둘러온 막부의 통치권을 천황에게 돌려주는 대정봉환大政奉還을 직접 실시한다. 평화적으로 쇼군이 천황에게 정권을 돌려준 것은 최초의 무신정권인 가마쿠라 정권 출범(1185)부터 따지면 약 700년 만의 일이다. 이것이 메이지 유신의 시작이었다.

1867년 통치권을 획득한 메이지 천황은 영지와 사람들의 호적을 담은 판을 중앙정부에 귀속시키기 위해 1869년 6월 일본의 번주(다이묘)에게 '판적봉환版籍奉還'을 요구했다. 봉건질서의 해체가 시작된 것이다. 1871년 다이묘를 중심으로 통치되던 봉건체제인 번을 폐지하고 중앙집권적인 현으로 개편하는 폐번치현廢藩置縣을 실시했다. 이어서 1876년에 무사들에게 칼을 차고 다니지 말도록 하는 폐도령廢刀令과 무사들에게 정부가 주던 봉록을 중지한 질록처분 등이 이어졌다. 이로써 기득권층인 무사들은 완전히 몰락했다. 일본은 1885년 내각제로 전환했고, 천황체제를 공고히 하는 내용의 메이지 헌법을 1889년 2월에 공포해 1890년 11월부터 시행에 들어갔다. 개항 37년 만에 국체를 완전히 바꾼 것이다.

체제정비를 마친 일본은 그로부터 4년 뒤인 1894년에 세계의 예측과 달리 청일전쟁에서 이겼다. 다시 10년 뒤인 1904년 러일전쟁을 벌여 승리했다. 아시아 국가를 얕잡아보던 영국과 미국 등 서방국가로부터 인정받은 최초이자 마지막 아시아 국가로 우뚝 설 수 있었다.

외교적 활동도 성과를 냈다. 일본은 조선에 대한 우선권을 부여받는 비밀조약을 영국과는 1902년에, 미국과는 1904년과 1908년에 각각 성공적으로 체결했다. 영·미·일 카르텔을 형성했다.(이삼성, 2009: 454) 러시아는 러일전쟁이 끝난 뒤 포츠머스 협정을 통해 조선에 대한 일본의 우선권을 인정했다. 일본도 개항할 때 서구 열강과 불평등 조약을 맺었기 때문에 이것을 완전히 개정하는 1911년까지 강대국들의 눈치를 보며 이익을 챙겨나가야만 했다.

이렇게 시대순으로 정리해놓으면 매년, 매 계기마다 일본은 한 치의 흔들림이나 혼란 없이 국가개조 성공의 계단을 차근차근 밟아 올라간 것처럼 보인다. 그러나 누군가의 기득권을 빼앗아오는 일은 쉽지 않았다. 일본도 개항 이후 40년은 극심한 내부 혼란을 겪었다.

막부파와 존왕양이파의 갈등이 심해서 암살이 빈번했다. 메이지 유신 이후에도 신센구미新選組(1863년 쇼군의 교토 상경을 호위하던 무사)라고 하는 무사들이 반反개항론자나 천황지지파, 번에서 이탈한 탈번낭인 등 유신지사들을 죽이기도 했다. 메이지 천황의 왕정복고가 선언된 직후인 1868년 1월에 메이지 정권과 막부 사이 최후의 결전인 보신전쟁戊辰戰爭이 일어나 1년간 계속되었다. 1876년에는 무사들의 칼 착용을 금지하는 폐도령에 반발해 전통복귀를 요구하는 게이신토의 난이 발생했다.

개화론자들 사이의 갈등도 격해져 '메이지 유신 3걸' 중 실각한 사이고 다카모리가 1877년 '세이난 전쟁西南戰爭'을 일으켜 내란이 6개월이나 지속됐다. 1878년에는 '메이지 유신 3걸'이면서 정부 최고 책임자로 세이난 전쟁을 진압한 오쿠보 도시미치가 도쿄에서 자객에게 암살당했다. 천주교에 대한 박해도 심각해 사회가 불안했다.

이런 혼란과 반발을 메이지 천황과 개화파는 철저하게 무력으로 짓누르면서 근대화를 실행해나갔다. 무력으로 국민의 불만을 봉쇄해나가는 근대화라는 것이 과연 정당했느냐에 대한 논란은 여전히 지속되고 있다. 조선을 치자는 정한론이 1873년 제기된 배경으로 메이지 유신으로 쌓인 무사들의 불만과 불평, 내부 갈등을 외부로 떠넘겨야 했기 때문이라는 분석들이 한·일 학자들 사이에서 나오는 이유다.

일본은 어떻게 내부의 각종 혼란과 불만을 뚫고 메이지 유신에 성공해 개혁성과를 내게 된 것인가? 그 이유를 살펴봐야 한다. 일본인이 조선인보다 더 뛰어났기 때문일까? 나는 모든 나라의 모든 국민은 위대하다고 생각한다.

그렇다면 위대한 국민의 역량을 어떻게 통합해서 거대하고 도도한 흐름을 만들어내느냐의 문제가 남는다. 결국 양국의 차이는 지도력이었다고 봐야 옳다. 일본은 대체 어떤 지도력을 갖고 있었던 것일까? 또 지도력을 가진 인재는 어떻게 성장할 수 있었으며, 그런 인재들은 조선의 인재와 어떤 차별성이 있었을까? 그리고 수백 년 동안 누적된 사회·경제·문화적인 기반과 환경은 어떻게 달랐을까? 이것을 살펴봐야 한다.

 이 책은 이런 궁금증을 해결하고자, 1876년 조선의 개항 이후부터 한일합방을 맞은 1910년까지의 34년을 아쉬워하며 써내려갔다. 1900년 이후 상황은 상대적으로 소홀히 다뤘는데 이미 조선을 자주적으로 개혁할 만한 내부의 동력, 경제적 환경이 거의 사라진 상태이었기 때문이다.

 고종은 1863년에 즉위해 1907년 헤이그 밀사 파견이 빌미가 돼 퇴위하기 전까지 43년이나 조선을 통치했다. 즉위 직후부터 1873년까지 대원군 집권 시절을 빼도 33년의 길고 긴 세월 동안 집권했다. 대체 고종은 그 세월 동안 무엇을 한 것일까 하는 의문, 그리고 그를 둘러싼 조선의 인재들은 무엇을 했던 것일까 하는 안타까움을 담았다.

 일본의 눈부신 발전에 눈을 뜨고 위기감을 느낀 김옥균이 다급하게 시도한 갑신정변이 성공하지 못한 것도 아쉽다. 노론 출신의 그는 고위관료라는 자신의 신분에 자족하지 않고, 늙고 병든 조선을 개혁하기 위해 스스로 개혁의 설계도를 그리고 실행해본 인물이다. 그는 국가개조에는 실패했지만, 여러 면에서 '메이지 유신의 설계자'라 불리는 사카모토 료마와 비슷한 점이 있었다. 다른 점은 그가 자신의 뜻을 펼치는 데 조선의 역량이 받쳐주지 못했다는 것이다.

　이밖에도 김윤식·어윤중·김홍집·유길준·윤치호·이완용 등 장원급제로 관료가 됐거나 명문가의 아들이나 양자였던 그들은 대체 개항기를 살면서 무슨 꿈을 꾼 것일까? 그들에게 국가는 개인의 사사로운 이익을 채우기 위해 존재하는 것이었을까? 국익이나 공익의 개념은 과연 있었을까?

　일본의 개화에는 하급무사 출신들의 역할이 두드러졌다. 사카모토 료마도, 안중근의 손에 죽은 이토 히로부미도 하급무사 출신이다. 조슈 번과 사쓰마 번 출신으로 메이지 신정부를 40여 년 운영하던 관리들도 하급무사들이었다. 이 하급무사들은 정치참여를 금지한 막부의 오랜 관행을 깨고 나왔고, 서양 오랑캐를 물리쳐야 한다는 양이론의 세계관도 깨고 나왔다. 그리고 역시 하급무사 출신인 후쿠자와 유키치 같은 지식인들이 내놓은 개화사상과 만나 중세적 질서의 일본을 근대적 국가로 변화시켰다. 끊임없이 시대의 요구에 부응해 자신의 한계를 깨고 나온 것이다.

　조선으로 눈을 돌리면, 조슈나 사쓰마의 하급무사와 같은 역할을 경상도나 전라도의 선비들이 했어야 하지 않았을까 하는 생각을 해본다. 경화세족이라 불리는 한성과 경기도 주변의 양반들은 기득권층이었으니, 기득권이 상대적으로 적었던 경상도·전라도 양반들이 개혁에 불을 붙일 수 있지 않았을까 하는 상상이다. 또는 1894년 전라도와 충청도의 동학농민운동세력들을 일본의 하급무사들에 대입시켜보기도 했다. 유학자들이나 농민운동세력들은 일본의 존왕양이파들과 똑같이 외세배격을 부르짖었으니 말이다. 그러나 지역의 양반이나 동학농민운동세력들이 조선 개화의 주도세력이 되기에는 서구 열강의 현실이나 아시아의 위기에 대해 너무 몰랐다. 우물 안의 개구리였다. 그래서 조슈나 사쓰마의 존왕양이파처럼 서양을 직접 경험한 뒤 사고의 한계를 스스로 깨고 나가는 과정에 도달하지 못했다. 그것은 16세기부터 '주자학'과 '소중화사상'에 함몰되었던 조선의 한계였다. 조선을 제외하고는 모두 무식한 오랑캐 나라인데 외부를 통해 무엇을 배울 수 있었겠는가. 그러니 조선의 선비나 농민들이 고수하고 있던 사상으로는 당대의 세계를 해석할 수도, 조선을 변혁할 수도 없는 형편이었다.

현재 대한민국의 상황을 보면 한 치 앞도 보이지 않는 것 같기도 하다. 경제나 정치뿐만 아니라 선명해 보여야 할 외교·안보 등의 문제에서도 누구의 주장이 옳은지, 누구의 주장이 틀린지 분별이 잘 되지 않을 때가 많다. 마치 17~18세기에 당파의 이익을 챙기고 백성을 내팽개쳐둔 당쟁을 보고 있는 듯한 느낌이 들기도 한다. 그러나 이런 역사도 100년만 지나면 누가 옳았는지 선명해질 것이다. '그때 우리가 이런 길로 갔더라면……' 하는 후회가 커질 수도 있고, 격심한 진통을 겪으면서도 '우리의 갈 길을 제대로 갔구나!' 하는 감탄을 할 수도 있다.

당시에는 선명하고 올곧아 보였던 주장이 실제로는 국민들을 도탄에 빠뜨렸을 수도 있다. 또 그 당시에는 어떻게 저런 비굴하고 허약한 주장을 할 수 있느냐고 비난받았던 주장이 사실은 문제해결의 열쇠였다는 것을 뒤늦게 역사를 통해 확인하기도 한다. 지금에 와서 강력해진 후금과 좋은 관계를 형성하려 했던 광해군의 대외정책을 긍정적으로 재평가하거나, 병자호란에서 척화론을 주장해 후대까지 명성을 얻은 김상헌에 대해 비판의 칼을 대는 것도 그런 이유다.

1980년대 민주화운동도 마찬가지다. 당시 신문들은 민주화운동 세력이 혼란을 조장하고 나라를 위기에 빠뜨린다고 비난했다. 하지만, 1980년대 민주화 과정이 없었다면 1960~70년대 산업화 시절에 쌓였던 잘못된 관행과 비리, 정경유착의 부정부패, 비민주적인 질서가 개선되지 못하고 현재까지 이어졌을 것이다. 혼란과 진통이 나쁘기만 한 것은 아니다. 더 나은 상황을 만들기 위한 도전에 그런 과정이 불가피하다면 견디고 나아가는 것이 맞다. 붉은 사과 한 알을 얻기 위해 한여름의 찌는 듯한 더위와 태풍을 견뎌야 하듯이, 대가 없이 얻어지는 성과는 없다.

개항기 조선의 정치상황을 돌아보면서 어떤 시각에서 지도자를 골라야 하는지도 꼭 이야기하고 싶다. 우리는 눈에 보이는 지도자만을 찾는 경향이 있다. 대통령선거를 치른 뒤 3~4년이 지나면 우리는 늘 "손가락을 잘라버리고 싶다"는 이야기를 하곤 했다. 잘못된 시선으로 잘못된 지도자를 뽑아놓고, 나중에는 손가락을 자르고 싶다는 식으로 자학한다. 그런 일이 반복되면 결과적으로 정치나 지도자에 대해 불신하게 되면서 좋은 지도자를 찾아내기가 더 어렵게 된다.

밖으로 자신을 드러내지 않으면서 묵묵히 일하는 지도자를 찾아낼 수 있는 유권자들의 넓고 깊은 안목이 필요하다. 19세기 말 개화기 조선의 지도자들을 통해 21세기 대한민국 국민들이 얻을 수 있는 교훈을 찾아볼 수 있으면 하는 바람이다.

마지막으로 이 책을 쓰는 동안 엄마의 부재를 견딘 딸에게 고맙다고 말하고 싶다.

2013년 2월
문소영

흥선군은
왜 스스로 왕이
되지 않았나

고종(재위 1863~1907)에 대한 평가는 엇갈린다. '조선의 마지막 왕'으로 아버지 흥선대원군과 아내였던 명성황후 사이에 끼어 왕으로서 정치적 역량을 제대로 펼치지 못한 유약하고 무능한 왕으로 주로 기억되고 비판받았다. 하지만 다른 한쪽에서는 1897년 대한제국을 선포한 배짱 좋은 왕, 다양한 외교적 능력을 발휘해 일본의 야욕으로부터 나라를 구하기 위해 노력했던 성군 등으로 평가한다.

나라를 잃은 무능한 왕이라는 평가는 1910년 한일병합 이후 자결을 선택한 지방의 선비 매천 황현은 물론, 중국으로 망명해 독립운동을 펼친 단재 신채호와 같은 당대의 지식인들의 시각에서 비롯되었다. 반면 근대화를 추구한 개명군주라는 고종의 이미지는 2000년대 들어 이루어진 최근 국사학계의 구한말 연구에 힘입고 있다. 학자들은 미국과 러시아는 물론 이탈리아 등에도 열심히 '외교적 구조'를 요청한 자료들을 발굴함으로써 고종이 그 나름대로 제한된 정치적 환경 속에서 독립을 위해 최대한의 노력을 했다고 평가하는 것이다.

당대 지식인들의 고종에 대한 혹독한 평가와 달리, 1919년 고종이 승하하자 덕수궁 앞에 수천 명의 백성들이 몰려와 곡을 했다. 고종이 독살당했다는 소문이 돌아서 더 격분한 이 백성들은 일제에게 나라를 넘겨주고도 9년이나 더 살았던 군왕의 부재가 그렇게 슬프고 안타까웠던 모양이다. 왕은 '백성의 아버지'라는 유교적 관념의 영향으로 무능한 왕이더라도 살아서 여전히 백성의 곁에 있어주는 것이 든든하고 믿음직했던 것인지 당최 알 수가 없다. 고종이 죽자 못난 왕의 죽음을 슬퍼하는 백성들은 1919년 3월 1일 기미년 만세운동으로 결집했다. 고종은 죽음으로써 오히려 자신의 역할에 충실했던 역설을 남긴 것이 아닐까.

그저 상상만 해보자. 대한민국의 어떤 대통령이 만약 일본과 분쟁을 일으키고 있는 독도를 포기하고 일본에 넘겨준다고 선언했다고 가정해보자. 동아시아의 평화와 안전을 위해 그리해야 한다는 결정을 한다면, 대한민국 국민 5,000만 명은 그 '어떤' 대통령의 결정을 따를 수 있을까? 아마도 탄핵과 같은 정치적 행위가 아니라 결사대를 구성해서 극단적인 행동을 할지도 모를 일이다. 동해의 작지만 상징적인 섬 독도의 안위에 대해서도 이렇게 분노할 대한민국의 국민이 '삼천리금수강산'을 고스란히 일본에 넘겨준 고종에 대해서는 왜 그리 너그러운지 알 수가 없다. 최근 고종의 일가나 조선 말기에 대한 대단히 우호적인 시선은 우려할 만한 대목이 있다. 정책적인 결정이었기에 책임을 묻지 않으려는 태도와도 관련이 있는데, 책임을 물을 일은 묻고 단죄할 일은 단죄를 하는 것이 한 사회의 발전을 위해서 바람직하다. 과거사에 대해 '그때에는 그럴 수밖에 없지 않았겠느냐'는 식의 상황논리를 대입하는 것은 한 사회 발전의 장애물이 될 수 있다.

역사는 현재와 단절된 어떤 시간대의 이야기가 아니다. 현재이자 미래이다. 우리가 대한민국의 영토인 독도를 두고 일본과 영유권 분쟁에 시달리고 있는 이유는 일본 제국주의의 식민지였던 탓이고, 이것은 조선과 대한제국을 책임졌던 왕과 관료들, 즉 조선의 지도자들과 관련이 있는 일이다. 물론 그것은 1870년에서 1900년대 초를 살았던 왕과 관료들이 잘못한 탓이라기보다 16세기 이래 400여 년 누적된 조선의 적폐 탓일 수 있다. 그렇다고 해도 고종이 통치했던 30~40년은 짧은 시간이 아니다. 그 시기를 현명하게 통치하고, 부국강병을 위해 온 힘을 쏟았더라면 상황은 다소 달라졌을 수도 있다. 일제 식민지 기간이 짧아질 가능성도 있었다. 식민지 시절이 짧았더라면 조선의 지식인들이 훼절하고 부역하는 일도 적었을지 모른다. 일본 제국주의의 침략에 대해 소리 높여 비판하려면 내부의 실책에 대해 침묵해서는 안 된다.

*

열두 살에 즉위한 고종에게는 훌륭한 아버지가 있었다. 흥선대원군이다. 흥선군은 자신의 둘째 아들 이재황을 왕실 어른인 조대비가 왕으로 지목하게 만들었다. 그리고 그 다음날 대원군의 지위에 올랐다. 그래서 흥선대원군이다. 이재황은 왕이 되자 조선의 왕들처럼 이

흥선대원군 이하응(1820~98)
영조의 현손으로 왕실과 종친부의 일을 하던 흥선군은 철종이 후사 없이 승하하자, 조성하를 통하여 그 당시 궁중 최고의 어른인 조대비에게 국왕 후보로 자신의 둘째 아들 재황(명복)을 추천했다. 1863년 12월 재황이 즉위한 다음날 대원군이 되어 1873년 11월 권좌에서 물러날 때까지 집권했다.

름을 외자인 이희李熙로 바꾸었다.

양반이 4대를 거치는 동안 과거에 합격하지 못하면 양반에서 탈락하듯이, 왕실도 4대를 지나면 더 왕실의 자손이 아니라 일반 사대부로 신분이 바뀌었다. 흥선군 이하응은 영조의 현손玄孫(손자의 손자)이니 왕실의 피를 이은 마지막 4대였다. 그러니까 왕실 사람으로 특권을 누릴 수 있었던 세대는 흥선군이 마지막이었다. 때문에 고종의 친형 이재면은 철종 말년에 일반 사대부들처럼 과거시험을 쳐 벼슬길에 올랐다.(연갑수, 2008: 39) 일반 사대부로 신분이 변동된 아들을 왕으로 만들었으니 흥선군은 상당한 수완을 가진 사람이었다.

흥선대원군은 자식을 왕위로 올리기 전까지, 세도정치를 폈던 안동 김씨로부터 생명의 위협을 피하기 위해 흥청망청 술을 마시고 무뢰한과 어울리며 파락호로 살았다고 알려져 있다. 이를테면 젊어서 가난했고, 무뢰한과 어울렸으며, 기방에 출입했다가 욕을 당하고, 조정 관원들에게 무시당하고, 맏아들 이재면의 과거급제를 위해 안동 김씨에게 청탁을 하러 간 이야기 등등이 유명하다.(연갑수, 2008: 245) 이는 아마도 왕의 아버지로서 10년 동안 조선을 좌지우지한 섭정자로서의 지위를 극단적으로 강조하고자 한 문학작품이나 근대 영화 등에서 확산된 이야기일 가능성이 높다고 연갑수는 해석했다. 파락호 흥선대원군에 대해 소개한 문헌으로는 박제형이 1883년에 집필한《근세조선정감 상》과 1888년 일본에서 간행한《회여록會餘錄》제1집, 황현이 1894년부터 기록한《매천야록》등이 있다고 연갑수는 소개했다.(연갑수, 2008: 245)

 흥선군은 대원군으로 봉작되기 이전부터 그 나름대로 관직을 받았다. 열다섯 살인 1834년에 흥선부정興宣副正에 임명되고, 1843년에 흥선군으로 봉작됐으며, 1846년에 그의 지위는 정일품에 이르렀다. 정일품은 조선시대 문관의 최고 품계로 영의정 급이다. 1847년에는 중국에 동지 전후로 보내는 사신인 동지사冬至使에 임명됐지만 아쉽게도 가지 못했다.(연갑수, 2008: 245) 만약 흥선군이 1847년에 중국을 방문하고 왔더라면 서양과 중국에 대한 그의 인식이 상당히 달라질 수 있었을 것이다. 당시 1차 아편전쟁(1840~42)이 끝난 지 얼마 되지 않은 중국은 서양의 침략으로 혼란을 겪고 있었다. 이것을 두 눈으로 목격했더라면 조선의 개혁에 대해 고심했던 그는 다양한 정책을 구사했을 것이다. 그의 국정운영 방식은 훨씬 더 강력했을 것이다. 아시아의 최강국인 중국을 좌지우지하는 서양의 정치·군사·문화의 힘을 뼈

저리게 깨달았더라면 그의 대외정책도 변화했을 가능성을 배제할 수 없다. 그는 임오군란의 책임을 묻는 청나라에 의해 3년간 중국 톈진에 볼모로 잡혀 있다가 1885년 돌아왔는데, 그때 그는 자신의 집에 외국 공사들을 불러서 파티를 여는 등 개방적인 태도를 취하기도 했었다.

이후 흥선군은 정치적 의미보다 종실에 녹봉을 나눠주기 위한 의례적 성격의 직책인 사옹원·전의감·사포서·전설사·조지서 등에 임명되었다. 주목되는 직책은 흥선군이 종친부가 유사당상으로 활동한 것이다. 그는 헌종 13년인 1847년 2월 종친부 유사당상에 임명된 이후 철종 연간 대부분의 시기에 그 직책을 수행했다. 현재 서울 사간동 국립현대미술관 서울관 근처에 있는 종친부는 왕실 사람들로 군에 봉작된 사람들을 예우하는 기관이다. 유사당상은 종친부를 실질적으로 운영하는 직책이었다. 당시 조선은 안동 김씨 세력이 권력을 쥐고 있었으며, 군에 봉작된 왕실 인원이 네다섯 명에 불과해 종친부 유사당상이 정치적으로 의미가 있는 자리는 아니었다. 그런데 흥선군은 종친부 등록에 선파인으로 분류된 전주 이씨의 신역을 면제해주는 일에 열을 올리는 등 종친부 관리 너머로 업무영역을 확대했다. 그것이 원인이 돼 철종 8년까지 일한 뒤 파직당했다가 철종 11년에 다시 유사당상에 복귀했다.(연갑수, 2008: 246~47)

왕실과 종친의 일에 열심이던 흥선군은 철종이 후사 없이 승하하자 조성하를 통하여 궁중 최고의 어른인 조대비(신정왕후)에게 국왕 후보로 자신의 둘째아들을 추천했고, 조대비는 그것을 받아들였다. 조성하는 조대비의 조카다. 순종·헌종·철종 3대에 걸쳐 세도정치를 한 안동 김씨의 극심한 경계가 있었지만 이미 조대비는 흥선군의 둘째아들 재황으로 하여금 익종의 대통을 계승하도록 지명했다. 조대비는 이재황을 익성군翼成君에 봉하고, 관례를 거행하여 국왕에 즉위하도록 했다. 조대비가 수렴청정하고 흥선대원군은 국정을 섭정하게 됐다.

여기서 한 가지 의문이 들 수도 있겠다. 왜 똑똑한 흥선군은 자기 스스로 왕의 자리에 오르지 않고, 자신의 아들을 전면에 내세웠느냐는 것이다. 권력은 누군가를 허수아비로 내세운 뒤 뒤에서 조종할 수 있는 힘이 아니다. 허수아비도 권력을 가지면 '권력의지'를 표현하기 때문에 누군가의 꼭두각시처럼 움직이지 않는다. 특히 왕권은 부자간에도 나눠가질 수 없는 힘으로, 영조가 사도세자를 뒤주에 가둬 죽인 잔혹한 사례를 통해서도 극명하게 확인된다.

이 의문에 대해서는 흥선대원군이 왕위계승 결정권자인 신정왕후 조씨를 배려한 것이라는 평가가 나온다. 아니 자신의 남편인 익종과 아들 헌종으로 이어지는 조선 왕의 계보를 만들고 싶어 한 신정왕후의 욕망에 흥선군이 편승한 것일 수도 있다. 조대비라 불리는 신정왕후는 왕위에 오르지 못하고 죽은 효명세자이자 나중에 왕으로 추존된 익종(순조의 세자)의 세자비로, 여덟 살에 즉위한 헌종(재위 1834~49)의 어머니였다. 이 헌종이 후사가 없이 승하하자 강화도령 철종이 왕위를 계승하는데, 철종이 항렬 상으로 헌종의 아저씨뻘 된다는 문제가 발생했다. 그래서 철종은 헌종의 왕위를 계승하면서도, 헌종의 할아버지인 순조의 아들로 입양되는 형식을 취해야 했다.

다시 흥선군으로 돌아가면, 흥선군은 공교롭게 익종과 같은 항렬이다. 그러니 익종의 양자로 편입할 수 없는 상황이었다. 흥선군이 왕이 되려면 철종처럼 순조의 아들로 입양되는 형식을 취해야 한다. 그것은 신정왕후가 원하는 왕위계승 방식이 아니었다. 흥선군은 자신의 어린 둘째아들을 익종의 양자로 입양시켜 왕위를 계승하는 방식을 택해야 신정왕후가 좋아할 것임을 파악했다. 신정왕후가 느끼는 법통의 단절에 대한 위기감을 해소하고, 자신은 왕권을 얻는 것이다.(연갑수, 2008: 254)

열두 살인 이재황은 이처럼 자신의 노력 없이, 똑똑한 아버지 덕분에 조선의 마지막 왕위를 얻게 됐다. 그리고 그 똑똑한 아버지는 권력을 잡았다. 흥선대원군이 쫓겨나던 1873년 이전 10년 동안 종친부를 비롯해 각 군영에는 '대원위분부'가 광범하게 기록돼 있다. 물론 국왕의 승인이 필요하기 때문에 형식적인 승인절차를 받았다. 흥선대원군은 전국의 서원을 철폐하였다. 외척들과 세도가가 장악한 비변사를 폐지하고 군대를 강화하기 위해 삼군부를 설치했다. 환곡제도를 개혁하고 사창제를 실시했다. 이런 개혁의 법적 효력을 뒷받침하기 위해 각종 법전을 간행했다. 무엇보다도 호포제를 실시해 양반들에게 조선 개국 이래 처음으로 세금을 걷었다. 신속하게 개혁정치를 펴나갔던 것이다.

그렇다면 이런 내용들이 《고종실록》이나 《승정원일기》 같은 공식 서류에 흥선대원군의 활동으로 기록돼 있을까? 그렇지는 않다. 실제로 찾아보면 흥선대원군에 대한 기록은 거의 드러나지 않는다.(연갑수, 2008: 255) 대원군을 드러내지 않는 방식은 고종이 자신의 나이 스물한 살이 되던 해인 1873년 11월 친정을 선언할 때도 마찬가지이다.

1873년 10월 25일 최익현은 흥선대원군의 서원철폐를 비난하는 첫 번째 상소를 올렸고, 같은 해 11월 3일에 첫 번째 상소와 비슷한 내용의 두 번째 상소문을 냈다. 이 상소문들을 최익현의 '계유상소癸酉上疏'라고 부른다.

1873년 10월 최익현은 요즘 청와대비서실의 수석비서관 격인 승정원 동부승지에 임명되자 곧바로 사직상소인 '사동부승지소辭同副承旨疏'를 올려 대원군의 국정관여 자체를 문제 삼았다. 이것이 최익현의 제1차 계유상소인데, '흥선대원군'이란 단어가 완전히 배제돼 있었다.(함규진, 2010: 82)

'(최익현은) 1873년 첫 번째 상소 뒤에 호조참판에 제수됐고, 두 번째 상소에서 다시 대원군의 실정을 낱낱이 들고 왕의 친정親政과 대원군의 하야를 주장해 대원군을 실각시키는 데 결정적인 계기를 만들었다'고 역사책에 서술된 탓에 최익현이 상소문에서 노골적으로 흥선대원군을 거론했을 것 같지만, 그렇지 않았다. 다만 그의 '계유상소'에는 흥선대원군의 각종 개혁정책과 활동이 모두 들어 있기 때문에 최익현이 누구를 지목해 비난하고 있는지가 명확했던 것뿐이다. 1873년 10월 25일 최익현의 상소는 이러했다.

"최근 정령은 옛 전장을 변경하기를 거듭하며, 인재를 선발한다며 나약한 사람만을 쓰고 있고, 대신과 육경들은 아무런 의견도 아뢰지 않고, 대간과 시종들은 딴청만 피우고 있습니다. 그리하여 조정에는 속론이 판을 치고 정론은 사라졌으며, 아첨하는 사람들이 기세를 올리고 정직한 선비들은 숨어버렸습니다. 쉴 새 없이 매기는 온갖 세금에 백성들은 도탄에 빠졌으며, 떳떳한 윤리는 파괴되고 선비의 기풍은 죽어버렸습니다. 공을 위해 일하는 사람은 공연히 문제를 일으킨다고 하고, 사를 위해 일하는 사람은 처신을 잘한다고 합니다. 그리하여 몰염치한 자들이 버젓이 행세하며, 지조 있는 사람은 속절없이 죽음을 맞이합니다."《조선왕조실록》

고종은 사직상소인 첫 번째 계유상소를 받은 뒤 동부승지였던 최익현의 벼슬을 높여 호조참판에 임명했다. 최익현은 11월에 다시 호조참판직을 사직한다는 내용의 상소문인 '사호조참판겸진소회소辭戶曹參判兼陳所懷疏'를 올렸다. 두 번째 계유상소이다. 지난번 사직 상소의 비판보다 더 구체적이고 신랄하게 흥선대원군의 정책을 비판했다.

고종은 최익현의 두 번째 계유상소를 받은 1873년 11월 3일 저녁 친정을 선포하고, 아버지 흥선대원군에게 가 있던 권력을 회수했다. 아버지의 힘으로 왕위에 오른 아들도 권력 앞에서는 부자지간의 혈연적 의리를 저버리는 것이다. 그리고 민망했던지 고종은 최익현을 방자하다며 그해 11월 9일 제주도로 유배를 보냈다.

최익현의 상소가 고종의 뜻이 아니었다는 분석도 있다. 명성황후가 동부승지 최익현을 부추겨 대원군의 실정을 강경히 탄핵하도록 했고, 고종이 이를 마지못해 받아들여 대원군의 정치관여를 금지하고 친정을 선포했다는 것(언더우드, 2008: 47)이 일반적인 해석이다. 릴리어스 언더우드는 이렇게 써놓았다. "……모든 조선 사람들이 그렇게 배워온 것처럼 임금도 자기 아버지에게 양순하고 복종하는 사람이었기 때문에 아버지를 강제로 내몰려고 하지 않았다. 그러나 어느 날 아침에 그 노인은 왕비의 쿠데타로 자신이 이미 면직되었으며 왕비의 친구들과 사촌형제들로 새로운 내각이 짜인 것을 알게 됐다."(언더우드,

2008: 48)

　과연 왕비의 계책일 뿐일까. 고종은 자신에게 속해 있는 권력을 찾아와야겠다는 스스로의 뜻이 없었을까? 최익현의 상소를 받아든 뒤 고종이 어떻게 했는지 살펴보자. 고종은 1873년 10월 최익현의 상소를 받아 보고 최익현을 호조참판에 제수했다. 또 최익현을 엄벌하라는 신하들의 여론에 맞서 최익현을 보호했다. 그해 12월 12일 박우현이 '고종이 친부인 대원군에게 효도를 다하지 않는다'며 고종의 친정을 비판하자 고종은 오히려 '흉악한 음모와 반역의 정황이 있다'는 여론을 끌어내 친정체제를 안정시켰다.(연갑수, 2008: 258) 울고 싶을 때 뺨때려준 격으로 스무 살을 넘어서면서 권력을 행사하고 싶어 근질근질한 고종에게 최익현이 권력을 갖다 바친 것이라고 해석하는 것이 더 맞지 않을까. 게다가 친정체제로 돌아선 고종이 한 일은 아버지 흥선대원군이 펼친 국내 개혁정책을 모두 수포로 돌아가게 하는 것이었다. 개혁의 전면 부인이었다.

　친정선포를 받아들여야 하는 흥선대원군은 그때 어떤 심정이었을까? 흥선대원군 전용 출입구처럼 열어두었던 경복궁의 후문은 굳게 닫혀버렸다. 흥선대원군의 시종들이 '대원위분부'를 이유로 열어달라고 하면 '특별한 일이 없는 한 종친은 대궐에 출입할 수 없다'는 원칙을 새삼스럽게 늘어놓았다고 했다.(함규진, 2010: 85) 스스로 왕의 자리에 오르지 않고, 아들의 손에 권력을 쥐어준 것을 뒤늦게 후회하지 않았을까?

　늙고 병든 조선을 개혁하기에 흥선대원군 집권 10년은 너무 짧았다. 또한 흥선대원군은 그렇다할 자기 세력도 없이, 안동 김씨 등 척족세력과 전체가 노론이었던 사림과 혈투를 벌여야 했다. 이들을 견제하면서 왕권을 강화해야 했는데, 왕권강화에 필요한 종친들도 많지 않았다. 비주류였던 남인·북인·군인세력을 기용했지만, 송시열로부터 250~300년 가까이 강력하게 파벌을 형성하고 있던 노론을 꺾을 만큼 세력을 급격하게 확장하지 못했다. 외치부문에서 개국이 아니라 쇄국을 단행했지만, 내치에서 흥선대원군의 부국강병을 위한 개혁은 저항세력을 억누르며 한 걸음씩 힘겨운 전전을 하고 있었다.

똑똑한 아버지로부터 권력을 회수한 스물한 살의 고종이 과연 국정을 잘 운영했는가? 그렇지 못했다는 증거는 여러 곳에서 드러난다. 열두 살에 금 숟가락을 입에 물게 된 고종은 구중궁궐에 갇혀 당시 세상이 어떻게 돌아가고 있는지 잘 몰랐다. 순진한 생각으로 가득한 부잣집 도련님 수준인 것이다. 당시 고종에게 중국의 몰락과 서유럽의 침략을 알려줄 사람은 연암 박지원의 손자 박규수 정도밖에 없었다. 그러나 흥선대원군 집권시기에 유일하게 개항을 주장했던 그 박규수조차도 서양의 과학과 기술, 문명이 무엇인지를 명확하게 알지 못했다. 철저한 숭명주의자이자 모화주의자인 박규수는 뛰어난 서양의 기술을 받아들이면서 정신은 공자의 것을 유지하자는 '동도서기론東道西器論'의 입장에 서 있었다. 근대적인 제도와 법률의 도입과 정비라든지, 만국공법에 의한 국제조약의 체결 등에 대해서는 무지했다. 그러하니 고종이 받아들이고 있던 개화사상에는 한계가 명확했다.

'구관이 명관이다'라는 속설처럼 권력에서 강제로 떨어져 나온 흥선대원군은 지속적으로 역사적인 부름을 받았다. 그 첫 번째가 1882년 임오군란 때다. 흥선대원군은 당시 하위직 군인들과 도시빈민의 정권참여 요청을 받았다. 정교는 《대한계년사》에서 대원군이 임오군란을 이용해 정권을 잡으려 했다고 서술하고 있다. 이른바 '밀계설'인데 최근 학계는 대원군이 임오군란을 처음부터 주도하지는 않았지만, 전개 과정에 깊이 개입하여 확산되도록 조장한 것으로 추정하고 있다.(박은식, 2012: 110)

1894년 일본이 주도한 갑오개혁 때도 일본 정계와 사회는 흥선대원군이 정권을 운영하기를 요구했다. 후쿠자와 유키치福澤諭吉는 대원군을 지지부진한 조선의 개혁을 이끌어줄 유일무이한 인물로 보고 그의 복귀를 지속적으로 《지지신보時事新報》 사설을 통해 요구했다. 쇄국정책을 폈던 고리타분한 인물로 낙인찍혔을 흥선대원군인데 조선의 근대화 개혁을 강력히 요구하던 일본 정부와 지식인들이 그의 정계복귀를 요구한 것은 상당히 의외다. 이에 앞서 동학농민군들도 흥선대원군의 정치복귀를 폐정개혁안에 넣어두고 있었다. 일본은 1895년 명성황후를 살해하기로 작정한 날 새벽에 흥선대원군에게 경복궁으로 함께 갈 것을 요구했다. 1873년 하야했지만 흥선대원군은 그 이후 무려 네 차례나 정계복귀를 요청받았다.

그 힘은 어디에서 나왔을까? 왕의 살아 있는 아버지로서, 왕의 권위를 누를 수 있는 유일한 사람이라는 분석도 나온다. 이런 정황을 두고 흥선대원군을 '권력욕의 화신'으로 보기도 한다. 그러나 그것보다는 흥선대원군이 아들 고종을 대신해 약 10년간 통치했던 섭정의 질과 수준이 뛰어났다는 것을 보여주는 방증이 아닐까 한다.

아버지 흥선대원군을 내쫓은 뒤 고종은 개방·개화를 추구했다고 평가된다. 흥선대원군이 실각한 3년 뒤인 1876년 고종은 일본의 압력으로 개항을 하면서 흥선대원군의 쇄국정책에서 멀어졌다. 그러나 고종과 명성황후, 민씨 외척들이 실행했던 것이 과연 진정한 개방정책이었는지를 살펴볼 필요가 있다. 고종은 그저 일본과의 조약 체결을 중세의 사대교린정책으로 이해했다는 흔적이 여기저기서 나온다. 또한 개국과 개방에 관심이 있었다지만 강화도조약을 맺은 지 6년이 지난 1882년에서야 조미수호조약을 맺는다는 점에도 주목해야 한다.(최덕수 외, 2011: 32) 청나라의 리훙장이 미국을 시작으로 영국·독일 등과 조약을 맺으라고 설득하기 전까지 고종은 '서양 오랑캐'와의 제대로 된 조약 체결이나 개국에는 관심이 없었다는 이야기다. 또한 '조미조약'의 협상지는 조선이나 미국이 아니라 청나라의 발언권과 영향력이 미치는 톈진이었다.(최덕수 외, 2011: 70) 이런 정황을 보고도 고종을 개화군주니 개방적이니 하는 것은 곤란하지 않은가.

게다가 고종이 친정시절에 펼친 정책이 제대로 된 개혁개방이었다면 1882년 임오군란은 일어나지 않았어야 마땅하다. 오히려 고종과 정권을 책임졌던 민씨 외척들은 임오군란 때까지 약 10년을 권력의 단물을 빨며 허송세월을 했고, 구체제의 혁신과 부정부패의 척결 등은 미뤄뒀던 것이다. 부국강병정책이 전제되지 않는 대외개방은 나라를 위기로 몰아가는 길이었다. 임오군란으로 청나라의 간섭이 심해진 원인도 임오군란을 일으킨 세력이 아니라, 그 군란이 일어나도록 민생을 방치해놓은 고종과 그를 둘러싼 외척과 관료 즉, 조선의 지도층에서 찾아야 한다.

아들 고종과 며느리 명성황후, 민씨 척족세력, 그리고 '서양은 금수만도 못한 나라'로 이해한 세상물정 모르는 노론의 선비들에 의해 흥선대원군의 개혁이 중단됐다. 고종의 친정에 박수를 보냈던 사람들도 고종 친정 이후 민씨 외척들의 부정부패를 몸으로 겪으면서 사람들은 깨닫게 됐을 것이다. 흥선대원군 체제에서 오히려 조선은 개혁되고, 부강하고 강력했다는 것을 말이다.

흥선대원군은 1882년 임오군란 이후 권력에 복귀했지만 3개월 뒤 마건충馬建忠에 의해 톈진으로 납치돼 1885년에 귀국했다. 그후 운현궁에 칩거하다가 1894년 갑오개혁에 불려나왔지만, 그 무렵의 정계 복귀는 너무 늦었다. 대원군의 나이가 당시 74세에 이르렀다. 정력적으로 개혁을 진행하기에는 생물학적인 한계에 도달한 것이 아닐까 싶다. 조선이 내부를 개혁할 수 있는 20년이 고스란히 사라진 것이다.

최익현의 상소와
무위로 돌아간
홍선대원군의 개혁들

동부승지 최익현은 1873년 10월과 11월 두 차례에 걸쳐 '계유상소'를 올린다. 이 상소에는 홍선대원군이 1871년 만동묘萬東廟를 비롯한 서원의 철폐를 대거 단행한 것과 관련해 시정을 건의하고 있다. 홍선대원군의 정책에 반대하는 최익현의 상소는 그때가 처음은 아니다. 1868년 경복궁 중건과 당백전 발행에 따르는 재정의 파탄 등을 이유로 들어 홍선대원군의 실정失政을 상소했다. 이때 그는 사간원에 의해 탄핵을 당하고 파직당했다.

대체 만동묘가 무엇이기에 최익현은 상소를 냈고, 결과적으로 홍선대원군을 섭정에서 몰아내는 계기가 됐을까? 홍선대원군이 서원철폐를 지시한 것은 1868년(고종 5년)이었다. 그러나 박은식은《한국통사》에서 서원철폐 지시가 1865년이라고 했다. 아마도 철폐 여부를 직접 결정하라고 서원에 지시한 때부터를 철폐 시점으로 본 것 같다. 흥선대원군은 고종 즉위 직후부터 사액서원들을 제외한 전국에 있는 서원을 철폐하라는 지시를 내렸다. 이때 사액서원이란 왕들이 편액을 내려준 서원을 말한다. 왕실의 권위를 복원하기 위해 애썼던 흥선대원군으로선 사액서원까지 철폐할 수는 없었을 것이다. 고종도 1871년에 47개의 사액서원을 제외한 나머지 서원을 철폐하라고 승인한다. 고종도 승인했던 서원철폐에 최익현은 왜 반기를 든 것일까? 여기서 살짝 의심도 생긴다. 1868년 경복궁 중건과 당백전 발행으로 인한 재정파탄을 이유로 흥선대원군의 실정을 비판했다는 최익현이 사실은 만동묘 철폐 이전부터 서원철폐에 불만을 품었던 것은 아닌지 말이다.

우선 만동묘부터 설명해보자. 만동묘가 무엇인가? 숙종 재위 시절인 1703년, 충청북도 괴산군 청천면 화양리에 명나라 신종神宗을 위해 세운 사당이다. 인조 때 조선 후기 노론의 절대자였던 우암 송시열은 명나라 의종毅宗의 친필인 '비례부동非禮不動'이라는 글 한 폭을 받고서 이 글을 화양동 석벽에 새겨놓고 그 석벽 위에 공부하는 사당을 지었다. 노론인 송시열은 장희빈의 아들로 나중에 경종으로 등극한 왕자 윤의 세자책봉을 반대하다가 숙종의 미움을 사 사약을 받았다. 이때 송시열은 유언으로 화양동에 명나라 신종과 의종의 사당을 세워 제사지낼 것을 부탁하고 죽었다. 이것이 만동묘의 유래다.

그렇다면 송시열은 왜 명나라 신종과 의종의 제사를 부탁했을까? 신종은 임진왜란 때 명나라 군사를 파병해 위기에 빠진 조선을 구해준 황제였고, 의종은 명나라의 마지막 황제이기 때문이다. 그런데 생각해보자. 당시 중국의 패권은 만주에서 일어난 청나라가 잡았다. 이런 천하의 질서에 조선이 순응하는 상황에서 명나라 신종(만력제)과 의종(숭정제)의 제사를 지내는 사당이 조선에 있다는 사실이 알려진다면 외교적으로 문제가 되지 않았을까? 실질적으로 조공을 하는 나라는 청나라이고, 조선의 선비들이 마음으로 모시는 나라는 명나라가 되는 셈이니 말이다.

 이 같은 외교상의 우려가 《숙종실록》에도 나타난다. 숙종은 임진전쟁 때 공을 세운 명나라 장수 양호(楊鎬)와 형개(邢玠)를 위해 사당(선무사)을 세웠는데 정작 군대를 보내준 만력제의 묘우를 지은 일이 없음을 지적하며 묘우를 건립하는 문제를 신하들과 의논했다. 숙종은 이때 이미 송시열 계열의 노론들이 만동묘를 세운다는 것을 알고 있으면서 슬쩍 분위기를 떠본 것이었다. 이에 신하들은 우회적으로 반대의 뜻을 나타낸다. 첫째 제후의 나라에서 황제의 묘우를 건립하는 것은 예절에 어긋나고, 둘째 이 일이 역관들을 통해 청나라에 알려질 경우 발생할 수 있는 복잡한 문제 등이 있다는 점을 이유로 들었다.(계승범, 2011: 70~71)

 이런 외교적인 문제가 발생할 우려에도 불구하고 송시열의 제자들은 사당을 지었다. 그 이유는 당시 조선의 선비와 관료, 왕은 병자호란을 겪은 뒤 이반되는 민심을 붙잡기 위해 청나라는 오랑캐요, 명나라가 진실로 우리가 모셔야 할 대국이라는 논리에 매달려 있었기 때문이다. 망해가는 조선을 '다시 일으켜준 은혜(再造之恩)'를 갚기 위해서 사당을 세우고 제사를 지내면서, 청나라에 대한 복수를 강조한 것이다. 문제는 송시열과 노론에 의해 만동묘가 세워지고 사림들의 배향이 이어지자, 사대부들의 지지가 필요한 조선 왕의 입장에서 '대의'를 빼앗긴 듯한 묘한 박탈감과 괘씸함이 생겼을 것이다. 이에 숙종은 명나라가 멸망한 지 1주갑(60년)이 되던 1704년에 국가와 왕실 차원에서 명나라 신종과 의종에 대해 제사를 지내는 대보단大報壇을 세우기로 결정한다.(계승범, 2011: 69)

멸망한 명나라를 숭배하고, 살아 있는 청나라를 배척하겠다는 숭명배청崇明排清의 정신을 이어가기 위해 사대부가 만동묘를 세웠다면, 왕실에서는 대보단을 세운 것이다. 계승범은 숙종의 대보단 설립의 이유에 대해 이렇게 설명한다. "강희제(재위 1661~1722) 재위 초기에 삼번의 난(1674~81)을 완전히 진압하고 청의 질서가 더욱 공고해짐에 따라 국내에서 북벌 담론의 효력도 다할 수밖에 없었다. 따라서 숙종 대(1674~1720) 중반부터 국가차원에서 무엇인가 대책이 필요했다. 명과의 관계를 과거의 일로 치부하여 명의 멸망을 마음속으로 인정하고 청을 새 중화국으로 받아들이면서 새롭게 출발하지 못하는 한, 북벌론을 대체할 새 담론이 필요했던 것이다."(계승범, 2011: 91)

화양동에서 일부 노론계열의 인물들이 만력제(신종)와 숭정제(의종)를 위한 만동묘를 세우고 제사를 지낸다는 움직임을 포착한 숙종은 송시열계의 노론에게 숭명배청과 같은 이데올로기를 독점당하지 않고 국왕이 주도하겠다는 의지를 보였다는 것이다. 이태진은 숙종이 대보단을 세운 이유를 병자호란 때 왕실이 입은 치욕을 씻으려는 반청 의지를 국왕이 직접 표현하는 한편, 서인 노론계가 주자 붕당론을 빌려 왕권을 제어하려는 풍토를 혁신하기 위해 대소·상하 의리의 존엄성을 재천명하려는 복선을 깔았다고 했다.(교수신문, 2005: 111) 사대부와 왕실이 각각의 입장을 강조하기 위해 만동묘를 1703년에, 대보단을 1704년에 앞서거니 뒤서거니 하면서 각각 조성한 것이다. 만동묘를 세운 노론계열의 찬성으로 궁궐 내 대보단 설치가 가능했던 탓에 초기에는 서로 보완적 관계를 보였다. 하지만 시간이 갈수록 왕실이 숭명의리의 이데올로기를 선점하고 독점하겠다는 욕구를 강렬하게 드러낸다. 숭명의리의 이데올로기를 표방하는 대보단을 등에 업고 왕권을 강화하겠다는 의도가 발현된 탓이다.

1865년 고종은 대보단에서 명나라 황제를 제사지내므로 개인적으로 제사를 지낼 필요가 없다는 이유를 들어 지방紙榜과 편액扁額을 서울에 있는 대보단의 경봉각敬奉閣으로 옮겼다. 그리고 나중에는 만동묘 철폐를 지시했다. 만동묘가 왕실의 대보단과 비슷한 성격이었던 탓도 있고, 또한 송시열이 사림 사이에서 누리는 권위만큼이나 중요한 곳인 탓에 유생들의 집합장소가 되어 그 폐단이 다른 서원보다 더욱 심했다는 이유였다.

만동묘와 관련해 흥선대원군이 절대 잊을 수 없는 일화도 있다. 고종이 즉위하기 전 언젠가 흥선대원군이 만동묘에 참배하러 갔다가 묘지기에게 맞고 쫓겨난 적이 있었다. 이를 두고 당시 유행가는 '임금 위에 만동묘지기가 있다'고 풍자할 정도였다. 또한 화양동의 송시열 서원은 절대적 세력을 차지하고 있어 원장에 피선되는 것은 입각과 같은 정도의 위엄을 갖춘 것이었다. 인민을 호령함에는 목사나 방백보다 더 엄해서 화양서원에서 발급한 공문서인 화양묵패華陽墨牌는 나라 안 백성에게 두렵고 무서운 이름이었다.(박은식, 2012: 71, 73)

만동묘 폐지가 결정되자 유생들은 통문을 내 사람들을 모았고 검은 두건과 가죽 허리띠를 한 사람들이 한성에 1만 명이나 모여들었다.(박은식, 2012: 71) 결국 유생들의 많은 반대에도 불구하고 만동묘는 부활되지 않다가 1873년 대원군이 하야하자 이듬해인 1874년 왕명으로 부활되었다. 최익현 · 이항로 · 송근수 · 송병선 등 유림들이 소를 올렸으며, 민씨 척족들이 유생들의 환심을 사기 위하여 취한 조처였다.(계승범, 2011: 209)

만동묘 철폐는 어찌 보면 노론으로 대표되는 신권을 약화시키고 왕권을 강화하고자 하는 흥선대원군의 조치였다. 그러니 민씨 외척들은 만동묘 부활을 통해 신권을 강화하는 쪽으로 선회한 것으로 볼 수도 있겠다. 만동묘를 철폐하려던 고종 시절 대보단 행사는 가장 중요한 행사로 취급됐다. 고종은 특히 1884년 명나라가 멸망한 갑신년을 맞아 명나라 마지막 황제 숭정제의 기일인 음력 3월 19일 무렵에 맞춰 성대히 춘향대제를 지냈다. 특히 임오군란 이후 청나라의 내정간섭이 심해졌고, 이에 왕권강화가 절실했던 고종이었던 만큼 춘향대제를 성대히 치렀다. 춘향대제는 조선시대 이른 봄 종묘와 사직에 지낸 유교의 큰 제사인데, 고종의 춘향대제는 대보단의 의미가 더해진 것이다.

대보단 행사는 일본에 의해 강제된 갑오개혁(1894~95)에 이르러서야 중단됐다. 1644년에 망한 명나라의 황제들에게 제사지내는 대보단 행사야말로 근대의 문턱에 들어서지도 못한 늙고 낡은 조선의 모습을 고스란히 보여주는 것이었다. 현재도 경기도 가평의 대보리大報里에서 전국 유림들이 한자리에 모여 제사를 지내는 대보단 행사가 이어지고 있다.

최익현의 만동묘 철폐 반대는 조선 후기 발전을 가로막았던 숭명배청의 이데올로기를 끝내 버리지 못하겠다는 소중화小中華 의식이 반영된 것이었다. 만약 조선 후기의 북학이나 실학을 높이 평가하고자 한다면, 반대로 끝내 숭명배청의식에 사로잡힌 최익현에 대해 강도 높은 비판이 필요하다. 많은 유생들이 이미 끝장난 이데올로기에 사로잡혀, 새로운 세상이 도래하고 있는 것을 살피지 못한 것이다. 그러므로 최익현의 상소가 과연 온당했던 것인지 묻지 않을 수 없다.

그렇다면 흥선대원군은 왜 사원을 철폐하는 정책을 편 것일까? 조선 후기에 사원은 어떤 문제를 안고 있었던 것일까. 사원철폐에 대해 조선의 선비들은 대원군을 동방의 진시황이라고 욕했지만, 백성은 한결 같이 그의 현명한 결단을 칭송했다고 박은식은 한국통사에서 서술했다.(박은식, 2012: 72)

서원은 우리나라의 유생들을 가르치던 조선의 대표적인 사학 교육기관이었다. 1543년 풍기군수 주세붕이 설립한 백운동서원白雲洞書院이 그 효시이다. 풍기군수로 있던 이황이 조정에 사액賜額과 전토田土를 주도록 건의함에 따라, 1550년 명종이 백운동서원에 '소수서원紹修書院'이라는 편액(이른바 현판)을 내린 것이 사액서원賜額書院의 시초가 된다.

사액서원은 다른 서원들과 달리 특권을 누리는데, 국왕이 노비와 토지, 편액을 하사하는 것이 관례였다. 또한 국가에서 서적을 간행, 반포할 경우라든가 국가의 장서에 여유가 있을 경우에는 별도의 서적 하사가 있었다. 서적이 귀하던 시절에 엄청난 특혜가 아닐 수 없었다.

서원에는 세금면제의 특전도 있었다. 서원이 소유하고 있는 서원전書院田 가운데 3결에 한하여 면세하였다. 원생의 숫자는 정원이 없었으나 원생은 군역을 면제받았다. 군역면제 등 특권을 악용하는 폐단이 발생하자 숙종 33년인 1707년에 사액서원은 20인, 비非사액서원은 15인에 한하여 원생으로 인정하였다. 사액사원은 군역 대상자들에게 돈을 징수하는 모입수冒入數를 20명까지 둘 수 있도록 하였다. 사액사원은 의례적으로 지급되는 노비를 포함해 일곱 명까지만 노비를 둘 수 있게 하였고, 비非사액서원은 다섯 명까지로 제한했다. 이런 내용은 영조 때 편찬된《속대전》에 명문화되었다.

초기 서원은 인재양성 및 유교적 향촌 질서 유지 등 긍정적인 기능을 발휘했다. 서원의 창시자 격인 이황은 16세기 서원을 통해 '위기지학爲己之學운동'을 벌였다. 위기지학은《논어》에서 유래된 용어로 "위기란 '자신의 정신적 성장'을 추구하는 것이며, 위인은 '남들로부터의 인정'을 추구하는 것이다. 옛날의 학자들은 자기 자신을 위해 공부했고, 오늘날의 학자들은 남들로부터 인정받기 위해 공부하지만, 그 귀결은 자기 상실일 뿐이다"라고 했다. 즉 이황은 서원을 통해 과거라는 경쟁시험에서 해방된 공부와 교육을 실천할 수 있는 새로운 스타일의 학교를 세우려 했다. 위기지학은 서원에서, 과거시험은 향교에서라는 이분법적인 사고를 한 것이다.(조선사회연구회, 2010: 552~53) 일종의 대안학교였는데, 서원은 정규 교육기관의 역할을 했던 향교보다 훨씬 더 융성했다. 고려시대부터 유래를 둔 향교는 900년 동안 군郡에 하나 정도 설립됐지만, 서원은 불과 300년 만에 군마다 2개소가 설립되어 전국적으로 700여 개에 이를 정도였기 때문이다.(조선사회연구회, 2010: 554) 한국 사교육의 유래를 여기서 찾을 수 있다고나 할까.

　숙종 때에는 사액서원이 무려 131개소로 늘어나 있었다. 그러나 숙종 29년인 1703년에 이르러서는 서원을 사사로이 설립하는 경우 그 지방의 관리를 벌하고 이를 주도한 유생은 과거에 응시하지 못하도록 하는 서원금령이 내려졌다. 1713년에는 이듬해인 1714년 이후부터 서원의 설립을 금하고 왕이 직접 쓴 편액을 내리지 않기로 결정했다. 영조 17년인 1741년에는 1714년 이후 건립된 서원을 조사하여 훼철하게 했다. 이때부터 서원 건립은 거의 중단됐지만, 기존 서원의 폐단은 더욱 심해졌다. 서원금령이 정조와 철종 대에 한두 차례씩 내려지게 되는데, 이때는 정치적인 문제보다 가문의식과 관련하여 후손에 의한 서원 건립이 종종 시도되었던 탓이다. 서원은 이제 공공재라기보다 사유재산이 되기 시작한 것이다.

　서원이 전국적으로 확산된 것은 사림의 향촌활동이 보다 자유로워진 정세의 변화라든가, 특정 유학자의 서원보급운동에 의한 결과이기도 하지만, 그보다 더 중요한 요인은 중종 이래 진행된 붕당정치朋黨政治의 전개에 있었다. 사림의 집권과 함께 비롯된 이 붕당은 그 정쟁방식이 학문에 바탕을 둔 명분론과 의리를 중심으로 전개되었으므로, 당파 형성에 학연學緣의 작용은 거의 절대적이었다. 따라서 각 당파에서는 당세 확장의 방법으로 지방별로 서원을 세워 그 지역 사림과 연결을 맺고 이를 자기 당파의 우익으로 확보하려 하였다.《한국민속문화대백과》)

　사적 교육기관으로서 높이 평가받던 서원은 세월이 가면서 혈연·지연 관계나 학벌·사제·당파와 연결돼 병폐를 양산하기 시작했다. 지방 양반들은 서원을 거점으로 백성들을 수탈하고, 지방관청에 피해를 주기도 했다. 서원을 지방 양반들이 세력을 확장하는 기반으로 활용한 것이다.

서원에 내려지는 면세특권을 이용해 다수의 전지와 노비를 소유하고 면세의 특혜를 누릴 뿐만 아니라 군역을 회피하는 피역자避役者의 소굴로 변했다. 서원의 유생들은 유통儒通이라 칭해지는 연판장을 돌리고, 청의淸議라는 정치여론을 조성하여 국정을 비방하고 당론에 끼어들어 물의를 일으켰다. 향사는 특정 지방과 인연이 있는 사람들과 지방 양반들의 조상을 제사하는 곳이었는데, 향사에 많은 전지와 노비가 점유되어 있었다. 향사 수의 증가가 사회적인 비판거리가 되기도 하였다. 호화롭게 풍류를 즐기거나 호사스런 생활도 논란거리였다.《한국민속문화대백과》

기존 서원들의 폐단과 함께 '가문의 이름으로' 너도나도 서원을 만들려는 사회적 분위기가 팽배해 있던 1864년에 정권을 접수한 홍선대원군은 국가재정 등을 강화하려는 의도로 1865년 서원철폐 작업을 시작했다. 1866년 병인양요로 국가재정이 궁핍해지자 더 박차를 가했다. 서원 토지에 대한 면세나 원생에 대한 군역면제 등 서원에 주던 특혜를 철폐함으로써 새로운 세원을 확보하려는 것이었다. 또한 이 과정에서 실추된 왕권의 권위를 높이며, 강력한 중앙집권 하에 국가체제의 정비를 꾀하려는 의도였을 것이다.

초기에 홍선대원군은 민폐를 끼치는 사원은 스스로 철폐하도록 했다. 첩설疊設서원과 사설私設서원을 조사하여 폐지하고 서원의 경제적 기반을 조사하여 불법적인 것은 국가에 환수하라는 명령을 내렸다.《한국민족문화대백과》에는 당시 서원철폐 지시로 650개의 서원들 중 도산서원 등 47개의 사액서원을 제외하고 모두 훼철했다고 설명하지만, 연갑수는 1,700여 개의 서원을 훼철했다고 밝히고 있다.(연갑수, 2008: 255)

집권 이듬해인 1865년에는 송시열이 창건한 만동묘와 화양서원에 철폐 명령을 내렸다. 이것은 명나라를 섬기고 청나라를 거부한다는 존명배청이란 송시열계 노론의 이데올로기를 전면 부정하는 효과가 있는 것이었다. 외척의 기반이 되는 노론의 토대를 잘라내는 것이기도 하다.

1868년에는 서원에 하사한 토지도 납세의 의무를 지우고, 지방 수령이 서원의 장을 맡도록 했다. 1871년에는 납세의 의무 등을 이행하지 않은 서원은 사액서원이라도 훼철하도록 하였다. 세원 확보를 위해 서원철폐를 주장했지만, 지방의 유림들이 대다수 서원에 참여하고 있는 상황에서 강력한 저항운동이 일어날 수밖에 없었다. 특히 공자와 주희의 나라인 중국보다 더 성리학에 살고 성리학에 죽던 조선의 유난한 선비들을 생각하면 이들은 떼로 뭉쳐 흥선대원군을 공격할 수밖에 없었을 것이다.

다시 돌아가서, 흥선대원군을 정계에서 추출시킨 최익현의 1873년 10월 계유상소는 결국 누구를 위해 복무했는가 묻지 않을 수 없다. 섭정을 끝내고 이미 성인이 된 고종의 친정을 이끌어냈으니 훌륭한 상소였다고 할 수 있을까? 서원철폐로 열을 받은 유림과 노론세력을 대표해 내놓은 최익현의 상소는 결과적으로 명성황후와 민씨 척족이 국정의 전면에 나설 기회를 제공했다. 흥선대원군이 왕권강화를 추진하며 안동 김씨에게 어렵게 빼앗아온 외척정치가 다시 시작된 것이다. 탕평인사도 이제 무위로 돌아가고, 매관매직이 전면화된다.

　지식인들은 간혹 자신의 이익을 위해 복무하기도 하고, 자신이 하는 발언이나 주장이 누구의 가슴에 창으로 꽂히게 되며 누구에게 이익을 주는지를 계산하지 못하는 경우가 많다. 순진한 것인지, 무지한 것인지 알 길이 없다.

　최익현의 상소에 힘입어 흥선대원군을 쫓아내고 개막된 고종의 시대에, 역사학자들은 명성황후와 민씨 척족이 전면에 나섰고 고종은 조연이었다고 주장한다. 그러나 고종은 흥선대원군이 뿌려놓은 세력들을 제거하기 위해 민씨 척족을 적절히 이용·활용했던 것이지, 이들의 손에 놀아났다고 생각하는 것은 부적절하다.

　대원군의 하야 직후 3년간 제주도 유배를 갔다가 1875년 돌아온 최익현은 개항기에 강력한 위정척사파로 전환했다. 그 첫 번째 활동이 1876년 강화도조약을 결사반대한 것이다. 우민애국이라 평가되는 그의 행보를 돌아보면, 세상을 보는 시야가 좁아 잘못된 우민애국의 길로 들어선 것으로 보인다.

1차 아편전쟁에
위기를 감지한 일본,
허송세월한 조선

고종이 즉위한 1863년 전후로 동아시아의 정세는 중국에서 터진 제2차 아편전쟁으로 요동치고 있었다. 격동의 시기를 간략하게 정리하면 이렇다. 제2차 아편전쟁(1856~60)으로 베이징까지 영국과 프랑스의 연합군이 점령했고, 청나라의 황제는 열하로 피난을 떠나야만 했다. 그 결과 중국은 톈진 조약과 베이징 조약을 체결했고, 서유럽 열강들의 중국 침략은 더욱 심화됐다.

이 제2차 아편전쟁을 지켜보고서야 조선의 조정은 서양의 힘을 자각하고 위기감을 느끼게 됐다. 17~18세기에 조선은 명나라를 숭상하고 청나라를 배척한다는 숭명배청의 이데올로기에 싸여 있었다. 명나라를 숭배하는 정신은 북학파는 물론 개화사상의 선구자로 알려진 박규수에 이르는 1860년까지 지속된 것으로 보인다. 조선은 제

2차 아편전쟁을 보면서 중화질서가 일거에 붕괴되는 것이 아니냐는 위기감에 시달리게 되는데, 이때부터 숭명배청의 정신에서 살짝 벗어나 청나라에 우호적인 태도를 취하며 청나라를 중심으로 서구를 배척하게 된다.(연갑수, 2008: 34) 또 2차 아편전쟁에 대한 소문이 떠돌면서 일부 조정 관리들이 낙향하는 현상까지 나타났다. 위기의식이 지방으로까지 확산되면서 최제우가 동학을 창도하는 중대한 계기가 됐다고 한다.(김명호, 2008: 366) 한반도 해역에서 빈번하게 출몰하는 서양 배로 인해 민심도 소란했다.(백영서, 2009: 39) 1866년 제너럴셔먼호 사건이나 병인양요, 1868년 오페르트-젠킨스에 의한 흥선대원군 아버지 남연군 묘 도굴 미수사건, 1871년 신미양요 등이 그것이다.

제1·2차 아편전쟁에서 패배한 중국은 '중화가 최고'라는 오만한 자의식에서 벗어나 서양의 과학기술을 받아들이고 군사기술 도입에 열을 올리는 부국강병을 시작했다. 이른바 1861년에 시작된 양무운동洋務運動인데, 그것은 조선에도 영향을 미치기 시작했다.

반면 일본은 제1차 아편전쟁(1840~42)에서 중국이 영국에게 패배하고 중국 최초의 불평등 조약인 난징조약을 맺은 뒤 홍콩을 영국에 할양하고 5개항을 개항하는 모습을 보자 긴박한 위기감을 느꼈다.(백영서, 2009: 36)

1837년, 미국 상선 모리슨Morrison호가 일본 표류민의 송환과 일본과의 무역 개시를 교섭하기 위해 내항하였으나, 우라가와 사쓰마의 야마카와山川에서 격퇴하여 물리친 '모리슨호 사건'이 발생하였다. 학자인 다카노 초에이高野長英는《유메모노가타리》, 와타나베 가잔渡辺崋山은《신기론》등의 책을 써 일본 막부가 외국 선박을 쫓아내는 정책을 강하게 비난했다. 막부는 1839년에 이 두 학자를 체포해 처벌했는데, 이것이 반샤蛮社의 옥이다.(왕중추, 2012: 160) 결국 막부는 그 위기감에서 탈피하기 위해 1825년 이래 시행해오던, 청나라 선박과 네덜란드 선박을 제외하고 외국 선박은 무조건 포를 쏘아 격퇴한다는 '이국선타불령異國船打拂令'을 1842년에 철회했다.

서양의 일본 침략 가능성으로 전전긍긍하던 차에 1853년 미국 페리 함대가 개항을 요구했다. 페리의 제1차 일본원정이었다. 1854년 제2차 일본원정에서 페리 함대가 포함외교를 진행하자 막부는 조약 체결을 선언했다. 그러나 막부의 이 선언은 일본 천황의 칙허를 얻지 못한 것이었다. 이때 일본 내부에서 막부의 굴욕적 외교에 분노하며 '존왕양이尊王攘夷'를 외치는 반反막부 활동이 전개됐다. 스물한 살의 이토 히로부미伊藤博文가 주일 영국공사관을 불태우는 등 한국식으로 말하면 위정척사의 과격한 활동이 개항 직후에 일어난 것이다.

여기까지 읽으면 의문이 생길 것이다. 일본은 1840년 1차 아편전쟁 때 바로 위기감을 느꼈는데, 왜 조선은 그로부터 16~18년이 지난 1856년 2차 아편전쟁 때가 돼서야 위기감을 느꼈던 것일까. 이런 차이는 대체 어디서 오는 것이고, 왜 발생한 것일까?

고종은 1897년 고종황제로 자신의 지위를 높였지만, 1910년 8월 이래로 '덕수궁 이태왕'으로 격하됐다. 반면 1852년에 출생한 고종과 동갑내기인 메이지 천황은 '종이호랑이'라는 천황의 존재에서 벗어나 1867년 막부로부터 실질적 권력을 되찾아와 제국을 경영하게 된다. 조선과 일본은 어떤 차이가 있었던 것일까? 조선과 일본의 지식사회의 풍토를 먼저 살펴보자.

우선, 백영서는 조선이 2차 아편전쟁에서 큰 위기감을 느꼈다고 해서, 1차 아편전쟁에서 위기감이 없었거나 대외사정에 어두웠던 것은 아니었다고 변호했다. 1년에 평균 두 차례의 사신 등 정기적인 베이징 왕래 사절과 그 밖의 통로를 통해 조선도 중국에 대해 비교적 정확하고 상세한 정보를 얻었고, 1차 아편전쟁 초기에 조선에서도 위기의식이 높았다는 것이다. 그러나 전쟁의 내용이 주로 교역문제에서 비롯된 것으로 보이고 전쟁 이후에도 전통적인 의미의 정복전쟁이 일어나지 않자 우려가 완화됐다고 설명한다.(백영서, 2009: 38~39) 중국에 이민족들의 침입이 빈번한 탓에 일시적인 난리에 불과하다고 평가했다는 것이다. 그렇다면 왜 일본은 제1차 아편전쟁 때부터 위기감이 높아졌고, 그 위기감이 지속됐던 것일까.

제1차 아편전쟁을 인식하는 일본 막부의 시각이 조선의 지도자들과 완전히 달랐던 것이다. 일본과 조선의 이 같은 인식의 차이는 정보력의 차이와 관련이 있었다. 홍콩을 영국에 할양하게 됐는데도 정복전쟁이 아니라고 생각했다는 조선의 판단에는 문제가 있었다. 이것은 조선 조정에 들어간 정보가 정확하지 않았거나, 전달된 정보의 양이 적었던 것이다.

1839년 이정리는 동지사의 서장관으로 발탁돼 북경으로 향했다. 이정리는 1840년 귀국하여 귀국보고서인 〈문견별단〉을 내놓았다. 1차 아편전쟁의 발발과 그에 관련된 정보를 최초로 보고한 것이다. 그는 이 보고서에서 청나라의 선정과 조세제도, 천주교의 전파 상황, 광동과 오중(마카오)에서의 서양인 활동을 보고했다. 또한 "영국의 화기가 특히 정교하고 독하다"며 동아시아 진출을 노리는 서양 제국

중 강력한 군사력을 갖춘 영국이 급부상하고 있다고 보고했다. 영국과 중국 간의 전운이 감돌고 있음을 지적하며 그에 대비한 해양방어의 필요성도 제기했다. 이 보고가 얼마나 조선 조정에서 주목받았는지는 분명치 않지만, 나중에 윤종의가 "서장관 이정리가 〈문견별단〉을 보고해 조정은 처음으로 영국과 해방海防에 대해 듣게 됐다"고 했다.(김명호, 2008: 247, 256~59) 생경한 정보가 처음 들어왔으니 위기감을 느끼기가 쉽지 않았을 수도 있다.

반면 도쿠가와 막부가 260년간 쇄국을 단행했다고 하지만, 이들은 세상이 돌아가는 이치를 들여다볼 통로가 있었다. 특히 막부 후기 일본에는 여러 경로로 해외 정보가 들어왔고, 이런 해외 정보를 접한 지식인들의 자기주장도 적잖이 있었다.

일본의 중세인 도쿠가와 막부 시절 가장 잘한 정책 중 하나가 나가사키 데지마에 네덜란드 상인들이 거주하며 무역할 수 있도록 상관을 설치한 것이었다. 네덜란드 상인들은 중국 상인과 함께 일본에 서양의 문물과 정보를 주는 통로였다. 우호적인 교역을 바탕으로 막부는 해외 정보 문서인 〈네덜란드 풍물서和蘭風說書〉를 받았다. 이 문서는 1641년부터 개항 이후인 1859년까지 220여 년에 걸쳐 나가사키 교역 담당 네덜란드 상관장이 교체될 때마다 유럽을 비롯한 해외의 정보를 담아 나가사키 부교에 전달했던 문서다. 부교는 이 문서를 막부에 전달했다. 일본의 쇄국시대에도 막부는 앉아서 해외 정보를 획득하는 통로가 있었다.(박경희, 1998: 285; 문소영, 2010: 20 재인용)

해외무역의 끈을 놓지 않았던 에도 막부시대엔 나가사키를 포함해 네 개의 해외무역 창구가 있었다. 네덜란드 상선과 중국 상인들을 만나는 나가사키, 부산 왜관과 통하는 쓰시마(대마도), 류큐왕국과 삼각 무역을 하던 사쓰마 번, 아이누 족과 무역하던 홋카이도 남부의 마쓰마에 번 등이다.(정형, 2009: 73) 이런 무역통로는 무역을 통해 새로운 문물과 정보가 들어오는 창구였다.

이를테면 막부는 네덜란드 상인들을 통해 1797년부터 미국의 독립전쟁을 비롯한 미국의 최근의 역사와 상황을 비교적 잘 파악하고 있었다. 네덜란드는 무역선이 부족하자 미국의 선박에 네덜란드 국기를 꽂고 일본과 무역을 했기 때문에 자연스럽게 미국 정보도 접하게 된 것이다. 쇼군 자신은 《일러스트레이티드 런던 뉴스》를 정기구독하였고, 유럽과 미국의 철도사업에 대한 상당한 정보도 가지고 있었다.(LaFeber, 1997: 15; 이삼성, 2009: 204 재인용)

18세기부터 네덜란드에서 직수입하는 의학서·지리서·지도 등의 서양 서적과 문물은 물론, 중국 서적들도 중국 상인을 통해 활발하게 들어왔다. 난학蘭學이 발달하게 된 배경이었다. 특히 다누마 시대(1767~86)로 불리던 시절에는 막부의 실권자 다누마 오키쓰구가 네덜란드에서 건너온 청우계·한란계·진뢰험기·암실사진경 등을 받아보고 만족해했다고 한다.(김희영, 2006: 457) 막부는 서양에 대한 정보 수집에 적극적이어서 1811년 서양 서적 번역을 위한 번서화해어용을 설치하고, 일류 학자를 모아 백과사전 등 서구 서적 번역물을 간행케 했다.(함동주, 2009: 27~28)

이런 덕분에 막부는 나가사키를 왕래하던 중국 상인들을 제1차 아편전쟁 소식을 전달하는 통로로 활용할 수 있었다. 일본 막부는 진강전투에서 청나라 정예부대인 만주 팔기병이 가족과 함께 영국군에 전멸당한 처참함을 고스란히 파악했다.(이노우에 가쓰오, 2003: 350~51; 이삼성, 2009: 203 재인용) 제1차 아편전쟁의 참상과 청나라 군사력의 열세 등을 파악한 일본 막부와 관료들이 크게 긴장하지 않을 수 없었던 것이다.

더욱이 막부는 제1차 아편전쟁이 끝난 2년 뒤인 1844년 네덜란드 국왕 빌헬름 2세로부터 친서를 받아 위기의 실체를 확인할 수 있었다. 네덜란드 국왕은 일본에게 영국에 개국할 것을 권했다. 아편전쟁에서 중국이 영국에 패배한 것처럼 일본이 외국 선박에 실수할 경우 중대한 사태가 올 것이라고 설득했다. 일본 막부는 물론 선조로부터 지켜온 법(海禁令)을 파기할 수 없다며 정중히 거절했다.(김희영, 2006: 480)

또한 일본의 해안에는 1853년 페리 제독의 군함이 나타나기 한참 전인 18세기 말부터 빈번하게 서양의 선박들이 나타났으므로 경각심을 가지고 지켜보고 있었다. 제1차 아편전쟁에 대한 치명적인 정보와 위기감 탓에 미국 페리 함대로부터 개항 압력이 들어오자 막부가 천황의 칙허를 얻지 못한 상태에서 개항을 약속할 수밖에 없었다.

외부에서 들어오는 정보에 민감했던 일본 사회는 제2차 아편전쟁 직후 국제사회의 새 질서를 설명한 국제법을 받아들였다. 이후 이를 사회적으로 빠르게 확산시키고, 이에 적응하려는 방안을 찾아나가는 식으로 전개된다.

중국의 초기 계몽서적인 위원이 쓴《해국도지》가 일본에 수입된 것은 1851년이다. 이 책은 1차 아편전쟁을 지휘한 임칙서가 서양의 사정을 파악하기 위해 머레이 Hugh Murray 의《세계지리대전 The Encyclopaedia of Geography》을 번역한《사주지 四洲志》가 바탕이 되었다. 임칙서는 아편전쟁의 책임을 지고 귀양을 가게 되자 위원에게《사주지》등의 자료를 주고 저술을 부탁했던 것이다.(김명호, 2008: 284) 물론 이 책은 일본 막부에 의해 출판금지령이 내려졌다. 청나라와 마찬가지로 일본도 외국 문명이 수입되는 것을 강하게 거부했기 때문이다. 이 《해국도지》가 금서에서 해제된 시기는 1854년이다. 페리 함대의 도발로 대외 위기가 고조되면서 상업적으로 성공했다.(김명호, 2008: 292~93) 후쿠자와 유키치가 집필한 《서양사정》이 나오기 10여 년 전에 일본의 수많은 지식인들은 《해국도지》를 통해 세계의 지리를 이해하고, 지구가 네모나지 않고 둥글다는 것도 상식이 되었다는 의미이다.

조선에는 일본보다 빠른 1845년에 동지연행 부사였던 권대긍에 의해 처음으로 《해국도지》가 유입됐다. 그러나 유입은 빨랐지만 대중화는 거의 이뤄지지 않았다. 이 책은 극소수의 인사만 접할 수 있었는데, 추사 김정희를 비롯해 이규경·조인영·최한기·박규수 등이 그들이다.(김명호, 2008: 293) 이런 일본과 조선의 차이는 세상의 변화를 감지하고, 시대적 변화를 파악해야 할 책임자로서의 지식인들의 수준 차이를 보여주는 것이다.

막부 말기에는 근대사상도 소개된다. 가토 히로유키가 1861년 《인초》를 출간해 군주가 권력을 쥐는 것이 호족이 전권을 갖는 것보다 훨씬 국가를 안전하게 한다고 했다. 1869년에 가토는 《교역문답》을 통해 봉건적 중농주의와 상업 경시 풍토를 비판했으며, 1870년에는 《진정대의》를 저술해 입헌정치를 주창했다.(이삼성, 2009: 219)

마루야마 마사오는 1860년대 일본의 지적 풍토를 이렇게 요약했다. "막말의 2대 베스트셀러는 뭐니뭐니해도 후쿠자와 유키치의 《서양사정》과 휘튼의 《만국공법The Elements of International Law》이었다." 마틴이

후쿠자와 유키치(1835~1901)
일본 근대화의 주역으로 아시아에서 벗어나야 한다는 탈아론을 주장했다. 그의 저서인 《서양사정》은 일본의 베스트셀러가 돼 중국과 아시아 주변에 국한됐던 막부 말 일본 지식인들의 인식 지평을 전 지구적 차원으로 확장하는 계기를 마련했다.

한문으로 번역한 휘튼의《만국공법》이 일본에서 간행된 것은 1865년이었다. 1868년에는 휘튼의 영문원전이 직접 일본어로 번역돼 출간되었다.(강상규, 2007: 41~42)

미국 국제법학자 헨리 휘튼의《만국공법》을 윌리엄 마틴이 한문으로 번역해 중국에 1864년 소개했는데 1년 뒤에 일본에 수입됐다. 만국공법을 수용하는 데 중국과 일본의 시차는 고작 1년에 불과했다. 정보와 신간에 민감한 일본은 21세기에도 여전하다. 유럽과 미국의 주요 신간의 경우 약 6개월 정도의 시차를 두고 일본어로 번역돼 나온다고 한다. 언어장벽에 의한 학문의 격차가 사라지는 것이다.

만국공법은 세계의 나라를 세 가지 범주로 나누어놓았다. 국제법상으로 완전한 정치적 승인을 의미하는 문명국, 부분적인 승인을 의미하는 반미개국, 단순한 인간으로서 승인하는 미개국이다. 여기서 유럽 문명을 가진 나라만이 문명국이라고 명확하게 해놓았으니, 유럽의 시각으로 접근한 편파적이고 오만한 법이었다. 미개국의 경우 선진국이 선점하면 그들의 영토가 되는 것이다.(백영서, 2009: 31~32) 약육강식이 인간세계를 지배했던 시절이었다.

이 법이 얼마나 부당한지, 얼마나 유럽적 시각을 강요했는지를 현 시점에서 논할 필요는 없다. 1990년대 이래 포스트 모던한 세상에서 동서양 지식인들이 확연하게 지적하고 비판하고 있기 때문이다. 다만 19세기 후반부터 이 만국공법이 유럽 국가들에 의해 아시아를 포함한 전 지구에 강제되고 있었기 때문에, 이 법의 옳고 그름을 떠나서 그 시대를 살아야 했던 사람들, 특히 왕과 관리, 지식인들은 이 법에 대한 정확한 이해와 준비가 필요했다.

당시 마틴은 헨리 휘튼의 책을 중국어로 번역할 때 "서양 제국의 정치행동이 '도리'에 의해 좌우되는 것으로 무력의 법이 아니라는 것을 이 번역을 통해 중국인들이 이해하길 바란다"고 회고록에 써놓았다.(강상규, 2007: 42; 이삼성, 2009: 308 재인용) 그러나 마틴의 주장과 달리 19세기 말의 세계질서는 상선에 앞서 함선을 먼저 보내는, 무력을 앞세운 것이었다.

일본의 두 번째 베스트셀러《서양사정》을 살펴보자. 모두 10권으로 구성됐는데, 저자인 후쿠자와 유키치가 1862년 미국과 유럽의 여행을 마치고 돌아온 지 4년 만인 1866년에 초편 세 권을 쓰고, 외편 세 권은 메이지 유신 이후인 1868년에, 2편 네 권은 1870년에 각각 출판했다.《서양사정》에서 후쿠자와 유키치는 미국과 영국의 정치제도와 역사에 많은 지면을 할애해 독자에게 알리고자 했다. 1776년

유길준(1856~1914)
우리나라 최초로 서양을 견학한 사람으로 최초의 일본 유학생이자 최초의 미국 유학생이다. 아관파천 이후 일본으로 12년간 망명했다가 순종황제의 특별사면으로 귀국했다.

미국 13개 주의 독립선언과 의회제도에 관한 '합중국령의 법령'을 소개하는 등 민주주의의 본질을 설명했다. 이 책은 일본의 지식인뿐만 아니라 국민에게 커다란 충격을 주었다.

특히 도사 번사인 고토 쇼지로後藤象二郎는 이 책을 읽고 주군인 야마노우치 요도의 지시로 도쿠가와 막부의 마지막 쇼군인 도쿠가와 요시노부德川慶喜를 만나 권좌에서 물러나도록 설득했다고 한다. 이때 요시노부도 《서양사정》을 읽었다고 했다. 때문에 일본이 막부에서 천황으로 평화롭게 정권교체(대정봉환大政奉還)를 한 내막에는 《서양사정》이 크게 작용했다고 일본 사학자들은 분석한다.(정일성, 2012: 322~23)

조선과 비교해보자. 1882년부터 2년 동안 미국 유학을 다녀온 유길준은 국한문 혼용으로 저술한 《서유견문》을 13년이 지난 1895년에 일본에서 출간했다. 1885년 집필을 시작했고 1889년에 완성해 고종에게 우선 전달됐다고 한다. 이 책은 갑오개혁의 이론적 배경이 됐다고는 하지만, 후쿠자와의《서양사정》에서 많이 인용하는 등 내용에서 독자성이 떨어지고, 무엇보다도 일반에 공개된 시기가 너무 늦었다는 것이 문제였다. 한 나라가 개혁하려면 주체세력과 동조세력, 국민 다수의 공감대가 형성되어야 한다. 또 개혁 주체세력의 인식이 동조세력들 사이에 확산되고 공유되어야 하는데 당시 조선에는 이에 필요한 서적이 거의 없었던 것이다.

《서양사정》은 발간되자마자 날개 돋친 듯 팔려나갔다. 초편이 15만 부 나갔는데, 교토 부근에서 나온 복사판까지 합치면 20만~25만 부가 나갔을 것이라고 후쿠자와 유키치가 자신의《후쿠자와 전집》서언에서 밝히고 있다.(정일성, 2012: 324) 1870년대 무렵 일본의 인구가 3,500만 명 정도가 됐다는 점을 감안하면 최대 25만 부가 팔려나갔다는 것은 당대의 지식인들과 위정자들은 대체적으로《서양사정》을 읽은 셈이다. 즉 정책결정자들은 물론 많은 일본인들이 대체 전 지구촌이 어떻게 돌아가고 있는지 알게 됐다는 의미다.

이는 메이지 정부가 문명개화정책을 본격적으로 전개하기 전부터 이미 일본 내부에서 서양 문명에 대한 관심이 높았다는 것을 보여주는 것이다. 후쿠자와 유키치가《문명론의 개략》에서 소개한 계몽주의적 문명관과 문명사관은 급속히 힘을 얻어 유신 변혁의 지도적 사조가 됐다.(나가하라, 2011: 33) 19세기 말 고종의 지시로 정약용이 지방의 수령들이 지켜야 할 지침을 밝힌《목민심서》가 1901년에 발간한 것과 비교하면, 당시 대한제국에 확산되는 사상의 수준과 일본에 퍼져 나간 사상의 수준을 각각 짐작해볼 수 있다.

자유·권리·경쟁·개화 등 현대에 익숙한 단어들은 모두 후쿠자와 유키치가《서양사정》을 저술하면서 영어를 한자어로 번역한 것이다. 아무튼 후쿠자와의 인쇄·출판된 서양견문록은 지식의 대중화와 확산이라는 측면에서 18~19세기 조선의 선비들이 자신들의 저작을 필사해서 돌려 읽었던 것과 비교할 때 커다란 차이가 있다.

일본의 낡은 제도와 사상을 청산해야 한다는 내용을 담은 후쿠자와 유키치의 1872년 저작《학문의 권유》도 놀랄 만큼 빠르게 팔려나갔다. 초편이 20만 부 넘게 판매되자, 이에 고무된 후쿠자와는 그 뒤로 1876년까지 5년간 원고지 30장 분량으로 쓴 소책자 17편을 묶어 펴냈다. 나중에 이 17편을《학문의 권유》로 묶었는데, 이 책은 낱권 소책자를 포함해서 370만 부가 나갔다.(정일성, 2012: 327~28) 후쿠자와의《학문의 권유》는 메이지 정부가 프랑스 학제개편, 태양력 사용, 징병제 실시 등의 개혁정책을 발표하기 2개월 전에 발간됐다는 데도 의미가 있다.(나가하라, 2011: 34)

2012년 3월 현재 한국의 인구가 5,000만 명인데 300만 권 이상 나간 인문학 서적이 유홍준 교수의《나의 문화유산 답사기》시리즈(1~6권)가 유일하다. 소설 중에는 신경숙의《엄마를 부탁해》가 200만 부(2012년 2월)를 돌파했다. 현대의 한국인들이 책을 많이 읽지 않는다는 사실은 뒤로 하더라도, 150년 전에 후쿠자와의 책이 얼마나 빨리, 그리고 많이 판매됐는지 비교하면 쉽게 파악된다. 책을 읽으며 근대를 받아들이고 있는 일본의 모습을 발견할 수 있다. 후쿠자와 유키치의《서양사정》과《학문의 권유》는 중국과 아시아 주변에 국한됐던 일본인들의 인식의 지평을 전 지구적 차원으로 확장하는 계기를 마련했다. 이런 선진적 서적의 수요와 판매를 통해 일본의 경제적 수준과 일본의 지식인들 숫자 또한 유추해볼 수 있다. 변혁을 하려면 그에 필요한 학문과 사상, 그리고 공감하고 있는 수많은 지식인들이 필요하기 때문이다.

이런 가운데 1874년 프랑수아 기조의 《유럽문명사》가 나가미네 히데키의 번역으로 출간됐다. 1875년에는 헨리 토머스 버클의 《영국문명사》가 오시마 사다마스의 번역으로 출간됐다. 난학의 대가인 미쓰쿠리 겐보의 손자인 미쓰쿠리 린쇼는 1871~76년까지 영국과 프랑스의 역사서를 바탕으로 《만국신사》를 간행했다. 문명사에 대한 일본 국민의 요구가 있었는데, 이는 아편전쟁, 흑선, 개국, 불평등조약으로 이어지는 위기감과 메이지 정부의 개화정책 등에 대한 민중의 지적 욕구가 원인이 된 것으로 보인다. 유아독존적 자국 중심 사관을 물리치고 세계역사 속에서 일본을 직시하려는 욕구가 높아진 것이다.(나가하라, 2011: 34)

*

조선은 《만국공법》과 같은 서적의 도입이 중국과 일본에 비해서 20여 년 정도 늦었다. 관련 서적 그 자체도 늦게 들어오기도 했고, 소중화의식과 같은 답답한 존주론이 새로운 문물을 수용하는 데 장애물로 작용해 새로운 세계질서에 대한 이해가 더뎠다. 1894년 이전에는 소수의 조정 관료와 천주교 등을 받아들인 일부 양반을 제외하고 대부분의 관료와 선비, 재경 양반은 물론 지방의 양반들도 위정척사적 사고와 중화주의에서 거의 벗어나지 못하고 있었다. 세계는 정신

없이 변화하고 있는데, 조선은 태풍의 눈 안에 들어가 있듯이 평온해 보였던 것이다.

1876년 한국 최초의 조일수호조규(강화도조약)를 체결할 때 조선의 대표단도 휘튼의《만국공법》베이징 번역본을 가지고 있었다는 기록이 있다. 그러나 조선의 개항 결정은 만국공법적 국제질서에 참여하는 차원이 아니었다. 300년 동안 교역해온 인접국 일본과의 '오래된 우호관계를 복구한다'는 전통적이고 아시아적인 외교의 차원이었다. 고종은 "개항은 왜와 구호舊好를 잇는 것인데, 왜는 양이가 아니기에 화친한다"고 밝힌 것에서도 알 수 있다.(백영서, 2009: 39) 반면 일본은 만국공법에 따른 목적은 명확했는데 "상호 교역을 하는 국가들 사이에 조약을 맺는 것이 국제적 관행"이라며 조약체결을 고집했다.(최덕수 외, 2010: 30)

만국공법의 질서와는 상당한 거리가 있는, 청나라에 대한 봉건주의적인 조공이 갑오개혁으로 절연된 것을 보면 만국공법의 질서가 무엇인지 제대로 알지 못했을 가능성이 크다. 유길준은 전근대와 근대가 공존하는 상황을 '양절체제'라고 했지만, 아무튼 유길준과 같은 인식을 공유한 사람들은 조선에서 김윤식과 어윤중, 김홍집 등 점진적 개화주의자 등 일부 인사에 불과했다. 물론 고종이 1882년 조미수교를 앞두고 청나라에 왕래 사신제도를 폐지하고 상주 사신제도 즉, 공사제도를 시행할 것을 제안했다 하여 국제법에 대한 이해가 있었던 것으로 평가하기도 한다. 후쿠자와 유키치는 "백 권의《만국공법》은 많은 대포만 못하고, 몇 장의 화친조약은 한 광주리의 탄약만 못하다"고 그 한계를 간파하고 있었다.(이삼성, 2009: 310) 즉 '양육강식'이라는 사회진화론이 가미된 국제법을 고종이 다소 순진하고 어설프게 이해하고 외교전을 펼친 탓에 조선은 오히려 부작용을 겪어야 했다.

상주 사신제도를 시행하자는 고종의 주장에 당황했던 청나라는 때마침 임오군란이 일어나자 청의 군대를 서울에 상주시키고, 과거와 달리 조선의 내정과 외교정책에 개입해 강력한 속방화 정책을 폈다.(교수신문, 2005: 112)

다시 만국공법으로 돌아가면, 조선에 만국공법과 같은 국제법이 알려진 것은 1880년대 전후다. 1882년 김홍집이 2차 수신사로 일본을 방문했을 때 주일 중국외교관 황준헌과 대화를 나눈 내용이 담긴 필사본《조선책략》과 중국 광둥성 출신인 정관응이 쓴《이언》등을 가져온 것이 국제법을 조선에 알린 시초로 알려져 있다. 하지만 윌리엄 마틴이 한문으로 번역한 휘튼의《만국공법》이 조일수호조규 체결 등으로 국내에 먼저 소개됐다.

또 1877년 한성에 주재한 일본공사관의 공사대리 하나부사 요시타다는 조선의 예조판서 조영하에게 한문으로 번역한《만국공법》을 전달했다. 일본의 외교관이 조선의 외교 책임자에게 이 책을 전달한 사실이 시사적이라고 김학준은 말했다. 일본이 국제법을 준수하는 선진적인 나라라는 것을 강조하고 싶었다는 것이다.(김학준, 2012: 208) 아니면 사대교린하는 전근대는 이미 사라졌으니, 새로운 문명의 조류를 이해하고 빨리 조선도 해결책을 찾으라고 건네줬을지도 모르겠다.

역시 윌리엄 마틴이 한역한 독일학자 블룬출리의 국제법《공법회통》등의 책자도 유통됐는데, 처음엔 필사본과 사본이 유입됐다. 특히 중국인이 저술해 좀 더 간략하고 이해하기 쉬운《이언》은 곧바로 한글 번역본이 간행될 정도로 민간의 수요도 있었다.(백영서, 2009: 40) 다시 말해 《이언》 한글판을 제외하고 모든 책들은 한문으로 쓰여 있었고, 한자에 익숙한 사대부를 제외하고는 대다수의 조선인은 새로운 사상에 접근하기 어려웠다는 이야기다. 일본에서는 일본어로 《만국공법》이 번역돼 어지간하게 문자를 깨친 사람들이 읽을 수 있었다면, 조선에서 한자로 쓰인 《만국공법》을 대중화하는 데 한계가 명확했다.

중화의 종주국인 중국이 변화에 민감하지 못했다는 분석과는 달리 중국이 만국공법에 대한 이해가 상당한 수준이 아니었나 하고 짐작해볼 만한 사례가 있다. 윌리엄 마틴이 한문으로 번역한 휘튼의 《만국공법》이 1864년에 중국에 소개되기 이전에 이미 임칙서는 국제법에 대한 이해가 있었다. 임칙서는 영국 선박의 아편을 처리하기 이전에 1758년 출간된 엠머리치 데 바텔의 국제법 서적을 참고했다고 한다. 특히 외국인과의 분쟁해결과 대외무역을 관리하는 국가 간 권리에 관한 내용을 번역해 참조했다고 한다. 임칙서가 영국 선박의 아편을 태우면서 강제적 물리력이 도덕적·법적으로 정당하다는 확신을 가진 이유였다.(백영서, 2009: 33)

결국 제1차 아편전쟁에서 심각한 위기감을 느끼지 못한 조선은 20여 년의 세월이 흐른 뒤에야 변화의 필요성을 느꼈다. 그 필요성이라는 것이 급박한 위기라기보다는 반석처럼 딛고 서 있던 중화주의적 세계가 흔들리고 있다고 감지하는 정도가 아니었을까 한다. 조선 대외정책의 진정한 변화는 제2차 아편전쟁이 끝나고, 다시 20년이 흐른 1882년 《조선책략》의 도입으로부터 시작되니 말이다. 박은식은 "그 이전까지 우리나라 사람의 족적은 국내를 떠나지 못하고, 보는 힘도 해외에 미치지 못해, 좁은 소견으로 시세에 밝지 못한"(박은식,

2012: 94) 탓이라고 설명했다.

조선은 1858년에 북경에 보낸 동지사가 영국·프랑스 연합군이 톈진까지 진격해 조약개정을 강요한 사실을 보고했지만 별로 놀라지 않았다. 이유는 이들의 보고가 비교적 낙관적이었기 때문이다. "군사적 충돌 실상을 잘 알지 못한 데다, 태평천국군 진압에 용맹을 떨친 승격림심 군대의 무력을 믿었던 것이다."(김명호, 2008: 372) 위험을 잘 몰랐기 때문에 1859년에 연례적인 동지사를 파견했는데 이번에 간 동지사는 승격림심이 영국 군함을 격파한 사실을 보고했다. 그러다가 북경에 파견한 시헌서時憲書 재자관齎咨官이 1861년 1월 특별보고로 보낸 '북경이 함락되고 원명원이 방화·약탈당했으며, 황제가 열하로 몽진했다'는 소식을 듣고서야 깜짝 놀랐다. 그래서 급하게 박규수 등이 1861년 '열하 문안사'라는 이름의 위문 사절단으로 열하에 파견된 것이다.(김명호, 2008: 365~66)

흔히 세계사에서 1850년대의 세계와, 1870년대의 세계는 완전히 다른 성격의 세계라고 규정한다. 1870년대 본격화된 제국주의는 후진 약소국이 우여곡절을 겪으면서 서서히 근대화의 길로 나가도록 내버려두지 않았다는 것이다.(이헌창, 2012: 240) 그런 점에서 1850년대 중엽 개국한 일본은 행운이었다는 것이다. 일본은 개항 이후 20년간 자력으로 자율적 근대화를 해나갈 수 있었다.

반면 1870년 제국주의가 본격화될 무렵에야 비로소 조선이 문호를 개방한 것은 불행한 일일 수 있다. 하지만 1차 아편전쟁의 위기에 반응했던 일본과 달리 일찍 위기에 반응하지 못한 것은 우리의 탓일 수밖에 없다. 2차 아편전쟁에서 조선의 조정이 위기감을 느꼈다고

운요호

1875년, 포함 운요호의 일본군은 조선 수비대의 경고를 무시하고 강화도의 초지진을 도발했다. 이에 초지진 포대에서 포격을 가했으나 운요호의 대응포격으로 초지진이 파괴된다. 일본군은 계속해서 영종진에 포격과 함께 병사를 상륙시켜 살인, 방화를 자행했다. 이른바 운요호 사건이다. 이후 일본은 이 사건의 책임을 조선에게 돌리며 개항을 강요했다.

하지만, 일본 막부의 대외 개방정책과 달리 정책의 변화가 없었던 것을 보면 크게 깨달은 바가 없었던 듯하다. 병인양요(1866)와 신미양요(1871)를 스스로의 힘으로 물리치기는 했으나, 두 양요를 통해 서양과 조선의 군사력의 차이를 심각하게 깨닫지 못한 점도 문제였다. 또한 1868년 일본이 메이지 유신에 성공하면서 국교 재개를 요청했을 때도 일본에 무슨 일이 있었는지를 들여다보지 않았다. 이웃나라에서 무슨 변화가 있었는지 조금도 파악하지 않은 채 일본이 '황皇' 등을 사용하니 외교적 격식에 맞지 않는다고 거부한 점은 한심할 따름이다.

조선은 부산왜관을 나가사키의 네덜란드 상관처럼 활용할 수는 없었던 것일까? 일본의 정보력이나 반응이 조선과는 딴판이었다는 사실을 보여주는 일화가 있다. 일본은 1873년 대원군이 실각했다는 소식을 듣고 모리야마 시게루森山茂를 조선에 파견해 조선의 국내정치의 변화를 파악해서 보고하도록 지시했다.(최덕수 외, 2010: 27) 일본은 조선개항과 관련한 정보를 부산왜관을 통해서도 확보했다. 거듭된 개항요구가 조선에서 받아들여지지 않자 부산왜관이 '무력을 사용하는 것이 좋겠다'는 최종 보고를 내놓았고, 1875년 운요호 사건이 터지게 됐다.

일본이 천황이라는 단어를 사용하겠다는데, 한국에서는 이를 받아들일 수 없다는 태도의 유래가 혹시 조선 후기의 사상적 맥락 안에 있는 것은 아닌지 의아해지기도 한다. 천황이나 황제라는 '황'은 중국의 천자나 쓸 수 있는 것으로 왜구이자 오랑캐로 인식한 일본은 쓸 수 없다는 것인가 하고 말이다.

요시다 쇼인과 문하생들
VS.
박규수와 사랑방 손님들

일본의 메이지 유신이 거론될 때 반드시 나오는 인물들과 장소가 있다. 조슈 번 소속의 과격하고 격렬한 존왕양이尊王攘夷운동가 요시다 쇼인吉田松陰과 그가 운영하던 사설 교육기관 쇼카손주쿠松下村塾, 그리고 그의 문하생들이다. 요시다 쇼인과 그의 문하생들은 모두 하급무사들이다. 요시다 쇼인은 스물아홉 살이던 1858년 안세이 대옥 때 구속돼 그 다음해에 사형당했다. 그는 짧은 인생을 살면서 15평 남짓한 작은 공부방에서 일본 메이지 유신의 걸출한 인물들을 배출했다.

요시다의 대표적인 문하생에는 일본 총리대신이자 대한제국의 1대 통감인 이토 히로부미를 비롯해 메이지 유신에서 대신을 두루 거치고 강화도조약과 한성조약을 맺은 이노우에 가오루, '군국주의의 화신'으로 총리대신을 지낸 야마가타 아리모토, 조선의 2대 통감인 소네 아라스케, 야마다 아키요시, 시나가와 야지로, 아오키 슈조 등, 메이지 직전에 병사한 다카스기 신사쿠를 제외하면 일본의 메이지 유신을 성공적으로 이끌고 근대 일본을 만들어나간 인물들이다.

흔히 한국 지식인들은 후쿠자와 유키치를 한국 식민지화의 원흉, 일본 제국주의에 이론적 배경을 제시한 인물로 손꼽지만 사실 그 시조는 요시다 쇼인이다. 후쿠자와 유키치도 일본의 조선 침략을 허용하는 듯한 분위기를 물씬 풍기기는 했어도 직접적으로 일본 제국주의 또는 군국주의에 대해 강한 어조로 말한 적은 많지 않다. 후쿠자와 유키치가 《지지신보》에 쓴 사설들을 읽어보면 오히려 21세기를 사는 한국의 애국자들에게조차 그의 주장이 그 나름대로 타당성이 있어 보인다. 일본인으로 일본의 안위를 걱정하는 지식인이라면 할 만한 이야기이기도 하다. 또 서양의 동양 침략이 가속화되고 있는 위기의 시기에 일본에 이런 전략적 사고를 하는 애국적 지식인이 있었다니, 부럽다는 생각을 하게 된다. 반면 요시다 쇼인은 과격한 직접화법을 구사했다.

하급무사 출신인 요시다 쇼인의 전공은 가업인 병학兵學이었다. 나가누마 류의 병학과 서양진법, 포술 등을 배워 열아홉 살에 독립 사범으로 출발했다.(금병동a, 2008: 45) 1850년에는 서양의 군사학을 배우기 위해 규슈에 유학하였다.

19세기 초·중반 조선에서는 농민반란이 극성을 부렸는데, 비슷한 시기에 일본도 대기근 등으로 인한 농민의 난들이 여기저기서 일어나는 등 혼란의 시기였다. 1840년 1차 아편전쟁으로 일본 내부에서 위기감이 고조되고 있었고, 서양 열강의 개항과 개국 압박으로

요시다 쇼인(1830~59)
조슈 번 소속의 대표적인 존왕양이파로 한국을 정벌해야 한다는 정한론을 주장하기도 했다. 메이지 유신의 주역인 이노우에 가오루, 이토 히로부미, 야마가타 아리토모, 기도 다카요시 등이 그의 제자들이다.

사회는 격동하고 있었다. 이런 사회적 분위기에서 요시다 쇼인은 나가사키에서 서양의 실체를 느끼고 가학인 구식 병학으로 일본이 지켜질 수 있을까 하는 의문을 갖게 됐다. 병학의 관점에서 일본이 놓인 상황을 분석한 것이다. 이 무렵에 그는 에도에서 시나노 마쓰시로 번사인 사쿠마 쇼잔에게 양학을 배우며 세계정세에 눈을 떴다.(금병동a, 2008: 45)

그는 미국 함대의 우라가 내항 소식이나 러시아 함대의 나가사키 내항을 듣고 그쪽으로 달려갈 정도로 열심이었다. 특히 1853년 미국 페리 제독이 함대를 이끌고 개항을 압박하자 해외유학을 결심하고 미국 함대에 올라타 밀항을 시도했으나, 막부의 불신을 살까 두려워한 페리가 거절해 실패했다. 해외도항금지라는 나라의 법을 어긴 죄로 조슈에서 옥살이를 하던 그는 1854년에 《유수록幽囚錄》을 썼는데 그 내용이 상당히 의미심장하다. 그의 발언을 종합해보면 1945년 패망 직전의 일본 제국주의 영토 범위를 그가 언급하고 있다.

《유수록》에서 그는 "군사시설이나 장비를 닦고 함대나 포대를 갖추어 홋카이도를 개간하고 제후를 봉건하여, 캄차카와 오호츠크를 빼앗아 타이른다. 조선을 책망하여 인질을 받아들이고 공물을 옛날의 왕성했던 때와 같이 바치도록 한다. 북으로는 만주의 땅을 할양하고, 남으로는 타이완과 루손(필리핀)의 여러 섬을 차지하여, 점차 진취적인 기세를 보여야 한다"고 일갈한 것이다. 조선에 대한 발언의 기초는 7세기의 일본 역사서 《일본서기》에 근거를 둔 것으로 고대 일본이 어떻게 국위를 해외에 떨쳤는지를 강조하면서 조선 침략이 타당한 것으로 기술했다.(금병동a, 2008: 46~47)

요시다는 후쿠자와 유키치보다 4년 빨리 영어나 다른 나라 언어의 교육이 필요하다고 강조했다. "네덜란드의 학문이 크게 세상에 유행하고 있지만, 러시아·미국·영국의 책을 잘 읽는 자가 있다는 것을 듣지 못했다"고 말이다. 후쿠자와 유키치는 나가사키와 오사카에서 네덜란드어를 배우고 에도에서 란가쿠주쿠蘭學塾를 열었지만, 1858년 개항 직후 요코하마에서 영어 원문을 이해하지 못하자 그 충격으로 영어를 공부했다.

요시다 쇼인은 《유수록》을 쓴 지 1년 뒤인 1855년 형에게 보낸 편지에서 일본의 외교 전략도 제시한다. "러시아·미국의 강화는 정해진 것, 우리가 결연히 이것을 깨서 이적에게 신의를 잃어선 안 된다. (중략) 그 사이 국력을 길러 취하기 쉬운 조선·만주·지나(중국)를 정복한다. 교역에서 러시아·미국에 잃은 부분 또한 조선·만주에서 토지로 보충해야 한다"고 강조했다. 또다시 1년 뒤인 1856년 제자이며 매제에게 쓴 편지에서도 "틈을 타서 에조(현 홋카이도)를 개간하고, 류큐(현 오키나와)를 거두고 조선을 취한다. 만주를 꺾고, 지나를 누르며, 인도에 임하여, 이로써 진취의 기세를 펴, 물러나서 지키는 기초를 굳게 한다. 진구황후가 아직 이루지 못한 바를 이루고, 도요토미가 이루지 못한 바를 이루는 것과 같다"고 했다.(금병동a, 2008: 48~49). 강한 나라에 약하고, 약한 나라에 강한 삐뚤어진 의식이 보이는 가운데, 일본의 이익선을 보여주는 큰 그림을 그린 것이 특이하다.

요시다는 1858년에 훗날 '메이지 유신 3걸'로 손꼽히는 조슈 번의 젊은 무사, 기도 다카요시에게 보낸 편지에서 "우리 번이 조선과 만주를 지배하는 것이 가장 좋다. 조선과 만주를 지배하려면 죽도(울릉도)는 제일의 대기실이다"라고 밝히기도 한다.(금병동a, 2008: 49) 울릉도는 1905년에 독도와 함께 일본의 손에 들어갔다.

요시다의 발언이 있은 뒤 20여 년 뒤 일본은 중국의 조공국이던 류큐왕국을 1879년에 병합해 명칭을 오키나와로 바꿨다. 1874년 1차 타이완을 침략했던 일본은 1894년 청일전쟁 후 중국으로부터 타이완을 할양받아 2차 세계대전이 끝날 때까지 경영했다. 조선은 1905년부터 보호국으로 만든 뒤 1910년 강제병합했다. 필리핀은 일본과 미국의 외교관계가 틀어진 뒤 1942~45년까지 점령했다. 1904년 러일전쟁의 결과로 만주에서 특수 이권을 누리던 일본은 1932년 초까지 거의 만주 전역을 점령했고, 만주에 일본의 괴뢰국을 세웠다.

홋카이도를 개척하기도 했다. 메이지 정부는 1869년부터는 아이누의 땅을 홋카이도北海島라고 이름을 짓고 본격적인 개척에 들어갔다. 본격적인 개척은 1880년대에 10여 년에 걸쳐 진행됐는데, 불평사족과 평민들의 이주 장려 및 철저한 동화정책을 통해 아이누족을 말살하였다. 인도를 제외하고는 요시다의 구상이 고스란히 실현됐다고 볼 수 있다.

현재 일본이 이웃나라와 영토분쟁을 하고 있는 지역들을 요시다의 발언과 관련해서 살펴보면 더 확실해진다. 일본의 홋카이도와 러시아의 캄차카 반도를 잇는 쿠릴열도 20개 도서 중 최남단의 네 개 섬은 일본과 러시아 간의 영유권분쟁을 겪고 있다. 일본 오키나와 서남쪽 약 400킬로미터, 중국 대륙 동쪽 약 350킬로미터, 대만 북동쪽 190킬로미터 정도 떨어진 여덟 개 섬으로 이뤄진 센카쿠열도(중국명 댜오위다오)도 류큐왕국 복속 등과 연결돼 있다. 1905년에 러시아 함대가 남진하는 것을 감시하기 위해 한국의 독도에 망루를 세우고 점유한 일본이 독도를 옛날부터 내려온 자신들의 영토라고 주장하는데 이는 가당치 않다. 결국 1850년대 요시다의 발언을 보면 현재 일본이 영유권을 주장하는 지역들은 모두 일본 제국주의의 산물인 만큼 돌려주는 것이 마땅한 것이다. 사정이 이러하니 1873년 일본 정부에서 나온 '정한론'이나 1930년대의 대공아공영론 등이 모두 요시다 쇼인에게 큰 영향을 받은 것이라 할 만하다.

메이지 유신이 성공한 뒤 사쓰마 출신과 조슈 지역 출신들이 번갈아가며 약 40년간 정권을 장악했다.(정일성, 2010: 71) '정한론'을 주장한 사쓰마 번의 사이고 다카모리가 1877년 세이난 전쟁西南戰爭으로 자살하고, 역시 사쓰마 출신인 오쿠보 도시미치마저 암살되자 조슈 출신의 인물들이 주로 일본을 경영해나갔다. 조슈 지방 출신의 메이지

대신들은 누구인가? 요시다 쇼인의 수하에서 공부를 했거나 그의 영향을 많이 받은 사람들이다. 이들은 후발 제국주의 국가로서 일본이 어떤 길을 가야 할 것인지, 어디까지를 자신들의 영토로 편입해야 할 것인지에 대한 아이디어를 요시다의《유수록》에서 얻었다고 볼 수 있다. 특히 제국주의로 발돋움하던 시기에 이토 히로부미와 야마가타 아리모토 등이 그러했다.

조선과 아시아의 입장에서는 대단히 불쾌한 일이지만, 요시다는 일본의 국가전략을 짜서 이것을 널리 알려나갔고, 제자들을 통해 자신의 뜻을 실현해간 일본의 혁명가였다. 현재 일본의 우익에도 상당한 영향을 미치고 있다고 하니, 그는 사후 160년 뒤에도 짧고 굵게 살고 있는 것이다.

*

'요시다 쇼인과 그의 문하생들'과 비교해서 조선의 박규수와 북촌 사랑방을 찾던 사대부와 중인들이 거론된다. 박규수는 누구인가?《열하일기》의 저자이자 북학을 주장했던 연암 박지원의 손자다. 그의 사랑방을 찾던 사람들로는 1884년 '개화당'을 이끈 김옥균·박영효·홍영식·박영교·서광범과 조선 최초의 미국 유학파인 유길준, 전통 조선의 관료로 개화기에 친청노선을 걸었던 김윤식, 친일노선을 택한 김홍집 등이 있다. 역관 출신의 중인으로 정계진출이 막힌 오경석과 유대치도 이 모임에 합류했다. 오경석은 오히려 모임의 발기인 정도가 되겠다.

사랑방 모임이 개최된 시점은 박규수가 한성판윤으로 발령받은

박규수(1807~77)
대원군 집권 시기에 유일하게 개항을 주장했던 박규수였지만, 그조차도 서양의 과학과 기술, 문명이 무엇인지를 명확하게 알지 못했다. 철저한 숭명주의자이자 모화주의자인 박규수는 뛰어난 서양의 기술을 받아들이면서 정신은 공자의 것을 유지하자는 '동도서기론'의 입장에 서 있었다.

1869년 무렵으로 추정된다. 박규수는 한성판윤 직전인 1866년 2월에 평안도관찰사로 가 그해 7월 미국의 무장상선 제너럴셔먼호 사건을 처리했다. 서양의 힘을 직접 목격한 사람 중 하나다.

박규수는 북촌 사랑방에서 젊은 선비들과 둘러앉아 지구의를 돌리면서 이렇게 말했다고 한다. "오늘날 중국은 어디에 있는가? 저리 돌리면 미국이 중국이 되고 이리 돌리면 조선이 중국이 되니, 어떤 나라도 가운데 오면 중국이 된다"면서 개화의식을 심어줬다는 것이다.(신채호·김학준, 2012: 207 재인용)

여기서 용어정리 차원에서 한번 질문해보자. 개화開化란 대체 무슨 말일까? 《주역》의 '개물성무 화민성속 開物成務化民成俗'에서 따온 말로, 모든 사물의 지극한 곳까지 궁구窮究 경영하여 일신日新하고 또 일신해서 새로운 것으로 백성을 변하게 하여 풍속을 이룬다는 뜻이다. 후쿠자와 유키치가 '시빌리제이션 Civilization'을 번역하면서 《주역》에서 따서 '문명개화'로 만든 신조어다.(안승일, 2012: 19)

1881년 일본을 다녀온 박정양의 보고서에 국내 최초로 '개화'라는 말이 등장했으며, 1882년 임오군란 이후에 유길준에 의해 널리 사용되었다. 김옥균과 같은 '개화당' 인사가 일본에서 후쿠자와 유키치 등과 교류하면서 들여와 널리 퍼져나갔다는 분석이다. 일본에서도 후쿠자와 유키치와 같은 민권당 계통에서 주로 사용한 개념이지 메이지 정부의 정치가들이 애용한 용어는 아니었다. 메이지 정부는 개혁의 성공적인 완수를 위해 전통적 세력인 막부의 신하를 끌어안고 가야 할 상황에서 전통을 부정하는 듯한 논리를 개혁의 모토로 내세울 수 없었기 때문이었다.(김성배, 2009: 142)

　초기 개화사상가라고 하지만 박규수는 존명의식과 화이론에 젖어 있던 조선의 모든 선비와 비슷했다. 박규수는 청나라에서 송나라의 학문(주자학)을 배척하고 고증학을 주장하는 풍조를 비판했다. 그는 명나라의 의관으로 조선의 의복이 바뀌어야 한다고 생각했던 사람이기도 했다. 같은 맥락으로 일본이나 베트남을 야만시하는 사상이 뿌리 깊어 《일본기》에 당시 일본 사신들이 중국에서 문명을 떨쳤다'고 쓰인 것을 보고 "섬나라 오랑캐가 전한 기록이라 비리鄙俚(천하고 속됨)하고 가소롭다"고 일축했다. 또한 고려의 구습에 따른 갓 대신 현관을 써야 한다고 주장했다. 송시열도 학도들에게 당시의 풍속인 갓을 버리고 중화의 제도인 관을 쓰게 한 것과 마찬가지로, 노론계 선비인 박규수는 "중화의 제도로 오랑캐의 풍속을 개혁하자는 논의는 진실로 의심할 여지가 없는 것"이라고 칭송했다.(김명호, 2008: 60, 171, 199)

　존명의식과 중화의식은 결국 개화사상을 받아들일 때, 외부의 위기를 해석할 때 한계로 작용했다. 그는 척화론과 해안선 방어에 대해 조언한《벽위신편 평어》에서 동양의 문화적 우월성을 확신하면서 동서교섭을 통해 서양인들도 동양문화에 감화되는 날이 오리라고 전망하고, 이같은 전망은 일본과의 개항을 주장할 때까지 그의 사상 속에서 지속적으로 나타난다. 그는《해국도지》에서 서양인이 한문과 중국어를 학습하고 중국옷을 입고, 중국 서적을 번역·간행한다는 단편적인 정보를 통해서 이런 결론에 도달한 것으로 보인다. 이런 낙관적 전망은《해국도지》를 쓴 위원의 위기의식과 매우 대조적이라는 평가다. 박규수는 동도의 우월성에 대한 확신으로 서양과의 교섭을 피하지 말고 적극적으로 자신 있게 대처하자는 생각을 피력하게 되는 것이다.(김명호, 2008: 290~94)

박규수에 앞서 조선에서 가장 먼저 개화사상을 형성한 사람이 오경석이었다. 역관인 오경석은 스물두 살이던 1853~54년 베이징에 처음 방문해 체류하면서 개화사상에 눈을 떴다.(신용하, 1985: 107, 126; 김학준, 2012: 203 재인용) 오경석은 일제식민지 시절에 민족운동에 헌신한 오세창의 아버지로, 유서 깊은 역관 집안에서 태어났다. 오경석의 아버지는 '북학파'인 박제가를 높이 평가해 박제가의 저작을 반드시 읽고 배우도록 가르쳤다. 박제가를 가장 숭상하면서 오경석은 추사 김정희의 제자이자 역관인 이상적에게 한학을 배워 1846년 역과시험에 합격했다. 그는 1853년 이래로 13차례에 걸쳐 베이징을 왕래하며 중국이 서양열강의 침략으로 붕괴하는 것을 목격했다. 이후 오경석은 위기를 극복하기 위해서 서양을 배워야 한다는 믿음을 갖고 청에서 출간된 새로운 책들을 구입해 친구 유대치에게 전달해줬다.(김한준, 2012: 203) 청나라의 문물을 받아들여야 한다는 북학파의 인식에, 조선의 위기감이 덧붙어 새로운 문물의 수입을 서두른 것이다. 당시 세계지도와 서양의 문물을 소개한 《해국도지海國圖志》나 《영환지략瀛環志略》, 《박물신편博物新編》 등은 모두 그가 조선에 소개한 책들이다. 《해국도지》는 동지연행 부사였던 권대긍이 1845년에 유입했다고도 한다.(김동노, 2009: 47; 김명호, 2008: 292)

《해국도지》는 청나라 학자 위원이 1822년에 써서 1844년에 간행한 책으로 초기에 40권에서 1852년에 100권으로 증보해 간행했다. 증보된 이 책은 1902년까지 여섯 차례나 출간될 정도로 대중적인 인기를 모았다. 세계 각국의 지리·역사를 소개하고, 서양 오랑캐를 막기 위해 서양문명을 받아들여야 한다고 역설하는 지리서다. 《영환지략》도 1850년에 청나라 서계여가 지은 세계지리책이다.

1850년대 중엽 청나라의 문물을 소개하기 위해 애쓰고, 1860년대 서양열강의 접근으로 나라가 위기에 빠졌을 때 동분서주한 오경석의 활약상을 보면 중인이 정치를 할 수 없었다는 것이 얼마나 애석한지 말로 표현하기 어려울 지경이다. 일본의 메이지 유신의 성공이 '외국물'을 먹은 하급무사들이 전면에 나선 덕분인 것을 감안하면 신분제도에 묶여 있었던 초기 개화사상가들의 처지는 답답했다.

1866년에 병인양요가 일어나자 오경석은 베이징에 급파돼 평소 베이징에서 친교를 맺었던 청나라 조정의 실무 관료들과 광범위하게 접촉해 양요에 대한 중국과의 연락 및 대책 수립의 자료를 수집했다. 오경석은 조선을 침략한 프랑스 동양함대가 무역상들로부터 군비를 차입했고, 함대의 군량도 3개월분밖에 적재하지 못했기 때문에 지구전을 전개하면 프랑스 함대는 패퇴할 것이라는 보고서를 흥선대원군에게 제출해, 프랑스 함대를 격퇴하는 데 크게 공헌했다.

1866년 병인양요와 제너럴셔먼호 사건을 겪은 뒤 그는 친구 유대치에게 서울 북촌의 영민한 양반자제들을 뽑아 그가 중국에서 구입해 들여온 새로운 책들로 개화사상을 교육하여 나라에 일대 혁신을 일으키자고 제의했다. 박규수의 북촌 사랑방 모임이 발기된 것이다. 때마침 1869년 박규수가 평안도관찰사에서 한성판윤으로 전임되어 상경하자, 박규수에게도 똑같은 제안을 하면서 모임이 진행되기 시작했다. 신용하는 1869년 말부터 오경석·유대치·박규수가 개화사상을 중심으로 동지적인 결합을 했다고 평가한다.

그러나 오경석 등이 개국과 개항의 필요성을 뼈저리게 깨닫고 있었지만, 시절은 불우하게도 쇄국을 강조하던 흥선대원군 집권시기였다. 흥선대원군은 신미양요가 끝난 뒤 더 굳어진 신념으로 척화비를 곳곳에 세우던 시절이었다. 오경석은 미국이 대통령의 국서를 가지고와 1871년 수호통상조약의 체결과 개항을 요청해 왔을 때 개국의 좋은 기회라고 판단해 흥선대원군에게 건의했지만, 거절당하고 오히려 '개항가'라고 지목당했다. 결국 신미양요가 일어나고, 신미양요의 뒤처리와 관련해 1872년 박규수를 정사로 한 사절단을 청나라에 파견할 때 수역首譯으로 지명되어 베이징에 갔다왔다.

1875년 9월 일본이 무력시위로 개항을 요구했을 때도 오경석은 박규수에게 개국을 추진해야 한다고 조언했다. 이에 1873년 11월 3일 이후 권력에서 물러나 있던 흥선대원군은 오경석을 운현궁에 불러들여 힐책하고 일본과 일전을 벌일 것을 지시했다. 그러나 고종은 그 다음해인 1876년 2월, 일본으로부터 위협을 받은 지 6개월 만에 조일수호조규(강화도조약)를 맺고 개국을 한다.

오경석의 활동을 보면, 신용하가 '개화의 비조'로 왜 그를 손꼽는지 알 수 있다. 신용하는 오경석 덕분에 박규수 역시 개화사상에 눈을 뜨게 됐다고 설명한다.

박규수는 어려서부터 할아버지의 저작물《연암집》을 통해 청나라의 문물을 받아들이는 것이 중요하다는 것을 깨달았다고 한다. 그러나 박규수에게 결정적으로 영향을 끼친 것은 1861년과 1872년 중국에 두 차례 사신으로 방문해 유럽이 아시아를 침략하는 서세동점西勢東漸의 상황을 목도한 것이다. 또한 1866년 평안도관찰사로 제너럴셔먼호 사건을 무리 없이 처리하면서 개국・개화의 중요성을 깨닫게 됐을 것이다.

박규수가 벼슬길에 나간 것은 마흔두 살 때 증광별시에 급제하면서다. 실력이 없어서라기보다 운이 따르지 않았고, 무엇보다 그 나이까지 관직을 스스로 포기했던 것이다. 지금 서울 종로구 가회동 헌법재판소 자리에 있는 박규수 집은 왕궁과 가까운 위치로 어려서 순조의 아들인 효명세자와 가깝게 지냈고 한다. 자신이 아버지에게 배운 할아버지 박지원의 북학을 세자에게 가르쳐주기도 했다. 효명세자는 1827년부터 부왕 순조의 뜻에 따라 대리청정을 하면서 국정쇄신의 기운을 높여갔는데, 세자가 1830년에 느닷없이 죽었다. 세자의 죽음으로 낙망한 박규수는 출세의 뜻을 접고 칩거한 것이다.

오경석이 들여온 천문지리학과 관련《해국도지》나《영환지략》,《박물신편》등을 박규수도 읽었을 것으로 학자들은 추정하고 있다. 북학이 터부시되던 정조 때와 달리 1850년대 전후로 지식인들 사이에서 청나라 문물이 호의적으로 받아들여졌다는 것이다.

김명호는 이보다 앞선 1840년대에 이미 박규수가 개화에 대한 문제를 파악했을 것으로 본다. 박규수는 《해국도지》에 앞서 위원이 1827년에 편찬한 《경세문편》을 봤다는 것이다. 《경세문편》은 청나라 초부터 1820년대 전반까지 시무경세론을 집대성한 개혁적인 내용으로 120권에 달하는 방대한 책이다. 이 책은 북경연행사로 다녀온 이정리가 1840년에 들여왔다. 중국의 최신 학술동향에 민감했던 추사 김정희는 제주도 유배지에서 자신의 제자 이상적을 통해 이 책을 1844년에 입수했고, 감격해서 '세한도'를 그려줬다는 일화가 있다.(김명호, 2008: 263~.65). 박규수는 이 책을 읽었다는 기록은 없지만 《경세문편》 중 천주교와 해안방위에 관련한 글을 대거 발췌·수록해 윤종의가 1848년 편찬한 《벽위신편》에 대해 발문을 붙인 《벽위신편 평어》를 써놓은 것이다. 이미 개화적인 위원의 영향권에 있었다는 것이다.(김명호, 2008: 266~71) 윤종의의 《벽위신편》과 《경세문편》에 영향을 받아 편찬한 이정관의 《벽사변증》은 이항로 등의 위정척사론과 함께 널리 활용됐다. 문제는 당시 관료와 선비들이 사악한 서양의 학문과 종교를 받아들이지 않으려는 척사론은 받아들이면서, 해안선의 방어에 관련한 부분은 도외시했다는 것이다.

1861년 약 6개월간에 걸쳐 박규수는 연행부사副使로, 오경석은 역관으로 1차 중국을 다녀왔다. 개국과 개화의 필요성을 이미 깨닫고 있는 오경석과 '북학'에 물들어 있던 박규수가 1차 중국행 때 의기투합했을 가능성이 있다.(김학준, 2012: 205 재인용) 제2차 아편전쟁이라고 불리는 1856년의 애로Arrow호 사건이 일어나 영국과 프랑스 양군이 베이징과 텐진을 점령하자 당시 청나라의 함풍제咸豊帝가 열하로 피난을 갔다가 돌아왔던 때다. 조선에서 이를 위로한다면서 위문사를 보낸 것인데, 위험한 시기에 연행사를 자원한 박규수와 오경석은 열하와 베이징을 여행하며 열강에 의한 중국 침략의 참상을 두 눈으로 목격했을 것이다. 서양에게 밀리는 늙은 용을 통해 아시아의 어두운 미래를 예견할 수 있었을 것이다. 당시 박규수는 심병성沈秉成 등 80여 명의 중국 문인들과의 교유를 통해서도 견문을 크게 넓혔다. 아마도 조선의 조정이 1차 아편전쟁과 달리 2차 아편전쟁에서 크게 위기감을 느꼈다는 것이 사행을 다녀온 박규수의 덕분이 아닐까 추측해본다.

그런데 이런 위기의식이 대외적인 방비에 적극적인 자세를 취하고, 만국공법적 국제질서에 관심을 갖기보다는 대내적인 자수自修에 몰두하게 만들었다. 조선은 위기를 극복하기 위해 군주의 도덕적 노력을 촉구하고, 극도에 달한 민생의 어려움이나 행정의 무능과 부패를 바로잡는 식으로 대처하려고 했다.(백영서, 2009: 39) 1863년 고종의 즉위와 함께 섭정자로 정권을 잡은 흥선대원군의 정책이 주로 그러했다는 비판이다. 무엇보다 흥선대원군은 자신의 집권기에 일본 메이지 정부의 개항 요구에 끝내 반대했다.

그렇다고 흥선대원군이 막무가내로 쇄국을 해야 한다는 완고한 생각을 한 것은 아닌 것 같다. 제2차 아편전쟁으로 중국은 베이징조약을 통해 러시아에게 연해주를 할양해준다. 이제 조선의 국경선은 왼쪽에 중국을, 오른쪽에 러시아와 맞대게 됐다. 조선에서 제2차 아편전쟁에 위기감을 갖게 된 이유 중 하나이다.

클로드 샤를 달레가 1874년에 쓴《한국천주교회사》에 따르면 제4대 조선교구장 시메옹 베르뇌가 1864년과 1865년에 대원군과 비밀서한을 주고받았으며, 대원군의 힘으로 천주교를 공인해주고 당시 남하정책을 펴는 러시아를 막기 위해 조선과 프랑스가 동맹을 맺었다는 내용이 나오는데, 일부 과장이 있다고 해도 모종의 관계가 있었을 것으로 학자들은 추정하고 있다.(함규진, 2010: 63) 흥선대원군이 물정도 모르고 막무가내로 쇄국정책을 편 것은 아니라는 분석이다. 그러나 프랑스와 천주교에 대한 탄압은 4년 뒤 1868년 오페르트 일행의 남연군묘 도굴 시도사건으로 고양됐다. 유럽을 향한 개국은 물 건너간 것이다. 또한 위정척사파로 불리던 유학자들은 조선의 정체성과 전통적 세계관을 끝까지 고수하길 조정에 촉구했다.

박규수의 2차 중국행은 대제학 재임 중이다. 1872년 진하사進賀使 정사正使로서 서장관 강문형姜文馨과 수역首譯 오경석을 대동해 두 번째 중국에 다녀왔다. 제2차 중국사행을 통해 그는 서양의 충격에 대응하는 청국의 동치제에 실시된 동치중흥, 또는 양무운동을 목격한 뒤 개국·개화에의 확신을 갖게 됐다고 한다. 청에서 일어난 양무운동을 조정에 보고하자, 조선 조정에서 그때서야 동도서기론에 입각해 서양문물을 받아들이려는 시도들이 나타난다.(김동노, 2009: 47) 동도서기론이란 19세기 중엽에 이 용어를 사용하지는 않았지만, 조선의 고유한 도를 지키면서 서양의 기술과 제도를 받아들여 더욱 강해지자는 주장을 말한다. 중국의 양무운동이 기치로 내세운 '중체서용론中體西用論'이나 일본의 '화혼양재론和魂洋才論'이 비슷한 개념이다. 1880년부터 구체적인 사업들이 진행되는데, 박규수의 사랑방 손님이자 문하생인

김윤식이 논리적 기반을 제공했다.(김동노, 2009: 47)

박규수가 1861년 '열하 문안사'로 떠나기 전에 김윤식은 증서贈序를 지어 바쳤다. 증서에서 김윤식은 열하 문안사의 의의를 다섯 가지로 설명했다. 첫째 조선은 청과 지난 200여 년 사대관계를 맺고 우호적으로 지내왔으므로 국난을 맞은 청에 대한 사대의 의리를 끝까지 지켜야 한다는 것, 둘째 조선은 청과 순치脣齒(입술과 이)의 관계이니 청이 불행해지면 조선도 무사할 수 없으므로 유동적인 중국의 현 정세에 관심을 기울여야 한다는 것, 셋째 서양 오랑캐는 다음 차례로 조선을 침략할 터이므로 그들의 습속과 지기와 군율과 통치술을 탐지해 둬야 한다는 것, 넷째 청이 일시 위기에 빠진 이때 조선이 사대의리를 변치 않는다면 청이 이를 극복하고 난 뒤 그들로부터 더욱 외교적 우대를 받게 될 것이고 유사시 군사력을 빌릴 수도 있을 것, 다섯째 중화문물로서 오랑캐 습속을 변혁하여 천명을 지닐 수 있었던 청이 후대에 이르러 존망의 위기에 처한 원인을 탐지해 타산지석으로 삼아야 한다는 것 등이다.(김명호, 2008: 385~86)

이른바 동도서기론자로 개화기에 친청노선을 펼친 김윤식의 사상적 근거를 찾아볼 수 있는 대목이다. 김명호는 '오랑캐 청나라'에서 '중국문명의 담지자인 청나라'로 전환된 인식이 김윤식의 독자적 견해가 아니라고 했다. 병자호란 이후 숭명배청의 정신은 조선의 사대부에서 250여 년 꾸준히 이어졌지만, 제2차 아편전쟁으로 조선에 위기감이 고조되자 청나라의 문물을 받아들이고 청나라처럼 양무운동을 하는 등 롤모델로 삼자는 분위기가 만연했다는 것이다. 그러나 조선이 청나라를 롤모델로 삼은 시기는 북학파가 문물도입을 제기했던

18세기 최전성기의 청나라가 아니라 추락하던 시기였으니, 시기를 놓쳐도 한참 놓친 것이다.

유교를 배격하고 기독교까지 수용하자는 문명개화론이나 변법개화론과 달리 유교에 기반해 서구의 제도를 받아들이려는 동도서기론은 갑신정변에서 갑오개혁에 이르는 시기에 동참자들이 늘어났다.(김동노, 2009: 49쪽) 그러나 이것도 조선의 지배층 상부에서만 일어난 일이다. 조선의 절대다수 지식인이었던 지방의 양반이나 선비의 지식층으로 확산된 것은 아니었다. 일본의 지식인들 다수가 1860~70년대에 "국방의 목적을 달성하기 위해 단순히 서양의 근대적 군대기술을 도입하는 것만으로 불충분하고 반드시 정치와 경제를 근대적으로 재편성해야만 가능하다"고 주장한 것과 비교하면 대중적 확산에서 큰 차이가 있다.(이삼성, 2009: 218)

1872년 이래 개국을 주장해온 박규수는 일본이 군함 5척을 이끌고 와 무력시위를 하던 1875년 9월에 "이렇게 작은 섬나라로부터 공갈과 위협을 받는 것은 분한 일이지만 분함을 참고 일본과 수교해야 한다"고 조정에 대고 말했다. 또한 박규수는 이보다 앞선 1874년 흥선대원군과 편지로 일본정책에 대한 논쟁을 전개한다. 이미 흥선대원군은 실각한 뒤였지만, 조정에 남아 있는 대원군의 세력의 지원을 얻으려면 대원군을 설득할 필요가 있었을 것이다.

흥선대원군은 "서계를 접수하지 말고 일본이 다시 정책을 고친 후에 논의"할 것을 주장했고, 박규수는 외교문서의 표현문제는 해석하기 다름이므로 융통성을 갖고 대응하자고 주장했다. 박규수는 "일본이 천황을 자칭한 것은 이미 천 년이 지났고, 그들 나라 안에서 자존하려는 칭호인데 우리와 무슨 상관이 있는가? 당나라의 고종도 천자를 칭한 일본의 국서를 받은 고사가 있다"고 했다. 이어 박규수는 "개인 사이에도 서한을 받지 않으면 원한이 쌓이게 되는데, 수년 동안 일본의 서계를 접수하지 않으니 원한을 갖게 됨은 필연지세"라고 주장했다.(김용구, 2001: 166~68)

마침 청나라의 외교문제를 책임지던 리훙장 북양통상대신은 일본과 수교할 것을 적극적으로 권고했다. 일본이 나가사키에 5,000명의 군대를 주둔시키고 조선에 출병하고 프랑스와 미국이 원조할 것이라는 정보가 대만을 통해 청나라로 들어갔기 때문이다. 일본 정부는 청나라가 종주권을 구실로 개입할까 우려해 모리 아리노리를 주청특명전권공사로 임명해 조선에 압력을 넣기 전에 청나라와 사전에 교섭도 했다. 리훙장은 "조선은 비록 중국의 속방이지만, 내치와 외교는 스스로 결정한다"며 방관하겠다는 태도를 보였다.(최덕수 외, 2010, 29) 물론 청나라가 조선의 자율성을 허용하는 태도는 임오군란을 전후로 뒤집힌다.

고종과 명성황후와 민씨 외척들도 흥선대원군이 하야를 했지만 여전히 조정에 남아 있는 대원군 세력을 약화시키기 위해서도 쇄국정책의 반대, 즉 개국이 필요했다. 조대비의 조카이자 금위대장인 조영하는 1874년 9월에 비밀리에 모리야마를 만나 민씨 일족의 친일적인 입장을 전달할 정도로 적극적이었다.(김용구, 2001: 168~70)

개국은 개국 자체의 문제가 아니라 개국 전의 준비상황과 개국 후 질서있는 정책의 실행이 더 중요했다. 그러나 그런 준비를 하기에는 어려움이 있었다. 《해국도지》를 읽으며 서양의 지식과 문물을 활용해야 한다는 주장을 한 개화사상의 시조인 박규수는 1877년에, 오경석은 1879년에 앞서거니 뒤서거니 하면서 세상을 떠났다. 개화사상의 시조이거나 비조인 박규수와 오경석이 휘튼의《만국공법》과 근대 세계의 질서를 소개한 책까지 흡수하지도 못했다. 약탈적이고 침략적인 성향의《만국공법》과 같은 국제법의 흐름을 알았더라면 개국한 뒤 조선이 어떻게 해야 할지 더 큰 그림을 그리고 대비했을 것이다. 그러나《만국공법》은 1880년대 전후로 조선에 알려지니 박규수나 오경석의 몫은 아니었다.

개화의식의 확산과 발전은 이제 다음 세대인 '북촌 사랑방 손님'들의 몫으로 남게 됐다. 다 알다시피 북촌 사랑방 손님들은 1884년 갑신정변을 일으켰으나 '삼일천하'로 끝났다. 실패한 개화 혁명가들은 일본이나 미국으로 도피하거나, 조선에서 죽어야만 했다. 김옥균과 박영효, 서광범은 오랫동안 일본과 미국 등지에서 망명생활을 해야 했다. 박영교과 홍영식은 갑신정변 실패로 곧바로 죽었다.

풍운아 김옥균은 조선에서 그를 넘겨달라고 지속적으로 일본에 압력을 가하는 탓에 홋카이도로 유배를 가는 등 망명생활이 녹록치 않았다. 김옥균은 일본에서의 지지부진한 삶을 정리하고 1894년 중국 상하이로 가서 뜻을 펴보려고 했다가 갑오개혁 직전에 조선 최초의 프랑스 유학생 홍종우의 총을 맞고 죽었다. 1910년 한일병합 이후 김옥균은 개화 혁명가로 복권됐으나 1960년대 식민지사관의 탈피와 민족주의적 사관의 대두로 다시 친일파 김옥균으로 전락했다. 친일의 개념인 나라를 팔아먹거나 일본에 부역했다는 개념을 적용하는 것이라면 김옥균에게는 부적절하다. 그는 일본을 모방해서 조선을 근대화시키고 싶은 대의를 실현하려다가 실패한 것이다. 갑오개혁을 실행한 김홍집 내각에 대해서도 친일파 내각이라고 낙인을 찍는데, 그것도 부적절하다고 생각한다. 청나라의 구속에서 벗어나 하루 빨리 근대화해야 조선이 자주독립할 수 있을 것이라는 생각이 김홍집에게 있었기 때문이다.

박영효는 1894년 갑오개혁 때 김홍집-박영효 내각을 구성하며 망명에서 복귀했지만, 다시 역모사건에 휘말려 일본으로 재차 망명했다. 박영효는 대한제국의 멸망이 코앞으로 다가온 1907년 귀국해 고종의 부름을 받았다. 이토 히로부미의 고종 양위 압력을 무마시켜 달라는 고종의 뜻을 받고 노력했지만 실패했다. 1910년 한일병합 이후 철종의 부마인 박영효는 왕실 사람이라고 해서 일본으로부터 후작이란 작위까지 받고 노년을 따뜻하게 살았다.

김홍집은 일본이 군대를 밀고 들어와 강요한 1894년 갑오개혁 때 정권을 책임졌으나, 고종이 아관파천에 성공해 그를 파직하자 고종을 만나러 러시아 공사관으로 가는 길에 분노한 조선 백성에게 맞아 죽었다.

조선 최초의 미국 유학파인 유길준은 한일병합 때 일본이 수여한 작위를 반납해 "그래도 뼛속까지 친일파는 아니었나?"라고 반문할 여지가 있지만, 그의 행적은 애매한 대목이 있다. 전통 조선의 관료였던 김윤식은 청나라 체류 중 1882년 임오군란이 일어나자 어윤중과 상의해 청나라에 파병을 요청해 외세가 조선의 국정에 개입할 수 있는 길을 열어두었다. 박규수에게 선물했던 증서의 네 번째 내용이 실현된 것이다. 신용하는 김윤식과 어윤중을 온건 개혁파로 분류했는데, 청나라의 속박에서 벗어나야 할 시점에서 청을 움직여 일본을 제어하려고 했던 방법론은 어리석었던 것이 아닌가 싶다. 김윤식은 흥선대원군 제거 등에 개입하는 등 사대적인 친청노선을 고집하면서도, 친일정부인 김홍집 내각에도 참여했다.

잘못이 수백 년 동안 누적된 한 시대를 개혁하는 것은 생각만으로 되는 것이 아니라, 지도층에서 더 많은 준비와 계책이 필요하다는 것을 보여준다.

개국 전에 일본과 조선에 영향을 미친 요시다 쇼인과 박규수를 통해 1850~60년대 서양의 침략이나 문물에 어떻게 대응했는가를 살펴보면, 일본은 서양의 침략에 곧바로 반응할 수 있도록 혈관주사를 맞은 반면, 조선은 피하주사를 맞은 것처럼 미지근하고 천천히 움직였다. 일본은 좀 더 일찍 위기의 냄새를 맡고 위기를 더 긴박하게 받아들이고, 더 확실하게 서양을 알고 경험하고자 했다. 요시다 쇼인이 미국 함대나 러시아 함대에 몰래 올라타 밀입국하려던 시도는 얼마나 그가 서양의 실체에 제대로 접근하고 싶어 했는지를 보여준다. 네덜란드에서 들어온 서양의 과학기술을 연구했던 난학이 17~18세기 일본에게 이미 큰 자극을 줬고, 개국이라는 더 큰 위기와 자극이 왔을 때 민첩하게 대처한 것이 아닐까 싶다.

조선은 문물을 받아들이는 창구가 중국뿐이었고, 또 중국을 통해 간접적으로 서양의 문물을 받아들였다. 부산 왜관을 열어두었지만 일본은 그저 오랑캐의 한 부류였을 뿐이었으니 메이지 유신 등 일본의 변화에 관심이 없었다. 서양에 대한 정보도 부족하고, 서양 열강들이 얼마나 간절히 아시아의 국가들을 식민지로 원하는지도 잘 몰랐다. 열강들 사이의 힘의 우열도 파악하지도 못했다. 고종은 조선의 독립을 위해 미국과 러시아를 선호했지만, 당시 최강국은 영국이었다. 영국이 미국보다 더 중요했는데 그것을 몰랐다. 유럽을 고스란히 모방한 일본이 얼마나 조선을 갈망하는지도 거의 눈치 채지 못했다.

지능이 모자랐기 때문이 아니라 경험이 일천했고, 소중화라는 고루한 생각에 사로잡혀 있었기 때문이다. 18세기 숭명의리로 무장한 북학파들이 청나라의 문물을 받아들여야 한다는 주장을 했지만, 그 뜻은 19세기 중엽 이후에나 가능했다. 해외문물 수입에 너그러운 북학파나 남인들의 정권이 아니라 완고하고 보수적인 노론세력이 집권하고 있었기 때문이었다. 아니 조선의 선비 99퍼센트가 노론이었다. 때문에 일본과 조선의 운명은 갈리게 됐다.

또 유럽이, 미국이 무엇인지 직접 알려는 노력도 부족했다. 오랫동안 조세제도를 정비하지 않아 경제력도 달렸다. 일본과 달리 서양의 군함이나 포, 공업화에 필요한 기계류 등을 즉각적으로 들여올 재정이 부족했다.

조선에서 가장 근대적인 사상으로 무장했다는 박규수나 오경석 등 초기 개화파의 수준이 동도서기론이나 시무개화론時務開化論이었다. 전통적인 사상과 제도를 기반으로 서양의 문물을 선별적으로 수용하자는 차원이니 한계가 명확했다. 개혁의 진행도 느렸다. 1861년에 느낀 문제의식이 1880년에서야 시행됐으니 말이다. 그런 개혁의 속도로는 당시 아시아 국가들이 근대유럽에 대항해서 생존을 부지하기가 쉽지 않았던 시기였다. 조선의 개화세력은 개화당의 갑신정변과 일본의 압력에 휘둘려 진행했던 1894년 갑오개혁 등 두 번의 기회를 제외하고 대체적으로 동도서기론이나 시무개화론을 벗어나지 못한다. 게다가 개혁의 방향은 오락가락했다. 1884년과 1894년 각각 개혁정책이 실패하자 바로 왕정복고적 양상과 구제도의 부활이 일어났다.

반면 일본은 서양오랑캐를 물리치는 방식을 서양과 꼭닮아가는 방식에서 찾고자 했다. 일본은 중국의 변방이고 유교적 관념이 사회의 지배적 이념으로 확고하지 않았기 때문에 이른바 후쿠자와 유키치의 문명개화론文明開化論이나 변법개화론變法開化論이 가능했다고 말하지만, 그보다는 일본 막부와 지식인들, 하급무사들이 자신들에게 닥친 위기를 대형 쓰나미처럼 받아들였다고 보는 것이 더 정확할 것 같다. 조선은 정말로 독립을 잃을 것 같은 상황이 조성될 때서야 문명개화론, 변법개화론을 지식인들 사이에 전면화 했다. 빠르면 1905년 시점이나, 1910년 한일강제병합 전후다. 16세기 이래 성리학에 갇힌 조선의 지식인들이 격랑의 19세기 말 시대를 이해하는데 한계를 고스란히 노정시켰다. 오래된 전통을 끊어내기는 이렇게 어려웠다.

조선과 일본의 젊은 지식인들, 세계를 보다

일본 막부는 미국 페리 함대의 위용에 놀라 개항을 결정한 뒤 각계 인사를 구미에 보내 선진 문명을 배우도록 했다. 도쿠가와 막부는 모두 일곱 차례에 걸쳐 구미 사절단을 파견하는데 파견인원만도 296명에 이른다. 막부는 1866년 여름부터 일본인의 국내 및 해외 통행금지령을 해제했다. 그리고 그해 11월부터 여권 발급 업무를 시작했다. 이런 조치가 내려지기 전까지 각 번은 주민들이 번을 벗어날 때 반드시 당국에 여행허가를 받도록 엄격하게 통제했다. 그러니 1850년대에 요시다 쇼인이 밀항을 시도하거나 사카모토 료마坂本龍馬가 허락을 받지 않고 도사 번을 나와 교토나 에도에 거주하면 중징계를 내리는 것이 당연했다.

도쿠가와 막부는 1866년 한 해 동안 70건, 그 다음해에 130건의 여행허가를 처리했다. 나가사키와 하코다테에서도 여권 발급 업무를 했다. 해금 이전의 탈번 유학생, 사가 번의 파리만국박람회 파견단, 조슈 번과 사쓰마 번의 영국 유학생을 합치면 메이지 유신 전에 선진 문명을 견학한 유학생들은 600여 명이 넘는다.(정일성, 2012: 36)

후쿠자와 유키치는 1860~67년까지 미국을 두 번, 유럽을 한 번 왕래했다. 쇄국의 시대에 막부의 명령으로 해외파견을 세 차례나 다녀왔으니, 남다른 경력이자 서양의 문물을 소개한 《서양사정》을 집필한 계기가 된다. 특히 유럽 파견 때에는 6개국을 1년에 걸쳐 돌아보고 왔다.

1860년 1월의 첫 번째 미국행은 후쿠자와가 스스로 길을 개척한 것이었고, 그의 일생을 좌우한 결정적이고 탁월한 선택이었다. 그의 나이 스물다섯 살 때의 일이다.

1853년 미국 페리 함대의 개항 압력을 받은 막부는 5년 뒤 1858년에 미일수호조약을 체결했고, 조약서 교환을 위해 사절단을 미국에 파견하기로 결정했다. 미국이 제공한 군함에 승선할 사절단 규모는 81명으로 특사 세 명과 그들의 수행원이었다. 일본은 이와 별도로 사절단 경호를 목적으로 일본 군함 '간닌마루'도 함께 파견했다. 첫 번째 태평양 항해인 만큼 원양훈련을 하고자 했다. '간닌마루'는 막부가 네덜란드에서 사들인 300톤 급 철선으로 막부의 해군 주력 군함이었다. 의사 두 명과 수부 여섯 명 등 모두 96명이 승선한 간닌마루의 함장은 가쓰 가이슈, 사령관은 기무라 가이슈로 결정됐다. 후쿠자와는 이 배를 타고 미국 땅을 꼭 밟고 싶어서 기무라 사령관의 가까운 친척이자 그가 자주 출입하던 가쓰라가와가에 부탁했다. 기무라 사

령관도 수행원이 필요했기 때문에 후쿠자와의 승선을 기꺼이 승낙했다고 한다.(정일성, 2012: 294)

37일간 태평양을 항해해 2월 26일 샌프란시스코에 도착한 후쿠자와는 미국에서 한 달 동안 머물렀다. 그는 서양의 풍부한 물질문명에 깜짝 놀랐다. 특히 철을 쓰레기처럼 버리는 행동에 매우 놀랐는데, 당시 일본은 집에 불이 나면 못을 줍고자 많은 사람들이 모여들 정도로 철이 귀했다. 또 초대 대통령인 조지 워싱턴의 후예가 무엇을 하는지 미국 시민들이 모르는 것에 놀랐다. 워싱턴 집안이 도쿠가와 가문처럼 대단할 것으로 생각했는데 미국인들은 너무나 냉담했다는 것이다. 후쿠자와는 난학을 공부해 서양의 물리학·의학·자연과학은 어느 정도 이해했지만, 서양의 경제·정치·법률에 대해 전혀 몰랐던 것이다.(정일성, 2012: 295~96)

미국에서 돌아온 후쿠자와는 예전처럼 다시 란가쿠주쿠에서 학생들을 가르쳤는데, 네덜란드어가 아니라 이번에는 영어 중심으로 바꾸었다. 35명이던 학생수가 크게 늘자 1868년에 새 건물을 마련해 게이오기주쿠慶應義塾라고 이름을 정했다. 현재 정치학으로 유명한 게이오 대학의 전신이다. 학생은 1872년에 300여 명으로 크게 늘었다. 미국인 교사도 채용했다. 이 무렵 후쿠자와는 막부의 정식 번역관에 위촉됐다. 막부가 여러 나라와 외교관계를 맺으면서 영문과 프랑스어를 읽고 쓸 수 있는 사람이 적어 공문에 항상 네덜란드어 문서가 따라다녔기 때문이다.(정일성, 2012: 298)

후쿠자와는 미국을 다녀온 1년 뒤인 1861년 12월 이번에는 유럽을 다녀올 기회를 잡았다. 막부의 사절단 통역사로, 정식외교사절단의 일원이 되었다. 막부는 미국 등 5개 국가에 요코하마·나가사키·하코다테·니가타·효고 등을 개항하고 에도·오사카를 개방해야 했다. 하지만 일본 국민의 반대가 거세 막부는 개방을 늦추는 협상을 하기 위해 유럽순회사절단을 파견해야 했다. 영국 정부가 내준 군함 오딘을 타고 아시아의 여러 항구를 거쳐, 수에즈 운하에서 내려 카이로를 거쳐 지중해로 들어가 프랑스 마르세유에 도달했다.(정일성, 2012: 301~302)

후쿠자와 유키치가 적극적인 개화문명주의자가 된 시점이 이때라는 분석이 나온다. 그는 유럽으로 가는 길에 인도·인도네시아·말레이시아·베트남·중국의 여러 항구가 서구 열강의 식민지 상태에 놓여 있는 실상을 목격하고 심각한 위기감을 느꼈다. 서양의 문명을 감안하면 일본도 언젠가 강점당할지 모른다는 불안에 빠졌던 것이다.(정일성, 2012: 38) 그에게 서양에 대한 불쾌감이 위기감에 덧붙여지는 사건도 있었다. 1862년 사쓰마 번주가 행군에 방해된다고 영국인 한 명을 살해하고 두 명에게 부상을 입힌 사건(나마무기 사건)으로, 영국 정부가 이에 대한 책임을 물어 막부에 거액의 배상과 처벌을 요구한 것이다. 후쿠자와는 이 공문서를 번역하는 일을 했다. 일이 빠르게 진행되지 않자 프랑스가 영국 편을 들겠다는 공문을 보내왔다. 후쿠자와는 이 사건에 대해 "서양의 동점은 차차 실행될 터이고 우리 정부의 실상을 보면 언제라고 단언할 수 없다"고 서술했다. 그는 자신이 느끼는 위기감을 책과 신문 사설 등을 통해 일본인들에게 적나라하게 알려나갔다.(정일성, 2012: 40) 후쿠자와의 3차 외유는 그가 서른두 살 때인 1867년 1월에 있었는데, 그의 2차 미국행이었다. 막부의 군함 인

수 사절단의 번역사로 파견되었는데, 샌프란시스코에서 배를 바꿔 타고 파나마 운하를 거쳐 뉴욕에 도착한 뒤 워싱턴으로 갔다. 50일 남짓 워싱턴에 머물면서 서양에 대한 지식과 이해가 깊어졌다. 후쿠자와는 일본으로 돌아오는 길에 "배안에서 술을 마시고 막부 정부의 부패상과 쇄국사상에 대해 비판"했고, 그 일로 귀국하자마자 3개월의 근신처분을 받았다.(정일성, 2012: 299~300)

아직 막부의 해금령이 해제되지 않은 쇄국의 시대에 막부의 허락도 없이 몰래 해외유학을 단행한 간이 큰 일본 젊은이들도 있었다. 1863년 해외 교역이 빈번하고 부유한 조슈 번의 하급무사들이 영국 유학을 결정한 것이다. 유학생 중에 그 해에 무사 사령장을 받은 스물두 살의 이토 히로부미도 포함됐다.

유학을 추진한 사람은 이노우에 가오루였는데, 번에서는 600냥밖에 도와줄 수 없다고 했다. 1인당 연간 1,000냥의 경비가 필요하니 다섯 명의 유학생에게는 모두 5,000냥이 필요했다. 이토는 경비 때문에 고민하는 이노우에에게 "아자부 관사에 대포 구입용 돈 1만 냥이 있는데 막부의 감시가 두려워 사지 못하고 있으니, 그 1만 냥을 우리가 쓸 수 있게 설득하자. 우리를 외국에 보내는 것은 장래 '살아 있는 무기'를 구입하는 일과 같으므로 대포를 사는 쪽보다 유리하다"고 제안했다. '살아 있는 무기'라는 현실적인 발언이 포함된 설득이 통해서 조슈 번사 다섯 명은 무기 구입비 중에서 5,000냥을 유학자금으로 전용할 수 있었다.(정일성, 2002: 176~77)

1863년 5월 해외 유학길에 오른 일행 중 이토 히로부미와 이노우에 가오루는 원래 외국 오랑캐를 배척해야 한다는 강력한 양이론자들이었다. 그런데 일본을 떠난 지 5일 만에 도착한 상하이에서 서양의 기선과 군함 등을 목도하고 이노우에가 먼저 양이론을 포기한다. 그는 "일본에서 멀지 않은 곳에서 이런 일이 벌어지고 있다니, 외국인 배척은 나라를 망치는 짓이다. 서양과 적극적인 교류를 통해 국가 발전을 도모해야 한다"고 이토에게 말했다. 반면 이토는 "이제 겨우 상하이에 왔을 뿐인데 양이의 뜻을 그렇게 쉽게 바꾸다니 이해할 수 없다"고 시큰둥해 했다.(정일성, 2002: 177)

이토는 1863년 9월에 영국에 도착해 영국협회 회장인 알렉산더 윌리엄 박사 집에서 하숙하며 영어를 배웠으며, 관청과 의회, 조선소, 공장, 박물관, 병영시설 등을 샅샅이 돌아봤다. 영국은 세계에서 가장 먼저 산업혁명을 이룬 나라이니 최고 수준의 문물을 봤을 것이다. 이토와 일행들은 도저히 서양을 따라잡을 수 없다며 허탈해 했다. 특히 밤에 마음대로 돌아다녀도 안전한 치안상태에 깜짝 놀랐다고 한다.

그제야 이토는 존왕양이에서 극적인 전환을 한다. 양이를 외치며 주일 영국영사관에 불을 지르고 살인도 하며 뛰어다닌 일이 얼마나 시대착오적이었는지 깨달은 것이다. 이토와 이노우에는 영국 유학 6개월 만에 귀국하게 되는데, 《런던 타임스》에 실린 기사를 보고 기겁을 한 탓이다. 기사에는 '일본의 양이운동이 격화돼 사쓰마 번이 요코하마 나마무기에서 영국인을 살상하고(나마무기 사건), 영국이 이를 보복하기 위해 사쓰마를 공격해 대승을 거두었다. 조슈 번도 시모노세키를 통과하는 외국 선박을 공격해 영국 · 프랑스 · 미국 · 네덜란드 4개국 연합함대가 시모노세키 공격을 위해 작전을 세우고 있다'는 내용이었다. 이토와 이노우에는 조슈 번을 설득하지 못하면 자멸이라고 판단하고 일행 세 명을 남겨두고 1864년 3월에 런던을 떠나 6월 10일 일본에 도착한다.

예상대로 조슈 번은 4개국 연합함대의 공격을 막아내지 못하고 대패했다. 조슈는 이토를 강화사절인 다카스기 신사쿠의 보좌역으로 내세워 개국을 결정하고 영국에서 신식무기와 군함을 사들였다. 막부와의 전쟁을 대비한 것이다. 조슈 번은 연합군과 협상에 성공했으며 쿠데타를 통해 기도 다카요시와 야마가타 아리모토 등이 정권을 장악했다.

조슈는 또한 앙숙이었던 사쓰마와 1866년 '삿조薩長 비밀동맹'을 맺고 반反막부 연합전선을 구축했다. 막부가 그보다 앞선 1864년에 사쓰마와 아이즈를 내세워 조슈를 중앙정치 무대에서 추방했지만, 이번에 사쓰마는 조슈 편에 선 것이다. 명분은 '대정봉환' 즉, 천왕에게 막부의 권력을 넘겨주자는 것이다. 조슈가 서양 무기를 사들이고, 삿조 밀약薩長密約에 대한 소문들이 퍼져가는 가운데 막부는 재차 조슈의 반막부 행위를 응징하기로 하고 1866년 재정벌에 나섰다. 하지만, 이번에는 조슈 번의 승리였다. 삿조 밀약으로 사쓰마가 막부의 군대에 합류하지 않았다. 이때 이토는 상하이에서 군함 두 척을 사서 돌아왔다.(정일성, 2002: 180~81)

*

신라시대에 의상대사나 최치원 등은 당나라로 유학을 떠났었다. 우리 선조들은 이미 7~9세기에 당나라에 유학생을 보내 선진적 문물을 받아들이려고 다방면으로 노력을 기울였다. 《왕오천축국전》을 쓴 혜초가 8세기 당나라를 거쳐 인도로 구법여행을 떠난 것을 봐도, 새로운 학문이나 종교에 대한 관심과 탐구하려는 열정은 시대와 공간을 초월해서 존재했던 것이다.

조선시대에는 새로운 문물을 배우기 위해 청나라로 유학을 떠나는 일은 거의 없었다. 특히 17세기 중반 명나라가 망한 뒤 들어선 청나라를 오랑캐로 생각하고, 중화문물을 조선이 물려받았다는 '소중화' 의식을 키우던 조선에서 청나라로 유학생을 보낸다는 것은 상상도 못 할 일이었을 것이다. 왜倭라고 낮춰 부르는 일본에 조선의 선비들이 유학을 한다는 것 역시 상상할 수 없는 일이었다. 18세기 일본의 문물과 문명의 수준이 조선보다 뒤떨어진다는 증거도 없는 데도 그러했다. 오히려 일본은 18세기에 이르러 네덜란드와의 교역을 통해 서양의 지도나 의술, 과학 등의 학문이 들어왔기 때문에 한발 앞서가고 있다는 증후들이 곳곳에서 보이는 데도, 조선은 자만심을 가지고 상대를 깔보며 이런 증후들을 간파하지 못했다.

조선이 새로운 정보를 취득할 수 있는 통로는 청나라와의 사신 교류와 임진왜란 이후 정례화된 일본과의 통신사 교류였다. 그러나 이렇게 얻은 정보는 서적으로 출판돼 널리 공유되기보다 개인문집으로 남아 사장되는 경우가 허다했다. 개인적인 각별한 체험으로 끝났을 뿐, 정보를 널리 공개해 공동체 전체의 견문의 수준을 높인다거나 국가의 정책에 반영하지는 못했다. 성리학을 제외하고 모든 것을 이단으로 치부하는 노론식 사고방식과 국정운영이 16세기 말부터 조선의 발전을 가로막고 있었다.

특히 '노론만 학문이다'라는 조선에서는 '정보의 정치화'가 이뤄져 정보의 가치는 더 하락했다. 중국에 사신이나 일본에 통신사로 다녀온 조선의 관리들은 베이징이나 에도·교토에서 목격한 정보를 그대로 실제 권력집단에 건네주고, 정책에 반영될 수 있도록 노력했어야 했다. 하지만 정책권자가 원하는 방식의 정보만을 제공하는 데 그쳤다. 무사안일한 정보수집과 보고로 일관해 때때로 정보가 왜곡되기도 했다. 이를테면 임진왜란 때 일본에게 무방비로 당한 이유로 김성일이 지목되는데, 그는 1590년 일본을 정찰하고 돌아와 도요토미 히데요시의 도발 가능성을 축소하고 왜곡해 전달했다. 정권유지에 불안을 줄 만한 정보를 은폐했으니, 정보의 정치화였다. 이것은 김성일이 임진왜란이 일어나자 용감히 싸우다가 전사한 것으로 책임을 벗어날 수 없는 일이다.

1861년 박규수와 오경석의 베이징 방문으로 제2차 아편전쟁에 대한 위기감이 고조된 것은 그들이 예민하게 정보를 수집하고, 그 정보를 흥선대원군 등에게 제대로 보고했기 때문이다. 더 예민한 시기에 중국을 방문하고도 16세기 말 김성일처럼 무사안일한 정세판단을 한 관리도 있다.

임백경은 1850년대에 동지사행 부사, 진하겸 사은행 정사로 두 차례 베이징을 방문했다. 그가 사행을 나간 시기는 1·2차 아편전쟁 전후로 청나라가 서양 열강의 압력으로 위기에 빠져 있다는 징후가 적지 않았을 텐데, 그는 조선의 정국이 혼란에 빠지지 않을 정도의 정보만 전달했다. 한국 최초의 미국 워싱턴 주재 외교관이던 박정양의 경우도 마찬가지였다. 박정양은 외교관에서 복귀한 뒤《미속습유》란 책을 써 고종에게 바쳤는데, 독립을 쟁취하기 위해 단결했던 미국의 모습이나 사리사욕을 버리고 국가를 위해 헌신한 워싱턴의 인격과 업적에 초점을 맞추었다. 하지만 군주제인 조선에서 실현 불가능해 보이는 정당정치나 자본주의 체제를 구체적으로 소개하지 않았다. 사실 당시 조선에서 필요한 것은 다른 나라의 국정운영 시스템이 어떻게 다른지 보여주는 것이었을 텐데 말이다. 대신 박정양은 국민교육제도나 미국인의 화합과 단결 등 조선이 본받을 만한 것만 소개했다.(김윤희, 2011: 78)

조선 지식인들의 '정보의 사유화' '정보의 정치화' 경향에 대해 이렇게 길게 설명하는 데는 이유가 있다. 일본의 후쿠자와 유키치나 이토 히로부미가 서양을 직접 경험한 시기는 1860년대이고 조선은 1880년대였다. 따라서 더 빠른 개화와 근대화의 속도가 요구되던 조선에서 공유해야 할 정보를 더 숨기고 가렸으니, 두 나라의 20년의 물리적 격차가 시간이 흐를수록 사다리꼴 밑변의 양쪽 꼭짓점이 멀어지듯이 심하게 벌어졌다는 사실을 설명해야 하기 때문이다.

조선에서 서양과 직접적인 교류가 이루어진 것은 1883년이다. 조선은 개항한 이후 청나라, 일본의 문물을 받아들이기 위해 사절단을 조직해 보냈다. 우선 조일조규를 맺은 직후인 1876년 일본에 1차로 수신사를 보내고, 1880년 2차 수신사를 보냈다. 1차 수신사로 김기수와 76명의 일행이 4월 한성을 출발하여, 2개월간의 시찰을 마치고 돌아왔다. 1차 수신사가 돌아온 뒤 일본에 대한 인식과 평판이 긍정적으로 바뀌었다는 평가들이 있지만, 김기수를 포함해 1차 수신사 일행들이 고종에게 발탁돼 개화정책에 깊이 관여하거나 기여한 바는 알려지지 않았다.

2차 수신사로 김홍집과 58명의 일행이 일본을 방문했고, 김홍집이 귀국해 고종에게 전달한 《조선책략》이 파문을 일으켰다. 미국과 연대해야 한다는 내용이 문제였다. 위정척사파인 유림들이 격렬하게 반대하고 나섰기 때문이다. 1881년 이만손이 1만 명의 영남 유생과 연명한 영남만인소를 올렸다. 이런 반대에도 불구하고 고종은 미국과의 조약 체결 등으로 개방의 속도를 높였다.

1881년 1월 고종은 본격적으로 '신사유람단'을 구성해 일본으로 보냈다. 신사유람단은 전문위원 열두 명과 그들 각각의 수행원 두 명, 통역관 한 명, 하인 한 명 등으로 구성해 모두 60여 명 정도 됐다. 조준영·박정양·엄세영·강문형·조병직·민종묵·이헌영·심상학·홍영식·어윤중·이원회·김용원 등 30~40대로 전문위원을 구성하고 서광범이나 윤치호, 유길준 등을 수행원이나 통역으로 붙였다. 70여 일에 걸쳐 일본의 내무·농상무·외무·대장·문부·사법·공부工部·육군·세관 등 여러 부문에 걸쳐서 골고루 조사하고 연구하자는 것이었다. 이때 박정양과 민종묵은 내무성과 농상무성의 시찰담당자로서 도쿄에서 열린 제2차 내국권업박람회를 보고 돌아왔다.(김영나, 2010: 26) 조선인이 최초로 외국 박람회를 관람한 것이다.

대규모 '신사유람단'을 보낸 것은 가난한 조선으로서는 멋진 시도였다. 하지만 일본이 1860년 미국에 보낸 조약사절단이나 조약의 약속이행을 늦추기 위해 보낸 1861년의 유럽의 외교사절단, 또 1871년 불평등 조약을 개정하기 위해 미국과 유럽 11개국을 1년 10개월에 걸쳐 돌아본 '이와쿠라 사절단'과 비교하면 시찰 대상의 선정이 잘못됐다는 판단이 든다. 조선의 관리들이 시찰한 나라는 유럽이나 미국과 비슷한 일본이 아니라, 유럽·미국과 비슷해지기 위해 안간힘을 쓰고 있는 일본이었다. 일본의 관리나 지식인, 무사들이 1860년대나 1870년대에 미국이나 유럽을 직접 눈으로 확인하고 번개에 맞은 듯한 충격을 받았지만, 조선의 관리들이 일본을 시찰하고 '번개 맞은 충격'까지 느끼지는 못했을 것이다. 이를테면 이토 히로부미가 영국을 방문한 뒤 양이론자에서 개국론자로 돌변했듯이, 김홍집이나 김윤식이 일본이나 청나라를 시찰한 뒤 온건 개혁론자가 아니라 급진 개혁론자로 변화했어야 하지 않겠느냐는 것이다.

조선이 강화도조약 이후 36년간의 개화와 개혁이 지지부진했던 이유 중 하나가 후발 개화국인 일본을 문명개화의 모범으로 삼았기 때문이 아닐까 하는 생각을 해본다. 1881년 무렵 일본은 메이지 유신의 성공으로 조선보다야 앞서나갔겠지만 영국이나 프랑스, 미국과 비교했을 때 그 수준 차이가 엄청났다. 일본이 유럽 열강만큼 '눈부시게' 발전하는 시기는 1905년 전후다. 오늘날 일본이 G2나 G3의 지위에 있지만, G15위 정도의 한국인이 일본에 가면 큰 경제적 차이를 피부로 느끼지 못하는 것과 비슷하지 않았을까 추론해본다.

이를테면 일본에 철도가 처음으로 부설된 것은 1872년 요코하마와 도쿄를 연결하면서다. 그러나 일본도 재정난으로 어렵게 철도를 놓고 있었기 때문에 주요한 교통수단으로 활성화되는 것은 1888년 이후였다. 다시 말해 1880년대 초반의 일본은 서양문물을 받아들이기는 했으나 특정 개항장을 제외하고는 조선인의 중세적인 시선으로 볼 때 평범했을 수도 있었다. 무엇인가 배우러 갔다가 "별것 아니었네" 하는 마음이 생긴다면, 개화와 개혁에 대한 필요성과 서양에 대한 위기감이 떨어지는 것이 당연하지 않겠나. 실제 1876년 제1차 수신사로 일본을 방문한 김기수는 '저들의 문물이 분명 대단하지만 우리는 그런 것을 추구해서는 안 되며, 성현들의 가르침을 보전하며 정신적인 우위를 지켜야 한다'는 식으로 정리했다.(함규진, 2010: 115) 충격이 없었을 것이라고 이야기하는 것이 아니라, 이른바 '짝퉁 산업혁명'을 봤기 때문에 충격의 수준과 질이 떨어졌다는 의미다.

1871년 구성된 일본의 이와쿠라 사절단은 유럽과 미국을 돌아본 뒤 일본과 구미의 격차가 30년쯤 된다는 것을 실감하고 조약개정을 뒤로 미루고 일본의 문명개화의 속도를 높이고 내정 안정 등에 박차를 가하는 기회를 마련했다.(다카하시 히데나오, 2003: 380) 또한 일본의 이와쿠라 사절단에는 이토 히로부미와 오쿠보 도시미치 등 메이지 정부의 주요 인물도 포함돼 있었으므로 일본과 서양의 수준 차이를 확인하고 돌아온 그들에 의해 개화정책을 마련하는 데 혈안이 됐을 것이다.

다시 조선의 해외문물 시찰단으로 돌아가보자. 고종은 청나라에도 문물단과 유학생을 보낸다. 1881년 10월 '영선사' 김윤식이 유학생 38명을 데리고 기계·군수물자·함선 등 기술 전습을 목적으로 톈진으로 떠났다. 조선 관료들의 미국행은 1883년 7월 '보빙사'의 파견으로 마침내 이뤄진다. 1882년 미국과 수교한 뒤 이루어진 것으로 서양문물에 대한 조선인들의 본격적인 섭렵은 이때부터 시작된다고 볼 수 있겠다.

*

우리나라 최초로 서양을 견학한 사람은 유길준이다. 최초의 일본 유학생, 최초의 미국 유학생이라는 2관왕의 소유자다. 유길준은 1881년 어윤중의 수행원으로 신사유람단에 참가해 일본의 문명개화론자인 후쿠자와 유키치가 운영하는 게이오기주쿠에서 유정수와 함께 최초의 일본 유학생이 됐다. 이후 임오군란이 일어나자 1883년 1월에 귀국했으며, 조미수교의 답방으로 1883년 7월 미국에 파견된 보빙사 민영익의 수행원으로 미국에 건너갔다. 유길준은 그 후 일본 유학 때 알게 된, 다윈의 진화론을 처음으로 일본에 소개한 생물학자이며 매사추세츠 주 세일럼 시의 피바디 박물관 관장인 모스의 개인 지도를 받으며 미국 대학진학을 준비한다. 그러나 1884년 갑신정변이 실패했다는 소식을 듣자 그해 12월에 학업을 중단하고 약 1년에 걸쳐 유럽 각국을 순방한 뒤 1885년 12월 귀국한다. 영국 런던과 이집트, 싱가포르, 홍콩, 일본을 거쳐 제물포로 돌아온 그는 갑오개혁정부가 들어선 1894년에 교섭통상사무 참의 등을 하기 전까지 약 9년간 《서유견문》(1895)을 썼을 뿐 자신이 보고 느낀 서양에 대해서 널리 퍼뜨린다거나 정책에 반영할 지위에 있지 못했다.

　1894년 12월 2차 김홍집 내각에서 법무대신을 맡았던 서광범은 1882년 4월에 김옥균을, 9월에 박영효를 수행해 일본에 다녀온 뒤 1883년 7월 '보빙사' 민영익의 종사관으로 유길준과 함께 미국에 건너갔다. 이들은 박규수의 '북촌 사랑방 손님들'이었다. 보빙사는 열세 명이었다. 네 살 어린 서광범이 종사관이고 유길준이 수행원인 이유는 서광범은 스물한 살에 1880년 증광별시에 급제해 벼슬길에 올랐던 덕분이다. 서광범의 증조부는 순조 때 영의정을 지내고, 아버지는 이조참판을 지낸 노론가문 출신이다. 역시 명문가 출신이었지만,

유길준은 일찍 과거를 포기했다. 서광범은 민영익과 함께 미국의 주요 도시 시설을 시찰했다. 민영익과 서광범 등 일행은 당시 보스턴에서 열린 '외국전람회(박람회의 공식 명칭은 American Exhibition of Products, Arts and Manufactures of Foreign Nation였다)'를 둘러보았다. 해외 각국이 참여했는데 우리는 공식적으로 참가하지는 않았으나 비공식적으로 도자기·화병·주전자 등을 출품했다.(김원모, 1999: 3; 김영나, 2010: 26 재인용) 아마도 즉석에서 선물로 가져갔던 것을 변통한 것이 아닐까 하는 생각이 들지만, 김영나는 "주체적인 외교 다변화 및 서양문물을 도입하려는 고종의 적극적인 개화정책과 연관된 것으로 파악"했다. 이들은 이후 유럽 각국을 순방한 다음 이듬해 6월에 귀국하였다.

서광범은 1884년 갑신정변에 참여했다가 실패하자 일본으로 망명한 후 1885년 5월 미국으로 건너갔다. 미국의 뉴욕·워싱턴 등에서 망명생활을 하고, 1892년 미국 시민권을 획득해 미연방정부 교육국(Bureau of Education)의 번역관으로 취업하였다. 청일전쟁이 일어나자 일본 외무성의 주선으로 귀국해 그해 12월에 제2차 김홍집 내각의 법부대신에 임용되었다. 사법제도의 근대화에 노력을 기울여 재판소구성법과 법관양성소규정 등을 제정·공포했다. 1895년 12월 주미특명전권공사로 발령받았지만, 1896년 2월 아관파천으로 김홍집의 친일내각이 무너지자 해임되었다. 그는 자신의 재능을 마음껏 조선에서 펼치지 못한 채 지병인 폐병이 악화되어 미국에서 숨을 거두었다.

초기에 외국물을 먹은 인물로 이완용을 빼놓을 수가 없다. 이완용은 흔히 친일파로 알려졌지만, 친미파의 대표적인 인물로 미국에서 일본을 지원하고 있었기 때문에 친일적 행각을 했다고 전우용은 분석하고 있다.(《서울신문》 2012년 9월 17일자) 아관파천을 주도하는 등 그는 생전에 친러파라는 비난도 받았다. 친일·친러·친미파 등으로 두루 불리는 것을 두고 변신에 능숙하다고 하지만, 그보다는 시세를 읽는 눈이 빠르고 정확했다고 봐야 할 것 같다.

이완용은 다소 늦은 감이 있지만 스물다섯 살인 1882년에 증광별시 병과에 급제해 벼슬길에 올랐다. 늦게 시작했지만 승진은 초고속으로 진행됐다. 그는 국가에서 세운 근대적 교육기관인 육영공원育英公院 학생으로 1886년에 자발적으로 들어가 영어와 신학문을 배웠다. 당시 양반의 자제들이 강제로 동원됐는데, 머슴에게 업혀서 등교하는 등 영어와 신학문 등에 큰 관심을 쏟지 않았지만, 이완용은 스스로의 결정인 탓인지 열심히 공부했다.(김윤희, 2011) 1887년 조선은 역사상 처음으로 《만국공법》에 의거해 '대등한 관계'에서 미국에 외교관을 보냈는데, 이완용은 주미특파전권공사 박정양을 따라 참찬관으로 미국으로 갔다. 1888년 5월 귀국한 이완용은 그해에 다시 주차미국참찬관으로 미국으로 갔고, 12월 대리공사로 승진했다. 1890년에 임무를 마치고 귀국해 조선에 파견된 미국·러시아 등의 외교관들과 왕래하는 근왕세력인 '정동파'를 구성하게 된다.

2012년에 문화유산국민신탁과 문화재청이 102년 만에 되사들인 워싱턴의 주미 대한제국공사관(1891~1910)에서 이완용이 공무를 보지는 못했다. 하지만 고종이 1891년 11월 왕실의 곳간인 내탕금 등에서 당시로는 거금인 2만 5,000달러를 마련해 매입했던 해외 공관으로, 조선이 청나라·러시아·일본의 압박에서 벗어나려는 자주외교

의 상징으로 그 의미가 크다.(《서울신문》 2012년 8월 25일자)

　대표적인 친일파로 손꼽히는 윤치호도 일본을 비롯해 중국과 미국에서 근대적 학문을 공부한 특이한 이력의 소유자다. 열일곱 살 최연소의 나이로 1881년 신사유람단인 어윤중의 수행원으로 일본에 건너갔다가 이노우에 가오루의 알선으로 도진샤同人社에서 1883년 4월까지 2년간 공부했다. 당시 동경대학 영어강사인 간다에게 영어를 배운 그는 영어를 배운 지 4개월 만인 1883년 조미수호조약 비준 때 초대 주한 미국공사 L.H. 푸트의 통역관으로 귀국하여 통리교섭통상사무아문의 주사로 일했다. 갑신정변에 직접 가담하지는 않았지만 신변의 위협을 느껴 1885년 1월 청나라 상하이로 도피했다. 중서서원中西書院에서 3년 동안 공부하며 선교사들의 영향으로 감리교 신자가 되었다. 1891년 중서서원을 수료한 그는 다시 선교사 A.J. 앨런의 주선으로 1889년 미국 밴더빌트대학을 시작으로 에모리대학에서 5년간 영어·신학·인문사회과학 등을 공부했다. 미국에 유학하는 동안 교내외 각종 행사와 집회에 참석해 적극적으로 활동하였다. 1895년 미국유학을 마치고 상하이를 거쳐 귀국한 뒤 외부협판과 학부협판 등을 지냈다. 1896년에는 러시아 황제 니콜라이 2세Nicolai II의 대관식에 민영환의 수행원으로 참석했다.

　개항기에 서양을 견학한 인물 중에는 조선 최초의 프랑스 유학생 홍종우도 있다. 그는 우선 1888년 일본 나가사키와 규슈, 오사카를 거쳐 도쿄로 들어갔다. 아사히신문사 식자공으로 일해 여비를 모은 뒤 1890년 12월 프랑스로 유학했다. 그는 파리에 머물면서 상투를 틀고 한복차림으로 다녀 화제를 모았다. 일본 신문의 삽화를 보면

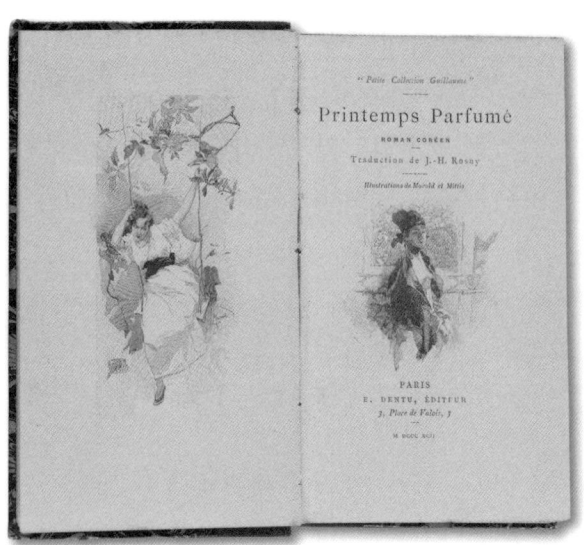

불어판 《춘향전》의 속표지
1890년 2월 프랑스 파리로 유학한 홍종우는 생계를 위해 파리 기메박물 관 직원으로 일했으며, 프랑스인 로니와 함께 《춘향전》을 프랑스어로 번역하기도 했다.

김옥균을 상하이에서 저격했던 1894년 당시에도 그는 한복차림이었다. 생계를 위해 파리 기메박물관 직원으로 일했고, 프랑스인 로니와 함께 《춘향전》을 번역하여 《향기로운 봄》이라는 제목으로 출간했으며, 《심청전》을 번역해 조선의 문화를 유럽에 알렸다. 1893년 가을 귀국을 결심한 후 12월에 일본에 도착했고, 김옥균을 상하이로 유인해 살해했다.(조재곤, 2005) 프랑스 파리까지 유학했던 사람이 전근대적인 근왕주의를 벗어나지 못한 것은 참으로 이해할 수 없다. 그는 보부상들이 중심이 된 황국협회를 조종해, 입헌군주제 등을 주장하던 독립협회와 만민공동회의 활동을 분쇄하는 데도 앞장섰다.

*

　박람회에 참석하기 위해 미국이나 프랑스로 파견되는 조선의 관리들도 생겨났다. 고종은 1893년 2월에 시카고박람회에 참가하기로 결정했다. 시카고박람회 조직위원 고워드가 내한해 공식적으로 참석을 요청한 것이다. 당시 시카고박람회에는 47개 나라가 참가했는데 그중에는 조선도 끼어 있었다. 그렇게 체면치레하는 일보다 부국강병을 위해 썼더라면 좋았을 텐데 하는 마음도 생긴다.

　고종은 정경원을 출품사무대원으로 임명하고, 박용규·이채연·최문현·안기선 이외에 국악인 이창업·강재천·이경용·이지행·최을용·이수동 등 10여 명을 동반하고 서울을 떠났다. 당시 주한 미국공사관의 부총영사인 알렌이 명예사무대원 자격으로 동행했다. 출품한 상품들에 대해서는 1893년 5월에 25톤에 달하는 83개의 화물이 도착했다는 기록이 있다.(김영나, 2010: 26~27)

　당시 1893년 시카고박람회에는 일본과 중국도 참석했다. 공식 도록에 따르면 당시의 국력 수준이라고 할까, 동아시아 3국의 형편이라고 할까, 아무튼 그런 것을 전시면적을 통해 평가할 수 있다. 일단 조선은 '제조와 교양관' 남쪽에 899제곱피트를 설치했다. 이때 전시공간으로 예닐곱 간살이 한옥을 직접 지으면서 기와를 굽고 했다는 내용이 《고종실록》에 정경원과 고종의 대화록으로 나온다. 중국은 우리의 일곱 배 정도 되는 6,390제곱피트의 크기였다. 일본은 얼마나 될까? 이 규모를 보면 1년 뒤 청일전쟁에서 일본이 이길 만큼 경제력을 확보하고 있었구나 하는 생각이 든다. 일본은 3만 9,542제곱피트의 전시공간을 확보해서 전시했다.(김영나, 2010: 28) 일본의 규모는 중국의 여섯 배 규모이자, 조선의 44배 규모이다. 1889년부터 미국 대학에서 신학을 공부하던 윤치호는 시카고박람회를 참관하고 "다른 전시관에 비해 너무 작고 초라한 우리 전시관에 가슴이 아팠다"고 《윤치호의 일기》에 써놓았다.(김영나, 2010: 30)

시카고박람회에 내놓은 품목을 보면 가마, 찬장, 식기, 탁자, 짚신, 가죽신발, 화로, 장기판, 연, 도자기류, 자수병풍, 장군의 의복, 남성 관복, 무인복, 400년 된 호준포, 조총, 무관의 투구 등 공예와 제조품이 대부분이다. 기계·전기·미술·민족학 분야에는 출품하지 않았다. 19세기 말에 유행했던 박람회가 근대의 산물로 자국의 기술력을 자랑하기 위해 새로운 산업제품·공산품·미술품을 소개하는 자리라는 점을 감안하면 조선의 전시품은 박람회의 성격과 맞지 않았다. 이 박람회가 끝나고 정경원은 시카고의 가장 비싼 호텔에서 많은 사람을 초대해 무려 1,500달러에 달하는 식사비를 지출했다.(김영나, 2010: 28, 30) 이런 지출은 미국 신문의 가십거리가 될 정도였는데, 조선은 엉뚱한 곳에 돈을 쓰며 엉뚱한 호의를 베푼 것이다.

조선은 1900년에 프랑스의 파리만국박람회에도 참가했다. 새로운 밀레니엄을 기념하기 위한 전시로 약 5,000만 명의 관람객이 몰렸다. 대한제국으로 국호가 바뀐 지 3년 뒤였다. 학무대신 민병석을 총재격인 박물대원으로 임명하고, 민영찬을 실무담당 박물부원으로, 프랑스어 교사인 안예백을 사무위원으로 임명해 파견했다.(《황성신문》 1900년 1월 16일자) 대한제국은 에펠탑 근처에 전시관을 세웠고 장방형에 기와를 이은 왕궁의 접견실인 경복궁 근정전 형태로 지었다.(백성현·이한우, 1999: 382~85)

1900년 프랑스 파리만국 박람회 대한제국 참가 포스터
조선은 1893년 시카고박람회에 이어, 대한제국으로 바뀐 지 3년 뒤인 1900년 프랑스 파리만국박람회에도 참가했다. 전시관은 경복궁 근정전을 모델로 해 에펠탑 근처에 세웠다.

    1900년 12월 16일자 《르 프티 주르날》에서 대한제국관을 이렇게 묘사하고 있다. "극동에서 가장 베일에 가려져 있으며 또한 이웃이 가장 탐내는 나라 그리고 외부 세계에 노출을 꺼려왔던 조선의 만국박람회 참가가 놀라운 일이다. 독특한 건축양식으로 세워진 대한제국관에 전시된 특산품들은 새로운 교류를 갈망하는 듯 보였다."(김영나, 2010: 34)
    전시품은 비단, 장롱, 자개장, 금속제품, 금박 목조불, 책 등 역시 수공예품 중심이었고, 미술품으로 도자기 소장품, 산수화 병풍 등이 전시되었다. 민영찬은 물품이 초라해 거의 팔 수 없다고 민망해했으나, 주한 프랑스 외교관이자 《한국서지》의 저자인 동양학 학자 모리스 쿠랑(조선체류: 1890년 5월~1892년 3월)은 참관기에서 조선 문화의 섬세함을 보여주었다고 긍정적으로 평가했다. 그는 "유럽은 이 나라를 야만으로 취급하려 했다. 우리 눈앞에 여러 가지 면에서 우리를 앞선, 특히 현대 세계의 영광이라 할 만한 인쇄술에서 섬세하고도 복잡한 문화유산을 전시함으로써 조선은 유럽인들에게 최초로 국위를 자랑하게 됐다"고 했다.(백성현·이한우, 1999: 385)

친일정부가 들어서 개혁이 추진되던 1894년부터 일본으로 가는 유학생이 대폭 늘어났다. 정부에서 비용을 대는 관비 유학생들이 후쿠자와 유키치가 운영하는 게이오기주쿠에 입학했다. 어윤적·이병무·윤치오·박희병 등 113명이 있었다. 그러나 1895년 7월부터 '반反일적 정책'을 편 이완용은 학부대신의 자격으로 일본으로 유학생 보내기를 중단했다. 1895년 명성황후 살해사건 이후 40명이 집단적으로 귀국해 유학생은 70여 명으로 감소하였다.

일본 유학생들은 선진문물과 과학기술을 습득하여 조선 근대화의 추진세력이 되고자 했지만, 조선에 대한 일본의 제국주의 침략정책의 속성을 파악하지는 못했다. 주체적으로 조선의 독립을 지켜나가고 부국강병을 추진하는 데 이르지 못한 것은 후쿠자와 유키치의 동양주의에 현혹돼 크게 영향을 받았기 때문이다.

유길준과 윤치호 등이 신사유람단으로 떠나 후쿠자와 유키치와 만나 그의 사상과 영향력에 흠뻑 빠져든 것은 조선으로서는 불행한 일이었다. 후쿠자와 유키치는 힘센 서양의 침략 앞에 놓인 위기의 일본을 구해내야 한다는 애국심이 강한 일본의 지식인이었다. 그가 조선의 개혁세력과 개화를 지지한 것은 일본의 이익을 지킬 수 있는 수준에서 필요했던 것이다.

일본은 후쿠자와 유키치 같은 지식인이 서양의 실상과 실체를 일본인들에게 널리 알려나갔기 때문에 무사계급들의 저항에도 불구하고 일본 사회 전체가 근대화를 향해 방향을 잡아갈 수 있었다. 또 하급무사들이 구상하고 실행한 메이지 유신에 적잖은 사람들이 공감함으로써 성공할 수 있었다. 양이를 한다는 것이 부질없고, 서양의 문물을 빨리 받아들여 국가가 발전해야 한다는 의식이 빠르게 확산된 덕분이다.

우리에게는 독자적으로 '조선의 길'을 제시해줄 만한 조선의 사상가가 부재했다. 개화의 필요성을 지식층인 양반과 선비들이 받아들이고, 선비와 양반들의 각성이 백성들에게 스며들어가야 하는데, 그렇게 하지 못했다. 흥선대원군이 만약 후쿠자와 유키치처럼 유럽과 미국을 주유했더라면, 최소한 1847년에 예정대로 중국에 사신으로라도 다녀왔더라면, 그의 대외정책은 근본적으로 달라지지 않았을까 하는 밑도 끝도 없는 상상을 하며 아쉬움을 달랠 뿐이다.

1910년 한일 강제병합은 누구의 책임일까

1910년 8월 29일 일본은 대한제국을 강제로 병합했다는 내용을 관보에 실었다. 한일합방이라고도 배웠고, 국권피탈이라고도 배웠다. 치욕적인 역사를 잊지 말자는 각오로 '경술국치'라고도 부른다. 1897년 대한제국을 세웠지만, 1392년 태조 이성계의 건국으로부터 따지면 519년 만에 조선이 멸망한 것이다. 일본은 이후 대한제국의 국호를 조선으로 개칭했고, 한일병합 이후 고종황제는 '이태왕'으로, 순종은 '이왕'으로 격하했다. 거소에 따라 고종은 '덕수궁 이태왕', 순종은 '창덕궁 이왕'이라고 불렀다.(김윤희, 2011: 253~55)

이번 기회에 공식명칭으로는 '한일병합조약韓日併合條約'인 '경술국치'의 조약문 전체를 훑어보는 것도 의미가 있겠다. 조약문의 시작은 동양의 평화니 상호행복이니 하는 명분을 내세웠다. 그러나 구체적인 내용으로 들어가면 한반도를 어떻게 합리적으로 경영하겠다는 약속은 제6장에 짧게 서술됐고, 대부분 합병 이후 황실과 관료, 친일인사들에 대한 지위를 보장해 불이익을 당하지 않도록 하겠다는 식이다. 합의된 조약문을 슬쩍만 봐도 국왕과 관료들이 당시 1,300만 명 조선 백성의 안위에는 관심이 없었구나 하는 생각이 든다.

성숙경은 그 이유에 대해 1904년 "러일전쟁 이후 추진된 식민화 과정에서 이미 통감부의 권력이 외교문제를 넘어서 내정 전반에까지 확대되어 있었기 때문이고, 1907년 이후에는 군대와 경찰권 및 사법권이라는 물리적 통치수단까지 법적으로 장악한 상태라 한반도에서 새로운 조약으로 강탈해갈 것이 더 없었기 때문"이라고 서술하고 있다.(최덕수 외, 2010: 737) 그러니 민족을 보존해 후세를 도모하기 위해서 불가피하게 합병을 용인할 수밖에 없다는 식의 설명이나 해명, 분석은 궤변에 불과한 것이다.

《새국사사전》에 정리된 병합조약의 전문은 다음과 같다. 한문이 많아서 복잡해 보이는데, 원문에 가까운 것이 한글로 매끈하게 번역된 것보다 더 당시를 실감나게 전달할 것이다.

> 한국황제폐하韓國皇帝陛下와 일본국황제폐하日本國皇帝陛下는 양국간兩國間의 특수特殊하고 친밀親密한 관계關係를 회고回顧하여 상호행복相互幸福을 증진增進하며 동양東洋의 평화平和를 영구永久히 확보確保코자 하는 바 이 목적目的을 달성達成하기 위爲하여서는 한국韓國을 일본제국日本帝國에 병합倂合함만 같지 못한 것을 확신確信하여 이에 양국간兩國間에 병합조약倂合條約을 체결締結하기로 결決하고 일본국황제폐하日本國皇帝陛下

는 통감統監 자작子爵 데라우치寺內正毅를, 한국황제폐하韓國皇帝陛下는 내각총리대신內閣總理大臣 이완용李完用을 각기各其 전권위원全權委員으로 임명任命함. 이 전권위원全權委員은 회동협의會同協議한 후後 좌左의 제조諸條를 협정協定함.

제일第一

한국황제폐하韓國皇帝陛下는 한국전부韓國全部 관關한 일체一切의 통치권統治權을 완전完全하고도 영구永久히 일본국황제폐하日本國皇帝陛下에게 양여讓與함.

제이第二

일본국황제폐하日本國皇帝陛下는 전조前條에 게재揭載한 양여讓與를 수락受諾고 또 전연全然 한국韓國을 일본국日本國에 병합倂合함을 승낙承諾함.

제삼第三

일본국황제폐하日本國皇帝陛下는 한국황제폐하韓國皇帝陛下·태황제폐하太皇帝陛下·황태자폐하皇太子陛下와 그 후비后妃 및 후예後裔로 하여금 각기各其 지위地位에 응應하여 상당相當 존칭尊稱·위엄威嚴 그리고 명예名譽를 향유享有케 하며 또 이를 보지保持하기에 충분充分한 세비歲費를 공급供給할 것을 약約함.

제사第四

일본국황제폐하日本國皇帝陛下는 전조前條 이외以外의 한국황족韓國皇族과 기其 후예後裔에 대對하여 각기各其 상당相當한 명예名譽와 대우待遇를 향유享有케 하며 또 이를 유지維持하기에 필요必要한 자금資金을 공여供與할 것을 약約함.

제오第五

일본국황제폐하日本國皇帝陛下는 훈공勳功있는 한인韓人으로서 특特히 표창表彰을 행行함이 적당適當하다고 인정認定되는 자者에 대對하여 영작榮爵을 수여授與하고 또 은금恩金을 여與할 것.

제육第六

일본국정부日本國政府는 전기前記 병합倂合의 결과結果로서 전연全然 한국韓國의 시정施政을 담임擔任하고 동지同地에 시행施行하는 법규法規를 준수遵守하는 한인韓人의 신체身體와 재산財産에 대對하여 충분充分한 보호保護를 하며 또 기其 복리福利의 증진增進을 도모圖謀할 것.

제칠第七

일본국정부日本國政府는 성의誠意와 충실忠實로 신제도新制度를 준중遵重하는 한인韓人으로서 상당相當한 자격資格이 있는 자者를 사정事情이 허許하는 한限에서 한국韓國에 있는 제국관리帝國官吏로 등용登用할 것.

제팔第八

본조약本條約은 일본국황제폐하日本國皇帝陛下와 한국황제폐하韓國皇帝陛下의 재가裁可를 경經 것으로 공포일公布日로부터 시행施行함.

우증거右證據로 양전권위원兩全權委員은 본조약本條約에 기명記名 조인調印하는 것이다.

융희隆熙 사년四年 팔월八月 이십이일二十二日

내각총리대신內閣總理大臣 이완용李完用 인印

명치明治 사십삼년四十三年 팔월八月 이십이일二十二日

통감統監 자작子爵 데라우치寺內正毅 인印

흔히 사람들은 대한제국이 일본의 식민지로 떨어진 것에 대한 분노를 '한일병합조약' 문서에 서명한 대한제국 내각총리대신 이완용에게 터뜨린다. 나라를 팔아먹은 매국노이자 친일파, 타락한 반역자 등등의 이름으로 이완용이 늘 일제 식민지 최대의 책임자가 된다.

그렇다면 1910년 8월까지 황제의 자리에 올라 있었던 순종이나, 1863년에 왕좌에 올라 1907년까지 44년간, 특히 마지막 10년은 황제로까지 불렸던 고종에게는 아무 책임을 물을 수 없는 것일까? 일본에게 받은 은사금이나 작위만 가지고 따져보면, 고종이 가장 많은 은사금과 가장 높은 지위를 보장받았다. 이완용은 백작이 되고, 15만 엔의 은사공채를 받았다. 이런 표현을 보면 누가 가장 큰 책임을 져야 하는지 명확하다. "일제는 합병 유공자들에게 물질적·정신적 보상을 잊지 않았다. 이완용은 76명의 귀족명단에 들어가고, 왕실의 종친이나 종척인 경우를 제외하고 최고의 작위인 백작과 훈1등을 받았다"고 한다. 사람들은 '제외하고'에 방점을 찍겠지만, 사실 왕실과 종친, 종척들이 더 높은 작위와 보상을 받았다. 그러니 더 높은 지위와 보상을 받은 왕실의 책임이 더 무거운 것이다.

일부 역사학자들이 2010년에 나온 한일병합조약 문서는 당시 한국과 일본 국정의 최고책임자였던 대한제국의 황제와 일본 천황의 인장이나 사인이 없기 때문에 당시 국제법 상으로 효력이 없었다고 주장하기도 했다. 즉 일본이 한반도를 36년간 불법적으로 점유했으니 전후 처리를 위해 열린 1953년 샌프란시스코 협약이나, 1963년에 맺은 한일협정이 모두 원인무효라는 것이다. 따라서 일본 정부는 1963년에 맺은 한일협정으로 개인배상을 모두 해소했다고 주장하지 말고, 일제식민지 시절 강제징용한 조선의 노동자와 성적 노예로 부린 위안부 할머니들에게 국가배상을 하라고 요구하는 것이다. 이런 주장에 완전히 동의하지는 않지만, '한일병합조약'이 합법적 절차를 가장한 불법행위라는 주장을 근거로 해도 당시 국정의 최고 책임자가 이완용 총리대신이 아니라, '황제'라는 점이 확실해진다. 대한제국의 황제는 나라의 꼴이 이 지경이 될 때까지 도대체 무엇을 했던 것일까?

개항기인 19세기 중엽부터 따져볼 때 조선 식민지화에 누가 가장 큰 책임을 져야 하는지 물어보면 책임자로 고종을 지목하는 사람은 많지 않았다. 오히려 고종을 그 나름대로 일본 제국주의자들의 식민지 야욕에 맞서 독립운동을 벌이고, 스위스와 같은 중립국이 되기 위해 외교적인 수완을 발휘한 훌륭한 왕으로 생각하는 경향이 적지 않다. 고종에게 감히 '식민의 책임'을 어떻게 지우냐는 생각도 있다. 그러나 잘 생각해보면 국왕으로서 권리를 누리던 사람이 망국에 대해 책임지는 것이 맞는 거 아닐까? 그런데 왜 한국인들은 고종에게 책임을 묻는 데 주저하는 것일까.

유교적 잔재가 아닐까. 임금과 스승과 아버지가 하나의 몸과 같다는 식의 교육을 받아온 한국인들에게는 아무리 못난 망나니 아버지라도 순종하지 않으면 패륜이 되니, 아버지와 같은 왕을 어찌 공격할 것인가. 왕을 공격한다는 생각만 품어도 역적으로 몰려서 3대를 멸하고 남은 가족들을 노비로 전락시키는 500년 조선의 전통이 면면히 흐르고 있으며, 또 일제 강점기에는 신격화된 천황체제에 전근대적 복종을 해왔으니 유교적 잔재를 떨치고 일어서기가 쉽지 않다.

1948년 이래로 그럭저럭 자유민주주의라고 할 만한 세월을 지낸 것은 1987년 민주화운동 이후로 노태우 대통령의 제6공화국 때부터라고 할 수 있다. 짧은 민주주의 시대를 지내온 한국인들은 무의식 속에 유교적 잔재가 숨어 있기 때문에 어지간한 일이 아니면 대통령을 직접 공격하려들지 않는다. 대체적인 한국인들은 대통령은 선정을 베풀려고 노력했는데, 대통령 옆에 간신배 같은 주변인사들이 '인의 장막'을 치고 대통령의 눈과 귀를 가려왔다는 식으로 분석한다. 모든 죄는 과잉 충성하는 측근으로부터 나온다. '제왕적 대통령제'를 개선하기 위해 분권형 권력구조를 제시하면서도, '국부'라고 인식하게 되는 대통령에 대한 공격은 상대적으로 자제하는 편이다.

    이런 경향은 통치의 시스템이 잘 갖춰지지 않아 대통령이 인치에 비중을 두기 때문이다. 또는 시스템이 갖춰져 있더라도 자신의 고향 출신, 고등학교 동문, 대학동창 등 인맥을 심지 않으면 안심할 수 없다는 대통령의 통치철학에서 유래하기도 한다. 어쨌든 과잉 충성하는 측근이든, 대통령의 눈과 귀를 가리는 간신배와 같은 인사이든, 이들을 버리지 않고 곁에 두고 쓰는 사람이 대통령이고, 과잉 충성에 흐뭇해하며 측근을 회전문 인사로 돌려막는 것도 모두 대통령이다. 더 나아가면 대통령이 그런 수준을 좋아하기 때문에 그런 수준의 사람들이 대통령을 둘러싸게 되고, 대통령의 입맛에 맞는 충성경쟁을 하다 보니 국민의 상식적 판단에서 벗어나는 사고나 사단이 일어나는 것이다. 대통령의 문제는 대통령 주변의 측근이 유발한 것이 아니라 대통령이 유발한 것이다.

    왕을 공격하는 것은 역적모의라는 식의 왕조국가에서 오래 살아온 무의식이 작용하는 탓인지 21세기 대한민국의 국민들도 개화기에 권력의 꼭짓점에 있었던 고종이나 순종에 대한 비판을 자제하려고 한다. 고종이 친정에 나서는 1873년에서 갑오개혁이 진행되기 직전인 1894년 6월까지 21년을 '민씨 정권'(연갑수, 2008: 64)이라고 부르는 것도 그런 사례로 볼 수 있다. 고종이 직접 정치를 하지 않았다고 분석·평가한 뒤 21년간의 실정을 명성황후와 민씨 일족에게 돌린다. 고종의 친정 이전의 실패는 아버지 흥선대원군에게 넘기고, 친정을 시작한 뒤에는 자신의 부인인 명성황후와 민씨 외척에게 돌리는 것이다. 얼마나 편리한 사고인지 고종 혼자 우아하게 빠져나간다.

또는 김옥균과 같이 급진 개화를 주장한 개화당, 김윤식 등의 사대당, 김홍집 등의 친일정권, 이완용과 같은 매국노, 그리고 누구나 나라가 망한 책임을 N분의 1씩 나눠가져야 한다는 논리에 따라 조선의 백성 등이 책임져야 할 수도 있다. 물론 그 시대를 살았던 어느 누구도 망국의 책임에서 벗어날 수는 없다. 그러나 이들 중에도 더 책임을 져야 하는 사람들이 있다. 그것은 권력의 꼭짓점에서 온갖 특혜를 누렸던 사람이 지목되는 것이 맞다. 그렇다면 조선 말, 대한제국 시절 권력의 꼭짓점, 고종이 가장 많은 책임을 져야 한다.

고종이 완전히 권력의 정점에 있었다는 점에서는 의견이 일치하는 함규진의 '민씨 세도기'에 대한 재미난 해석을 들어보자. 친정을 하게 된 고종과 명성황후가 올빼미 체질이라 야밤에 비밀보고를 듣고 정책을 논의했는데, 당시 서양과 일본의 외교관들도 밤에 불려가 명성황후가 장지문 하나를 두고 중요한 정치 이야기를 함께 듣는 모습을 보았다. 여기에서 '왕은 꼭두각시이며, 이 나라는 왕비가 다스리는 나라'라는 이야기가 퍼졌다고 한다. 1873~94년 사이에 민씨 가문 사람들이 전보다 많이 등용됐으나 결코 조정을 손아귀에 쥐고 휘두를 정도는 아니었다. 민씨로 삼정승에 오른 사람이 1878년 잠깐 우의정이 됐다가 사망한 민규호 하나뿐이었다. 명성황후와 민씨 가문은 고종이 가장 든든해할 보좌역을 했을지언정 고종을 압도하거나 대신할 힘도 의지도 없었다.(함규진, 2010: 95~96)

고종의 역할과 능력을 강조하기 위해 민씨 외척이 정계진출에서 특혜를 받은 사실을 축소할 필요는 없다고 생각한다. 과거급제자들의 수를 살펴보자. 조선의 과거제도가 완전히 실력위주였다고 보기는 어려웠는데, 왕실의 성을 가진 전주 이씨는 16세기 이후 많은 급제자를 배출했다. 순조·헌종·철종 대의 외척이었던 안동 김씨는 19세기 전주 이씨 다음으로 많은 급제자를 냈으며, 고종 재위시 민씨 외척인 여흥 민씨도 많은 급제자를 배출했다.(조선사회연구회, 2010: 576~77) 민씨 외척의 의정부 당상(현재 행정부 1급 공무원)의 숫자는 임오군란 이전에는 네다섯 명이었고, 1885년 6월 이후에는 항시 10여 명 이상이 의정부 당상을 맡고 있었다. 세력이 스스로 강성해졌다기보다 고종이 필요에 따라서 주도적으로 이들 척족의 세력을 급격히 확대했다고 분석되고 있다.(연갑수, 2008: 67) 상황이 이러하니 흥선대원군을 밀어낸 고종과 명성황후, 민씨 척족은 1894년 갑오개혁 전까지 이해관계가 딱 맞아떨어진 집권세력으로서 '한 몸'이었을 가능성이 높다.

고종은 1863년에 즉위했지만, 직접 정치의 전면에 나서는 친정에 들어선 것은 1873년이다. 아버지 흥선대원군을 밀어내고 그가 국정의 책임자가 된 것은 성인이 된 군주로서 당연한 권리이다.

고종은 집권하자마자 아버지 흥선대원군의 내정개혁을 원위치로 돌렸다. 쇄국정책을 포기하고 일본과 개항을 선택한 것은 잘했다고 평가할 수도 있겠다. 그러나 장단점을 따지기 전에 고종은 아버지 흥선대원군이 실행한 제도나 정책이었기 때문에 원상회복시킨 것도 적지 않았다. 마치 대한민국의 대통령들이 전임 대통령의 정책을 계승·발전시키는 것이 아니라 문제점을 지적하고 뒤집어놓는 것과 마찬가지다. 과거의 업적을 부정함으로써 현재 펼치는 정책의 타당성을 강조할 수 있고, 집권의 정당성을 극대화하며, 도덕적 우위를 앞세워 추진력을 확보할 수 있기 때문이다. 또한 이런 과정을 거쳐야만 과거 정권의 인맥들을 청산하고 자신에게 줄서는 새로운 인맥으로 교체할 수 있다. '팥으로 메주를 쑨다'고 해도 믿고 따르며 충성할 사람들이 필요한 탓이다. 이런 이유로 고종도 흥선대원군의 10년 권력기반을 무너뜨려야만 했다. 그렇게 고종 자신에게 충성할 관료들을 그러모아야 했다. 그런데 가장 손쉬운 세력확보가 중전의 외척인 민씨 가문이었던 것이다. 중전이 있는 한 민씨 가문에서 왕을 교체할 일도 없기 때문이었다.

여기서 흥선대원군이 자신의 권력기반으로 키웠던 세력이 누구인지 알아볼 필요가 있다. 흥선대원군은 고종 즉위 이전부터 외척에 의한 국정농단을 막고 왕권을 강화하고자 했다. 외척들은 누구였느냐? 사상적으로 송시열의 주장을 받들어 모시는 노론세력들로 그 당시 권력을 독점하고 있었다. 때문에 왕권강화를 위해 흥선대원군이 등용한 세력들은 노론과 적대적이거나 반대편에 선 세력들, 즉 17세기 말 이래로 정권을 잡아보지 못한 남인과 북인, 군인세력과 종친들이었다.

　종친부터 살펴보면 고종 즉위 시점에서 군에 봉작된 왕실의 인물은 흥인군·흥선군·영평군·완평군 등 네 명이 고작이었다. 조선 후기 중종반정과 인조반정을 통해 정권을 잡았던 왕실은 쿠데타에 대한 불안으로 왕실의 혈통을 가진 사람들을 지속적으로 유배하고, 죽였다. 고질적으로 역모가 이유였다. 국왕을 배반하고는 살아남을 수 없는 왕조국가의 특성 탓에 당쟁이 격화되면 반대파를 역모로 몰았다. '역모'로 몰리면 왕의 동생이든 형이든 꼼짝없이 죽었다.(조선사회연구회, 2010: 36) 국가보안법을 내세워서 정부의 정책에 반대하는 세력들을 빨갱이로 몰아 죽이는 것과 비슷하다. 때문에 종친세력들이란 안동 김씨니 풍양 조씨니 하는 유력 외척 가문들과 대항할 수준이 못됐다. 고종이 즉위하기 전에 흥선대원군이 유사당상직을 맡아 종친부의 기능을 확대해 국왕의 성씨인 전주 이씨(선파인) 전체를 관장하는 기구로 개편한 이유다. 왕권을 강화하기 위해 같은 종씨들에게도 특혜를 준 것이다. 선파인만을 대상으로 과거시험을 열고, 관료 승진 기회를 확대하는 등 특혜를 주었다. 때문에 흥선대원군 집권시기는 '종친세도'라는 비판도 받는다. 그러나 선파인의 위상이 급상승했다고 해도 흥선대원군 정권 말기까지의 당상관 숫자를 보면, 전주 이씨의 전체 숫자가 안동 김씨보다 적었다.(연갑수, 2008: 41~42)

　북인은 17세기 전반 광해군 정권이 몰락한 이후로 폐절되다시피 했고, 남인도 17세기 말부터 세력을 잡지 못했다. 흥선대원군은 남아 있던 인물들을 과감히 기용했는데, 18세기 영조나 정조가 탕평책을 펼칠 때보다 기용률이 월등히 높았다는 주장이다.(연갑수, 2008: 42) 대원군 집권 초기에 남인 유효조, 집권 말기에 남인 한계원, 북인 강노 등이 이에 속한다.

  흥선대원군은 무신의 위상을 높이고, 외척이나 외척 가문의 후원을 받는 문신을 축출했다. 군사력을 강화해 권력기반을 강화한 것이다. 중앙군영 대장의 지위를 병조판서와 같은 품계인 정2품으로 올려주고, 각 지방의 통제사와 진무사도 중앙의 군영대장과 같은 위상을 갖는 외등단을 실시했다. 즉 중앙 4군영의 대장과 외등단 등 모두 여섯 명의 무장을 6조 판서와 대등한 위상으로 올려놓았다. 나중에는 의정부와 동일한 지위의 삼군부를 설립했다. 최종적으로 16세기에 설치돼 조선후기 외척세력들이 장악한 비변사를 폐지하고 그 기능을 의정부와 1865년 설치한 삼군부로 분리했다. 그 결과 유명무실한 국정 최고기관 의정부가 부활하고, 문신과 무신세력이 병립할 수 있도록 무신을 강화한 것이다.

  군사력 강화와 무신세력의 양성은 서양의 침략이 노골화되는 19세기 중엽에 반드시 필요한 정책 중의 하나였다. 1868년에는 의정부의 군사기능을 삼군부로 넘겼다. 흥선대원군은 문신들의 반발을 우려해 무신 강화의 이념적 근거를 조선왕조 건국 초기 삼군부에서 찾고, 고려 말 왜구나 홍건적의 침입과 같은 외환과 권문세족집단의 폐단을 극복해 부강한 기반을 갖추려는 시도를 했다. 때문에 추진하는 제도개혁을 법제화시키기 위해《경국대전》,《속대전》,《대전통편》의 뒤를 잇는《대전회통》을 간행했다.《대전회통》에는 비변사 폐지와 의정부 권한의 회복, 종친부 권한 강화 등이 수록됐다.(연갑수, 2008: 43~45, 52) 대원군은 인적 쇄신뿐만 아니라, 정부조직 개편, 법률 개정 등을 통해 16세기 사림이 등장한 이후 패도나 잡술 정도로 치부되던 부국강병정책을 거리낌 없이 추진할 수 있었다.(연갑수, 2008: 48)

흥선대원군의 강병정책은 집권 3년째 발생한 1866년 병인양요가 발단이 된다. 서양 함대와의 전투를 거치면서 서양 무기의 위력을 확인한 덕분이다. 군사를 포수 중심으로 재편하고, 상비병을 증강해 정예화했다. 각 지방에 고을별로 포군을 설치했는데, 그 병력은 3만 정도로 추산된다. 그들은 화승총을 기본 무기로 한 상비병이었다. 전국적으로 일사불란한 지휘체계를 가진 군사조직은 아니었으나 상비병체제를 도입했다는 데 의미가 있다. 특히 신미양요와 병인양요의 격전지인 강화도를 강화했는데, 강화유수가 겸하던 진무영을 한성의 군영과 같은 지위로 격상시켰다. 무신을 진무사로 파견하고 강화유수를 겸직시켰다. 강화도 수비를 강화하기 위해 문신에서 무신으로 강화유수를 바꾼 것이다. 그리고 강화의 군비강화에 따른 재원조달을 위해 심도포량미라는 세금을 신설해 전국의 토지에서 결당 쌀 1 말씩을 더 걷었다.

흥선대원군은 특히 조선 무기의 낙후성을 절감하고 새로운 무기 개발을 시도했다. 중국에서 제조한 대포를 들여오고,《해국도지》,《연포도설》등의 서적에서 소개된 서양 무기 제조술도 도입했다. 그러나 간접적인 기술 도입만으로 월등히 앞서 있는 서양의 무기 제조기술을 따라갈 수는 없었다.(연갑수, 2008: 48~49) 비슷하게 만들기는 했으나 뇌관을 만드는 일에서는 계속 실패를 한 것이다. 실패가 거듭되면 서양의 무기를 직접 수입하면 됐을 텐데, 그렇게는 하지 못했다. 재정조달에 어려움이 있지 않았을까 싶다.

비슷한 시기에 일본의 막부나 사쓰마 번, 조슈 번 등이 서양의 함선이나 총·포류를 영국이나 네덜란드, 독일 등에서 직접 구입했던 것과 비교하면 당시 조선의 재정수준이 일본에 비해 크게 낙후됐다는 점을 추정해볼 수 있다.

흥선대원군은 주요 내정개혁으로 환곡제를 개혁해 사창제를 실시하면서 그 운영을 향리인 이서층에 맡기지 않고 일반 백성 중에서 재산이 많거나 신분이 높은 사람을 자율적으로 선발해 담당하게 했다. 봉건적 양반질서를 완화한 것으로 평가할 수 있다.

가장 파격적이고 혁신적인 정책은 1870년에 시행한 호포법이다. 군포징수를 개혁한 것인데 군포를 개인 단위로 부과하지 않고 호「를 기준으로 납부하도록 했다. 이런 개혁으로 군역이 면제된 선비와 양반들이 호포 부과의 대상이 됐다. 호의 재산 정도를 감안하여 차등 있게 부과함으로써 가난한 백성의 부담을 줄여줬다.(연갑수, 2008: 51~52) 조선 500년 역사 중에 처음으로 양반의 특권적 지위를 인정하지 않고 재산이 많은 사람들이 더 많은 세금을 내도록 개편한 것이다. 이런 정책은 1868년부터 진행된 사원철폐정책과 함께 선비와 유림들의 특권과 세력기반을 붕괴시키는 만큼 전국적인 저항을 불러왔다. 이 호포법과 사창제는 지방 유생들의 반발에도 불구하고 고종 친정기에도 정책으로 계승된다.

그러나 고종은 대원군이 힘썼던 가장 중요한 군사력 보강을 원위치로 돌려놓았다. 고종은 군영을 다시 장악하기 위해 이경하를 금위대장으로 임명한 뒤 삼군부의 기반이 되는 군영대장들을 판서보다 낮은 직급인 종2품으로 환원했다. 권력기반을 강화하기 위해 국왕을 곁에서 호위하는 무위소를 두었는데, 박규수 등의 반대에도 불구하고 대원군 시절의 삼군부를 대체하는 최고 군사기관이 되었다. 무위소 대장은 조영하와 민겸호, 민규호 등의 척신들이 신임하는 이경하 등의 무장이 맡았다. 1874년에는 각 지역에 암행어사를 파견해 대원군 세력을 숙청했으며, 안동 김씨 출신의 김병국을 우의정에 등용한다.

고종이 강병책을 포기한 탓에 외세의 위협에 늘 유약하게 대응했다는 지적도 나온다. 연갑수는 "대원군 실각 이후 고종이 보인 외국과의 교섭형태의 특징은 단 한 번도 군사적 대결이 없었다는 점이다. 군사적 충돌과 그 패전으로 인한 후유증을 고려한 조치일 수 있겠지만, 언제나 외교적 타협과 굴종으로 일관하려는 자세는 외세에게 유약함을 보이고 그들의 침략을 더욱 불러일으키는 결과를 가져왔다"고 평가했다.(연갑수, 2008: 29)

군대를 워낙 중요하게 생각하지 않은 탓인지 여러 번에 걸쳐 군대를 변형시키기도 했다. 외국인 눈에도 이것이 이상해 보였는지 미국의 영화감독 홈스는 "왕의 호의를 얻어낸 외국 훈련교관들이 돌아가면서 군대를 장난감처럼 다루었다. 미국과 일본, 그리고 러시아가 오랜 기간 이러한 일을 맡았다"(홈스, 2012: 205)고 썼다.

고종은 부정부패나 나랏돈을 함부로 쓰는 데도 익숙했다. 남정철이 평양감사를 하면서 온갖 진기한 물건을 계속 진상하자 "정말 충신이로다"라고 하며 좋아했다고 한다. 그를 총애해 영선사로 청나라에 보내기까지 했다.(역사학자 18인, 2010: 261) 명성황후는 세자의 건강을 위해 마마귀신을 달래려고 거의 4만 달러나 되는 돈을 무당집과 절에다 써버린(언더우드, 2008: 151) 일도 있다. 금강산 1만 2,000봉에 돈 1,000냥과 쌀 한 섬, 포 한 필씩 공양한 것이다.

고종이 총애한 이용익의 경우를 보자. 그는 임오군란 때 장호원으로 피신한 명성황후와 왕의 연락을 맡으면서 총애를 받았다는데, 진짜 이유는 따로 있다는 것이 하원호의 이야기다. 어떤 벼슬을 시켜도 수탈한 재물을 혼자 챙기지 않고 고종에게 상납했다는 것이다. 1888년 함경도 남병사에 부임한 이용익은 광산을 개발해 고종에게 금덩어리를 안기고 백성의 고혈을 짰다. 고종의 비자금 담당자였던 이용익은 화폐발행의 액면가를 올려 고종에게 많은 이익을 남겼지만 백성들은 인플레이션으로 고통을 받았다. 1898년 백동화의 남발로 물가를 폭등시키기도 했다. 1905년 파악한, 왕실재정을 맡은 궁내부의 1904년 재정은 487만 4,000원으로 국가 실수입액 1,120만 7,591원의 약 44퍼센트 수준이었다.(역사학자 18인, 2010: 263~64)

고종 집권 이후 근대화가 시작됐다는 평가도 짚고 넘어가자. 비록 일본의 무력시위로 개항을 했지만, 1876년 강화도조약은 대원군의 쇄국이 막을 내렸다고 선언한다. 청나라와 일본 등으로 영선사나 신사유람단을 파견해 새로운 문물을 수용하려고 노력한 것도 고종을 개화군주로 평가하는 이유다.

그러나 연갑수는 고종의 일본과의 조약체결을 불필요한 마찰로 인한 국경문제의 발생을 미연에 방지하려는 의도로 파악했다.(연갑수, 2008: 76) 고종은 명성황후와 여흥 민씨 척족과 거의 한 몸으로 정권을 유지해나갔는데, 민씨 외척들은 친청 사대주의였다. 고종은 개항에 유연한 자세를 보였지만, 그를 포함한 집권세력이 전근대적 기존체제와 질서를 지키려는 보수적 성향인 것은 당연한 것이다. 이들의 개화정책이라는 것은 정권유지가 필요한 경우에 수동적으로 반영한 것이지, 능동적으로 개화에 앞장섰다고 보기 어렵다.(연갑수, 2008: 65) 강만길은 "민씨 정권이 대원군 정권보다 진보적인 정권이거나 민씨 정권기가 대원군 집권기에 비해 내부적 준비가 갖춰진 것이 아니다"라고 말했다. 민씨 정부가 문호를 개방한 이유는 첫째, 대원군 집권기에 두 차례의 양요를 거치고 경복궁 재건과 같은 대규모 토목사업으로 민중의 반발을 크게 사 외세와 분쟁을 피하고 타협하지 않을 수 없었다. 둘째, 일본이 조선의 문호개방정책을 적극적으로 구사했다는 것이다. 유럽 여러 나라의 침략에 시달리고 있던 청나라가 일본이 운요호 사건을 도발하고 그 책임을 청나라에 묻자 문제가 확대되는 것을 꺼려 적극적으로 조약체결을 권유했다는 것이다.(강만길, 2006: 224~25) 조일수호조규 제1조가 '조선은 자주국이며 일본과 평등권을 가진다'라고 해 조선과 일본과의 관계에서 청나라의 간섭을 막으려고 했던 점을 감안하면, 고종이나 민씨 척족들이 일본의 간악한 전략과 저의를 읽지 못한 것이 아쉽다.

다른 나라에 문호를 개방하고, 외국의 문물을 받아들일 때의 기본적인 전제조건은 내정이 튼튼해야 한다는 것이다. 외세의 흔들기에 끄떡없이 버틸 수 있는 기초체력이 필요하기 때문이다. 그런데 고종이 운영하던 조선의 체력은 허약했다. 고종의 개화는 1882년 임오군란을 통해 막을 내리고, 내치와 외교에서 청나라의 간섭을 본격적으로 받기 시작한다.

조민은 2003년에 쓴 〈고종의 도당정치: 왕권 유지를 위한 독주〉에서 "고종이 주체적으로 개혁에 임할 수 있었던 시기가 두 번 있었다.

첫째는 친정 직후부터 임오군란 때까지, 둘째는 대한제국을 선포한 직후였다. 그러나 그는 그 시기에 자기 권력을 강화하는 일 말고 아무 것도 하지 않았다. (중략) 이런 지도자를 만난 것은 우리 민족의 불행이 다"라고 평가했다.(함규진, 2010: 103)

외세를 등에 업은 고종과 고메이 천황의 저항

톰 크루즈가 알그렌 대위로 나온 2003년 개봉된 미국영화 〈라스트 사무라이〉는 일본의 근대화를 생각해볼 수 있게 하는 영화다.

  1870년대, 남북전쟁의 영웅인 네이선 알그렌 대위는 전쟁이 끝나자 인디언 여자와 아이들까지 학살했던 기억으로 자기혐오에 빠졌다. 그러던 중 알그렌은 일본의 젊은 황제가 신식군대를 조련하기 위해 교관으로 초빙하자 일본으로 건너갔다. 알그렌은 일본의 신식군대에 속해 반대쪽의 사무라이들과 전투를 벌이다가 포로가 돼 사무라이의 마지막 지도자라는 카츠모토와 만난다. 카츠모토는 근대화를 추진하는 일본의 새 정부에 저항하고 있었다. 처음엔 문화적 충격에 어리둥절하던 알그렌 대위는 평온한 시골의 사무라이에게 이른바 무사도를 배워나간다. 그는 시대의 변화에 발맞추지 못하고 몰락하고 있는 사무라이에 대해 연민을 느끼면서 점차 동질의식을 갖게 된다. 서양식 함선이나 서양 무기, 서양식 의상들이 나오는가 하면 중세적인 칼과 갑옷, 기마대 등이 함께 공존하는 영화라 흥미롭다.

영화는 일본이 메이지 유신에 성공했지만 내부갈등이 심화되던 시기에 일어난 내란을 시대적 배경으로 하고 있어, 1877년에 일어난 세이난 전쟁에서 아이디어를 얻지 않았나 싶다. 당연히 '젊은 황제'는 열다섯 살에 즉위한 메이지 천황이다.

메이지 유신 초기에 사족의 최대 반란이자 최후의 반란인 세이난 전쟁이 일어난다. 일본 서남부의 사쓰마(현재 가고시마 규슈) 번의 하급무사 출신으로 '메이지 유신의 3걸'인 사이고 다카모리가 일으킨 반정부 내전이다. 메이지 정부 출범의 특등공신인 사이고는 1873년 조선을 정벌하자는 정한론을 주장하다가 이를 반대한 오쿠보 도시미치에 밀려 낙향했다. 오쿠보는 사이고와 같은 사쓰마 출신으로, 번 내의 하급무사 조직인 세이주쿠미精忠組에서도 함께 활동했던 친구다. (금동주a, 2008: 74)

사이고가 정한론을 주장했을 당시 오쿠보는 기도 다카요시, 이토 히로부미 등과 함께 이와쿠라 도모미岩倉具視 특명전권대사가 이끄는 107명의 '이와쿠라 사절단' 멤버로 일본을 떠나 있었다. 오쿠보 등 일행은 1858년 영국·미국 등 서양과 맺은 불평등 조약 개정을 목표로 1871년 11월 12일 요코하마 항을 출발했다. 그러나 1년 10개월 동안 미국과 유럽 11개국을 시찰하고 엄청난 충격을 받았다. 일본과 유럽 사이의 격차가 생각보다 더 심각했던 탓이다. 급히 귀국한 오쿠보와 이와쿠라는 지금 당장 일본이 조선을 정벌하는 것보다는 유럽의 선진문명을 더 빨리 따라갈 수 있도록 근대화를 추진하는 것이 더 중요하다고 판단했다. 오쿠보는 일본의 당면과제는 내치우선으로 부국강병을 다지자고 했다. 이와쿠라는 조선 대신 사할린 우선 해결론을 내세웠다.(최덕수 외, 2010: 27) 결국 일본 정부 내에서 정한론을 두고 찬반양론으로 격렬하게 갈라져 토론하던 중 정한론 반대파인 이와쿠라가 정부의 최고직인 태정대신을 맡으면서 힘의 균형이 깨졌다. 사이고의 정한론은 밀려날 수밖에 없었다.(함동주, 2009: 107, 111) 이때가 조선에서 흥선대원군이 최익현의 상소로 실각한 때다.

사이고는 사쓰마로 낙향한 뒤 가고시마에서 군사학교를 세우고 사족의 자제를 모아 교육에 힘썼다. 1871년에 폐번치현廢藩置縣(봉건영주의 봉토를 폐지한 행정개혁)으로 봉건적인 막부가 폐지되고 천황 중심의 근대화 정책이 시행됐다. 그해에 단발령도 시행됐다. 엎친 데 덮친 격으로 1876년 무사들에게 칼을 장식용으로 차지 못하도록 한 폐도령廢刀令을 내렸다. 중앙집권화 정책으로 이미 몰락의 길을 걷고 있던 무사 계급들은 징병제가 실시되고, 1876년에 정부가 무사들에게 지급하던 봉록마저 중단하자 무너지는 신분질서를 느낀다.(함동주, 2009: 122) 이렇게 몰락하던 봉건제의 잔재인 사무라이 계급들이 사이고의 군사학교를 중심으로 몰려들었다. 그러다 1877년 오쿠보가 가고시마의 군인과 탄약 등을 모두 오사카로 옮겨올 것을 명령하자 사이고가 1만 6,000여 명과 함께 일어났다. 내전은 약 6개월간 지속됐고, 구마모토 진대熊本鎭臺를 포위했지만, 오쿠보 정부에 의해 진압되었다.(후지이 조지, 2012: 319)

그러하니 영화 〈라스트 사무라이〉의 사무라이 카츠모토는 사이고 다카모리라고 할 수 있겠고, 메이지 정부의 관군 대장은 오쿠보 도시미치 정도로 해석할 수 있겠다.

　이 세이난 전쟁 이후로 일본의 반정부 운동들은 더 이상 과거체제인 막부로의 복귀나 사무라이 계급의 신원이 아니라, 민권운동 쪽으로 전환됐다. 그러니 이 전쟁이야말로 일본의 중세와 근대를 갈라놓은 중요한 사건이다. 당시 사이고의 정한론은 힘을 잃었지만, 오쿠보가 정권을 잡고나서 3년 뒤인 1876년 조선을 무력으로 개항시키며 정한론을 실현할 기반을 마련했다. 시간이 다소 늦어졌을 뿐 메이지 유신 이후 사이고의 정한론은 실현된 셈이다. 그 이전인 1868년에 또 다른 '유신 3걸' 기도 다카요시가 펼쳤던 정한론이 실현된 것이기도 하다.

　영화 〈라스트 사무라이〉의 이야기를 꺼낸 것은 일본의 메이지 유신이라는 근대화 과정이 아무런 장애물이 없이 착착 진행된 것이 아니라, 우리식으로 위정척사파였던 사무라이들의 무력저항을 무력으로 진압하는 진통을 겪으며 진행됐다는 것을 보여주는 좋은 사례이기 때문이다.

　일본의 개항과 근대화 과정을 보면서 가장 놀라운 것은 도쿠가와 막부가 자신의 권력을 거의 무력하다고 알려진 천황에게 비교적 평화로운 방식으로 내준 것이다. 도쿠가와 막부의 마지막 쇼군인 15대 도쿠가와 요시노부는 1867년 10월 14일 천황에게 정권을 돌려준다는 상소를 올려서 '대정봉환'을 이뤘다. 당시 천황은 메이지 천황으로 불리는 사치노미야 무쓰히토 황태자였다. 아버지 고메이 천황이 급사한 탓에 그해 1월에 즉위한 열다섯 살의 소년이었다. 막부의 대정봉환으로 쇼군과 다이묘(번주) 사이의 주종관계가 사라지고, 다이묘는 천황의 직계 신하가 됐다. 요시노부는 그해 10월 24일에는 쇼군 직 사표도 제출했다.(후지이 조지, 2012: 296, 301) 봉건적 질서의 해체였다.

일본의 천황은 그저 상징적 존재이고 힘이 없다는데, 열다섯 살 소년 천황에게 전국의 다이묘를 거느리고 있던 막부는 왜 스스로 권력을 내놓은 것일까. 당시 메이지 천황의 측근세력은 반反막부적인 젊은 혁신파로 채워졌고, 이들은 사쓰마와 조슈의 하급무사들과 연계되어 있었다. 그의 곁에는 이와쿠라 도모미, 사이고 다카모리나 오쿠보 도시미치 등이 버티고 있었다. 조슈 번과 사쓰마 번에서 무력으로 막부를 타도하기 위해 서양의 무기로 무장해 출병한 한 상태라는 것을 알고 요시노부가 군사적으로 더 밀리기 전에 손을 써버린 것이다. 천황을 중심으로 새 정부를 꾸리려는 측에서는 살짝 맥 빠지는 일이 었겠지만, 그렇다고 군사적으로 큰 내전을 벌여 국력이 손상되는 일은 일차적으로 막았으니 다행스러웠을 수도 있다.

메이지 천황은 발 빠르게 1867년 12월 9일 메이지 신정부 수립을 선언하고 '왕정복고대호령'을 발표했다. 왕정복고대호령에는 1853년 이래 미국 페리 함대의 내항을 바탕으로 조정의 섭정, 관백과 막부의 폐절, 진무창업이나 공의 등 새로운 이념을 명문화했다. 기원전 7세기의 진무창업은 메이지 유신과 함께 복구돼 개화의 이념이 된다. 모든 번에서 선출된 의원들이 의결하는 공의소가 설치됐고, 공론·공의 등이 유신정부의 정통성을 담보했다.(후지이 조지, 2012: 303)

막부세력과 근대를 지향하는 신정부세력 간의 무력충돌이 전혀 없었던 것은 아니다. 메이지 천황이 즉위하고 새 정부 수립이 선언된 직후인 1868년 1월 보신전쟁戊辰戰爭이 일어났다. 그러나 막부의 성이 었던 에도 성이 천황파에게 쉽게 넘어갔다. 당시 존왕양이를 외치는 도막파는 1만 명의 병력에 불과하고 막부는 3만 명의 병력이었다. 하지만, 백성들이 막부타도를 압도적으로 지지했기 때문에 천황군이 승리할 수 있었다.(배기찬, 2005: 187) 그해 7월에 에도는 도쿄로 개칭됐다. 에도 성이 피 흘리지 않고 새 천황에 넘어가는 과정에는 막부의 총사령관 가쓰 가이슈勝海舟의 역할이 컸다.

가쓰는 막부의 편에 서서 근대적 개방을 지향한 군인이자 정치인으로, 메이지 새 정부에서도 일했다. 그는 가난한 하급무사 집안에서 태어나 1845년경부터 서양 병학兵學을 습득하기 위해 난학을 배우면서 해안방어의 필요성을 절감했다. 1855년부터 3년 동안 나가사키에서 네덜란드 교관에게 해군에 관한 기술을 배우고, 1859년 군함조련소 교수의 수장이 되었다. 이 과정에서 네덜란드인들과 접촉하며 얻은 세계정세를 통해 폭넓은 인식을 갖게 되었다. 1858년 체결된 '미일수호통상조약'의 비준서를 교환하기 위한 사절단을 태운 간린마루의 선장으로 1860년 일본 최초로 태평양을 횡단하여 미국에 갔다. 미국에서 돌아와 일본해군을 근대화하고 해안방어체제를 발전시키는 데 공헌했다. 1868년 천황파와 도쿠가와 막부가 무력으로 대치한 상황에서 도쿠가와 요시노부를 자신의 비전론非戰論으로 설득하고, 사이고 다카모리와 협상하여 천황파가 에도성에 무혈입성하도록 도왔다.(임경석 등, 2012: 18) 그는 천황군을 맞이해서 한 번도 싸우지 않고 에도 성을 고스란히 내줬다고 후쿠자와 유키치에게 비난을 받았다.(정일성, 2012: 297).

메이지 천황은 1873년 태양력을 도입해 유럽과 공통된 시간을 사용했고, 그 이전인 1871년에 내려진 단발령에 따라 자신이 머리카락을 자른 채 사진 촬영을 하는 등 '서양문명의 대변자' 이미지를 내세웠다.(후지이 조지, 2012: 305~306)

정한론이 정리된 후인 1874년 2월에 에토가 최초의 사족 반란을 일으키고, 이것이 1876년 구마모토에서 오타 구로도모오 등 약 170명의 하급사족이 일으킨 신푸렌의 난(게이신토敬神薫의 난과 동일), 아키즈키의 난, 하기의 난 등으로 파급됐다.(후지이 조지, 2012: 319) 그러나 앞에서 설명한 사무라이들의 최후 반란인 세이난 전쟁(1877)까지 모두 진압한 메이지 천황은 20세를 훌쩍 넘어 스스로 모든 것을 결정할 수 있을 정도로 성장했다.

도쿠가와 막부에서 상징성만 지녔다는 일본의 천황이 어떻게 근대화를 강력하게 이끌어나가며, 국민통합의 상징이 된 것일까? 미국 흑선인 페리 함대가 우라가 항에 들어올 때만 해도 고메이 천황은 교토에서 유폐나 다름없는 생활을 했다고 한다. 막부가 선정한 신임 관료에게 임명장을 수여하는 의례적이고 형식적인 임면권을 빼면 정치적 권한도 거의 없었다. 심지어 민중은 쇼군이나 다이묘는 알아도 천황에 대해 알지 못했다고 한다.(정일성, 2002: 184쪽) 정형도 "천황이 막부의 쇼군에게 정이대장군으로서 승인하는 형식은 계속됐으나 정치적 구속이 없는 관례였고, 천왕이 거주하던 긴키 지역을 제외한 각지의 일본인들에게 천황은 미지의 존재였다"고 했다.(정형, 2009: 88) 전통적이고 상징적인 천황이 실체적이고 현실적으로 변화하는 계기는 언제 어떻게 시작된 것일까. 일본사를 읽어보면 메이지 천황의 아버지 고메이 천황에서 그 변화의 시작을 찾아볼 수 있다.

1853년 미국이 무력으로 개항을 요구하자 도쿠가와 막부는 이에 굴복했다. 당시 막부는 전국의 다이묘를 불러 상의를 한 후 미국 등과 개항을 약속하고 통상조약을 체결하기로 했는데, 고메이 천황이 승인을 거부했다. 외국과의 통상조약은 막부 쇼군의 권한을 넘는 일인 만큼 천황의 승인이 꼭 필요했다.(후지이 조지, 2012: 284) 이 무렵 일본에서는 외세의 침입에 제대로 대응하지 못한 막부를 비난하며 조슈 등에서 하급무사들이 존왕양이 활동을 격렬하게 펼치고 있었다. 때마침 쇼군 후계자 결정 문제로 막부 내에 내분이 생기자 막부는 반反막부 활동에 적극적으로 대응하기 어려웠다.

도쿠가와 막부 측과 가까운 후다이 다이묘가 추천한 요시토미(나중에 이에모치로 개명)를 옹립할 것이냐, 막부와 덜 가까운 도자마 다이묘인 사쓰마와 도사 등에서 옹립한 능력있는 요시노부로 할 것이냐를 두고 갈등한 끝에 요시토미가 14대 쇼군에 올랐다. 쇼군이 결정되자 막부는 더 이상 천황의 승인을 기다리지 않고 1858년 미일수호통상조약을 인가하고, 네덜란드·러시아·영국·프랑스와도 같은 조약을 체결했다. 이것이 안세이 5개국조약安政五個國條約이다. 조약을 맺은 뒤 막부는 '무력을 충분히 갖춘 뒤 다시 쇄국을 하겠다'며 천황의 양해를 구했다.(후지이 조지, 2012: 285~86) 이어 존왕양이파를 무력으로 제압하는 안세이 대옥을 결행했다. 메이지 유신의 사상적 원류로 칭송되는 조슈 번사 요시다 쇼인이 이때 처형된다. 이때를 기점으로 탈번무사들을 중심으로 진행되던 존왕양이파의 활동은 막부타도라는 도막倒幕 운동으로 전환된다. 존왕양이파인 미토 번 무사들은 1860년 3월 안세이 5개국조약을 체결한 이이 나오스케를 살해했다.

1862년 존왕양이를 슬로건으로 교토에서 활발한 활동을 전개하던 조슈 번사들은 고메이 천황과 조정이 막부에게 '양이'를 할 것을 요구하도록 설득했다. 고메이 천황은 막부가 있는 에도로 칙사를 파견해 쇼군에게 양이의 칙명을 내렸다. 쇼군은 상경해 설명하겠다고 말한 뒤 도쿠가와 막부가 생긴 뒤 처음인 1863년 3월 교토로 상경했다. 쇼군이 천황을 만난 것은 260여 년 만의 일로, 천황과 쇼군의 관계가 역전되는 순간을 보여주는 사건이었다. 천황을 설득하지 못한 막부는 어쩔 수 없이 1863년 5월 양이의 결행을 전국의 다이묘들에게 명령했다.

하지만 3개월 뒤 막부는 반전을 일으켰다. 막부가 사쓰마 번과 아이즈 번 등과 손잡고 존왕양이파의 중심인 조슈 세력을 천왕의 근거지인 교토에서 몰아내는 '8·18 정변'을 일으킨 것이다. 이듬해 조슈에서 반격을 취했지만, 패배로 끝났다. 막부는 조슈를 향한 1차 정벌을 진행했다.(후지이 조지 외, 2012: 289) 막부와 조슈 번 사이의 갈등은 1864년 8월 영국·프랑스·네덜란드·미국 4개국 연합함대가 조슈와 전쟁을 벌이면서 더 심해졌다. 이른바 시모노세키 전쟁인데, 조슈는 그 전쟁에서 패한 뒤 양이론에서 탈피해 개국론으로 돌아섰다.(후지이 조지 외, 2012: 290) 막부와 같은 개국론으로 돌아섰다고 조슈가 막부 편에 선 것은 아니다. 조슈는 '존왕도막'이라는 목표를 세우고 새로운 일본 건설을 꿈꿨다. 조슈는 메이지 유신 이후 40여 년간 진행된 '4대 번벌체제'의 핵심이자, 일본 근대화를 밀어붙이는 브레인인 동시에 추진력이 된다.

고메이 천황은 '천황은 정치에 개입할 수 없다'는 막부의 엄격한 규칙을 어기고, 개항이라는 국제정치의 변화 속에서 존재를 드러냈다. 때론 막부를 압박하며 조슈의 힘을 키워주기도 했고, 막부와 협력해 조슈의 존왕양이파를 탄압하기도 했다. 이런 줄타기식 정치로 천황의 브랜드 가치를 키우고 정치적 영향력을 증대시켰다. 그러면서 260여 년 통치해온 도쿠가와 막부를 대체할 새로운 세력의 등장과 성장을 도왔다. 막부와 협력했던 이유로 막부에게 연간 3만 석의 녹을 받고 있는 천황가가 막부와 완전히 등을 지기는 쉽지 않았을 것이라고 설명하기도 한다. 고메이 천황은 개항의 압박을 받은 1853년부터 메이지 유신이 선언된 1867년까지, 무력과 실권을 가진 막부와 14년간 밀고 당기고를 하면서 정치적인 이익을 잘 취했던 것 같다. 고메이의 이런 행보는 '미래의 일본'에 대단히 유익했다.

특히 14대 쇼군인 이에모치에 이어 1866년 12월 5일 15대 쇼군에 오른 요시노부는 자기 권위의 원천을 고메이 천황의 신임에서 찾았다.(후지이 조지, 2012: 284) 요시노부는 14대 쇼군에서 탈락한 뒤 새 쇼군 이에모치의 후견인으로 1862년 이래 4년을 교토에서 천황과 함께했다. 고메이 천황은 요시노부에게 상당히 우호적이었다. 그렇기 때문에 유력 번들이 협력해 도막운동을 펼치더라도 막부체제가 더 연장될 수도 있었다. 그러나 쇼군 요시노부 권력의 원천이었던 고메이 천황은 쇼군 취임 직후인 그해 12월 25일 급사했다. 이것은 허약한 막부에게는 치명타였다. 1867년 1월 메이지 천황이 즉위하자 정치세력의 지형은 확 달라졌다. 새 천황은 조슈 출신의 이토 히로부미와 상당히 친밀했다. 또 새 천황 주변에는 사쓰마와 조슈, 도사, 에치젠 번 등이 연합해 요시노부 쇼군과 대결할 태세를 취했다. 존왕양이파와 막부를 오락가락하던 고메이 천황과 달리 열다섯 살의 메이지 천황은 막부를 제치고, 신진 개혁세력의 등에 올라타고 있었던 것이다.

하급무사들이 존왕양이파에서 개국론자로 변화하는 과정에서 막부의 쇼군 요시노부가 평화적인 권력이양인 '대정봉환'을 단행하고, 보신전쟁에서 막부파 총사령관 가쓰 가이슈가 에도 성에 천황파를 무혈입성하게 한 일들은 높이 평가해야 할 것이다. 불필요한 피를 보지 않아 내부 역량이 낭비되지 않았기 때문이다. 메이지 유신의 성공이 하급무사와 하급무사 출신의 지식인들이 결합한 개혁이지만, 다른 한편으로는 위로부터의 개혁이라고도 볼 수 있는 이유가 거기에 있다.

*

그렇다면 조선은 어떠했으면 개항기에 근대화를 잘 이뤄낼 수 있었을까? 특히 고종이 어떻게 했더라면 좋았을까 하는 생각을 해보자. 역사에는 가정이 없기 때문에 이것은 그저 즐거운 시나리오에 불과하다.

조선에도 근대화로 가는 두 가지의 길이 있었다. 하나는 고종과 관료들이 진행하는 위로부터의 개혁이다. 1884년 갑신정변이나 1894~95년의 갑오개혁이 이에 해당될 것이다. 아관파천 이후 고종이 나라의 위상을 높이겠다며 1897년 대한제국을 선포한 이후의 광무개혁을 손꼽기도 한다. 개인적으로는 광무개혁 무렵에는 이미 나라가 개혁하기 어려운 지경에 이르렀다고 생각한다.

아래로부터 혁명의 가능성도 있었다. 1882년 하급 군인들이 일으킨 반란으로 대원군과 결합한 임오군란과 1894년의 동학농민운동이 그것이다. 조선 근대화는 갑신정변·갑오개혁 등 위로부터의 개혁 가능성 두 번과, 아래로부터의 혁명 가능성 두 번 등 모두 네 번의 가능성이 있었다. 그런데 이런 자생적인 근대화의 가능성들이 왜 모두 유실된 것일까? 청나라와 일본, 러시아의 국권침탈 등 외세를 원인으로 내세울 수도 있다. 하지만 호시탐탐 기회를 노리는 외세도 우리가 원인제공을 한 측면이 적지 않다. 그렇기 때문에 외세라는 변수를 독립변수가 아닌 개혁과 혁명의 가능성들이 고조되는 과정 속에서 살펴보는 것이 더 타당하다.

우선 내부적 원인을 찾아보자. 조선의 근대화가 유실된 이유로 개혁과 혁명의 원동력이 되는 세력의 부재를 찾기도 한다. 김동택은 "왕권 중심의 보수적 근대화를 이루려던 조선의 고민은 독일의 프로이센 귀족이자 지방의 귀족인 융커나 일본의 하급 사무라이와 같이 근대화를 추구할 계급 또는 계층이 부재했다"고 평가했다.(교수신문, 2005: 90~91)

일본 근대화의 걸출한 인물인 이토 히로부미처럼 유능한 인재가 없었다는 점을 문제삼기도 한다. 이태진은 "유능한 재상을 갈구하던 고종황제는 1904년 1월 명헌태후(흥선대원군의 부인)가 죽자 조문사로 온 이토 히로부미에게 시한부로 나의 재상이 돼줄 수 없겠느냐는 질문을 던지기도 했다"(교수신문, 2005: 113)고 소개했다.

후발주자로 산업화에 뛰어든 독일의 융커나 일본의 하급무사와 같은 존재가 한국에서는 지방의 유림이라고 볼 수 있겠다. 일본의 하급무사가 서양배척을 위한 양이론에 뛰어든 것을 생각하면, 조선의 지방 유림들이 최익현이나 이항로와 같은 신망 높은 관리들을 중심으로 뭉쳐 위정척사파로 활동한 것을 이해할 수 있다. 다만 일본의 하급무사들은 1860년대 섬나라의 한계를 뛰어넘기 위해 세계를 돌아보고 양이론에서 개국론으로 전환하고 근대화로 방향을 잡았다면, 조선의 위정척사파들은 1905년 을사보호조약이 체결된 후에, 그리고 이보다 더 시간이 필요했던 선비들은 1910년 조일병합조약이 체결된 뒤에야 뒤늦게 땅을 치고 후회하며 근대화의 필요성에 뜻을 모았다.

이보다 빠른 1896년에 근대화의 필요성을 주장했던 독립협회 관계자들과 갑신정변 참여자이자 미국유학생이고 미국인으로 국적을 바꾼 필립 제이슨(한국명 서재필) 등 독립신문 제작자들을 '세력'이라고 보기에는 너무 소수였다. 또 독립협회나 독립신문 초기 관여자들은 '어용'으로 볼 수도 있다. 서재필·윤치호·이상재는 갑신정변 참여자였고, 이완용·안경수는 조선의 현직 관료들이었다. 때문에 독립협회 창립이나 독립신문 발간 등에 고종이 뒷돈을 댔다고 했다. 고종이 대한제국으로 건원칭제하게 된 것은 1896년 4월에 창간한 독립신문이 꾸준히 아관파천에서 돌아온 고종을 향해 '조선이 독립국임을 만방에 널리 알리기 위해서는 조선을 제국으로 선언하고, 왕을 황제로 칭해야 한다'고 주장하며 여론을 형성한 덕분이었다. 어찌 보면 고종은 '음모와 공작'의 대가다. 그러니 독립협회나 독립신문 관계자를 조선 개혁의 중심세력이라고 보기 어렵다.

오히려 일본의 고메이 천황처럼 그런 세력을 키울 수 있었던 실권을 가진 다른 인물에 더 주목하고 싶다. 조선의 마지막 왕, 고종이다. 기록은 순종이 마지막 왕이지만, 순종은 외교권도 내정권도 남은 것이 아무 것도 없었던 나라를 1907년 아버지로부터 인수한 죄밖에 없는 인물이다.

21세기에 들어 고종에 대한 이미지가 바뀌고 있다. 이전까지만 해도 유약하고 무능해 조선을 일본의 식민지로 갖다 바친 왕이 고종이었다. 권력욕에 날뛰는 아버지 흥선대원군에게 치이고, 아버지가 하야한 뒤에는 드센 아내 명성황후에게 휘둘리면서 민씨 외척세력에게 권력을 내 준 것으로 알려져 있었다. 그런데 요즘은 대한제국을 선포해 땅에 떨어졌던 나라의 위신을 세웠을 뿐 아니라 대한제국 13년 동안 근대화에 온 몸을 불사른 왕으로 칭송되고 있다. 외교에도 남다른 탁월한 실력을 발휘한 것으로 평가되고 있다. 어찌된 영문인가?

구한말, 당시의 평가는 어땠을까. 《매천야록》의 저자인 매천 황현은 "(고종) 스스로 자신의 웅략을 자부하면서 불세출의 자질을 가지고 있다고 판단하고, 위로 열성조와 비교될 뿐만 아니라 동방에서 처음 있는 군왕이 되려고 정권을 거머쥐고 세상일에 분주한" 군주로 착각하고 있다고 기록해 놓았다. 그러나 황현이 진짜 하고 싶었던 평가는 "그는 군주가 갖춰야 할 미덕을 단 하나도 갖추지 못했다"는 것이었다.

반면 서영희는 고종을 "'개명군주'라고 칭호를 붙여주는 데 인색할 필요가 없다. 그가 추진한 근대개혁의 성공 여부와 상관없이 그 사고의 지향점이 보수적이라기보다 진보적"이라고 평가했다. 또한 "고종이 이미 만국공법이 지배하는 세계질서를 받아들였으며, 중국에서 독립하기 위해 러시아와 밀약(1886)을 추진하다가 청나라가 파견한 위안스카이에 의해 폐위당할 뻔했다"고 한다.(교수신문, 2005: 159) 즉 진보적이고, 선진적이었으며 국익을 위해 자신을 내던지는 헌신성도 있었다는 평가다.

과연 고종은 그러했을까? 고종의 친정시절을 살펴보자. 고종은 흥선대원군이 하야한 뒤 1873년부터 대한제국 황제자리를 양위한 1907년까지 35년간 국가를 운영했다. 35년간을 쪼개서 보면 고종의 왔다갔다 '갈지자(之)' 행보가 명확하게 드러난다.

고종은 시기에 따라 친일파, 때론 친청파, 때론 친미파, 때론 친러파 대신들과 함께 행보했다. 그러면서 개화적인 군주였다가 보수적 군주였고, 다시 개화적으로 변신했다가 또 다시 보수화됐다. 사상적 지향이 진보적이었다고 할 만한 구석을 찾기 어렵다. 오히려 시류에 따라 자신의 권력을 유지하기 편한 세력의 손을 들어주었다가 시류가 바뀌면 다시 다른 세력을 찾아 옮겨 다니기 바빴다.

갑신정변 이전까진 친일파인 김옥균을 가까이에 놓고 그의 개혁적인 정책을 지지했다. 갑신정변은 1882년 임오군란으로 조선에 군대를 파견한 위안스카이袁世凱가 무소불위한 영향력을 끼치고 있는 와중에 일어났다. 갑신정변이 삼일천하로 끝난 뒤 고종은 보수화돼 김윤식과 민씨 척족들과 함께 친청 사대노선을 폈다. 물론 고종은 청나라의 속국이라는 족쇄를 풀고 싶어 했다지만, 1894년 청일전쟁에서 일본이 승리하기 전까지 친청 사대정책을 따라갔다. 미국·영국·독일 등과 1882~83년 사이에 국제조약을 체결한 뒤 청나라가 요구하는 대로 '조선은 청나라의 속방이다'는 내용의 속방조회문을 각국에 보냈다. 청일전쟁에서 진 청나라가 어쩔 수 없이 조선에서 손

김홍집(1842~96)
1894~95년 김홍집의 친일 정부가 들어섰을 때 고종은 일본의 조언대로 망명을 떠났던 박영효와 윤치호를 받아들이는 등 친일파의 정책을 수용했다. 당시 김홍집 내각은 두 달 만에 200개의 개혁정책을 쏟아부었다.

을 뗄 때까지 친청사대는 계속됐다.

1894~95년 김홍집의 친일정부가 들어섰을 때 고종은 일본의 조언대로 망명을 떠났던 박영효와 윤치호를 받아들이는 등 친일파의 정책을 수용했다. 친일파의 정책이기도 했지만, 근대화를 위해 필요한 개혁적인 정책이기도 했다. 버튼 홈스는 "일본은 자국에서 매우 성공한 것으로 입증됐던 근대화의 위업을 코리아의 보수적인 국민들 사이에서 완수하기 위해 전광석화와 같은 속도로 개혁에 착수했다. 소심한 은둔의 나라에 대해 강요하였던 개혁은 실로 광범위했다. 새로운 정체, 양력의 도입, 세습 관직과 조혼 폐지, 일요일의 공휴일 설정, 오랜 법률과 관습의 수정, 귀족의 긴 담뱃대에 대한 강제적인 단축 등(중략)"이라고 서술했다.(홈스, 2012: 84) 이밖에 과거제의 폐지, 노비의 폐지, 과부의 재가 허가 등 꼭 필요한 정책들도 나왔다.

당시 김홍집 내각은 두 달 만에 200개의 개혁정책을 쏟아부었다.

두 달에 200개의 정책이면, 실행이 제대로 되는지 여부는 거의 신경 쓰지 않고, 또 민심이 이런 정책에 어떤 반응을 보일 지도 관심이 없었다고 봐야 할 것이다. 이런 정책들 중에 조선의 유림과 백성을 분기탱천하게 만든 '단발령'이 끼어 있었다.

고종은 이런 모든 개혁정책을 승인했다. 단발령만 해도 고종은 최초로 단발을 하고, 왕족들에게도 단발을 하도록 했다. 그러던 고종은 갑오 내각의 개혁정책 중 군주권을 제한하는 방향으로 진행되는 내용이 보이자 곧바로 친러시아 행보를 시작했다.

고종의 친러시아적인 행보는 아관파천을 시작으로 1904년 러일전쟁에서 러시아가 패배하기 직전까지 유지됐다. 친러시아 정책을 펴는 동안 친미적인 정책도 같이 진행된다. 이렇게 시기별로 늘어놓고 나니 대충 10년을 주기로 고종은 국내의 개화와 보수세력을 왔다갔다하면서 사대할 외세도 바꿔가며 왔다갔다 한 족적이 명확해진다. 고종은 권력의 정점에서 개혁을 진행해야 할 귀중한 시간들을 '왕권의 향배'에 맞춰 흘려보내고 있었다. 고종에게 아쉬운 것은 내치에서 보수든지 개혁이든지 차라리 한 방향으로 쭉 갔더라면 하는 것이다. 그렇다면 국정의 혼란을 줄이고, 일제의 식민지로 떨어지는 시점을 늦췄을지도 모르겠다. 또 청나라 피하려고 일본을 끌어들이고, 일본 피하려고 청나라 끌어들이고, 일본이 다시 세력을 잡자 러시아 끌어들이는 일도 하지 말았어야 했다. 외세를 끌어들일 때마다 광산채굴권이나 철도·전신 건설권 등 국익이 빠져나가는 것을 보면서도 정신을 차리지 못했다.

또한 고종은 정책적 방향을 바꿀 때마다 그전에 함께 머리를 맞대고 고민했을 인재들의 씨를 말리곤 했다. 갑신정변이 실패로 끝나자 박영효의 형인 박영교와 홍영식은 바로 살해됐고, 고종은 일본에 망명한 김옥균·박영효·서광범 등에게는 대역부도죄인으로 능지처사를 선고했다. 나중에 두세 차례 암살자들까지 보냈다. 결국 김옥균은 민영익이 보낸 암살자 홍종우의 손에 죽고 말았다. 갑신정변의 실패로 당시 한성에서 개화에 관심이 있었던 주요 인물들은 모두 사라졌다고 봐야 할 것이다. 당시 체포된 사람이 90여 명에 가까웠고, 1886년까지 정변 연루자에 대한 체포와 국문이 계속 진행됐다.(김윤희, 2011: 32)

또 고종은 아관파천에 성공해 새롭게 내각을 구성하게 되자, '왜倭 관료는 경중을 따지지 말고 목을 베라'는 '친일관료 체포령'으로 갑오개혁을 추진했던 김홍집과 어윤중을 죽였다. 김홍집은 고종이 있는 러시아공사관으로 가려고 지금의 서울 세종로를 지나는 중에 성난 백성들에 의해 무참히 맞아죽었고 종로 사거리에 효수됐다. 당시 유길준이 내각 총사퇴 선언 후 김홍집의 신변을 걱정하자, 김홍집은 각별한 발언을 한다. "주상을 알현해 마음을 돌리도록 할 작정이오. 여의치 않으면 죽음으로써 이 한 몸 나라에 바칠 생각이오. 나는 조선의 총리대신이오. 내가 조선인을 위해 죽는 것은 천명일 것이오. 다른 사람의 손에 구출되는 것은 오히려 떳떳치 못한 일이오."(안승일, 2012: 278) 이런 발언은 고종이 조선을 지키기 위해 일본의 이토 히로부미를 향해 퍼부었어야 했다.

어윤중은 도피했지만 경기도 안성 어비리漁肥里에서 역시 맞아죽었다. 갑신정변으로 급진 개화당의 인재가, 갑오개혁으로 온건 개화당의 인재들이 거의 사라진 것이다. 이들 급진·온건 개화파는 1880년대 이래 고종이 청과 일본에 각각 영선사나 신사유람단으로 보내 근대문물을 배워오게 했던, 조선의 근대화에 반드시 필요한 인재들이었다. '근대화 1세대'들 대부분은 그러니까, 대한제국이 선포된 1897년 이전에 왕이 죽이거나, 백성이 죽였다. 또는 왕이 보내는 자객을 피해 미국이나 일본 등에 망명해야 했다. 이렇게 인재의 씨를 말려놓으니 고종이 대한제국을 선포하려고 했을 때 인재기근에 시달리게 된다. 그것은 고종이 자신의 지위를 위협했다고 생각한 주요 인재들을 모두 없앴기 때문이기도 하니, 자업자득이었다.

진짜 나라를 걱정하는 인재들이 사라진 후 선포된 대한제국의 정계에서는 고종에게 총애를 받으려는 정치세력 간의 암투가 끊이지 않았다. 고종은 왕권강화를 위해 외세와 정치세력을 상호견제하는 운영방식을 썼다. 1894년 과거제도가 사라진 뒤 등용된 미천한 가문의 출신들은 고종의 총애를 얻어야만 출세할 수 있었기 때문이다.(김윤희, 2011: 164) 변방 상공인 출신인 내장원경을 지낸 이용익, 서얼 출신으로 서울도시 개조사업을 펼친 이채연 등이 그들이다.(교수신문, 2005: 46) 몰락한 양반으로 프랑스 유학을 하고 돌아와 근왕파를 자처한 홍종우나 서자 출신으로 독립협회 회장을 맡았던 안경수 등도 포함된다. 고종은 이들에 대해서도 필요하면 데려다 힘을 실어줬다가 쓸모가 없어지면 힘을 거둬들였다. 그러니 고종에게 영합하는 간신배들이 들끓고 날뛰었다.

궁내참서 이인순이나 영선사장 최병주 등은 '신통력이 있어 주문을 외면 군함도 박살낸다'거나 '겨드랑이에 몇 사람을 끼고 광화문을 뛰어넘을 힘이 있다'고 과장하다가 러일전쟁이 발발하자 말도 없이 사라져버렸다.(함규진, 2010: 266)

고종은 1900년대에 들어서 영세중립국으로 전환에 관심을 쏟았다. 러일전쟁이 일어나기 직전인 1903년 11월 23일 경운궁에서 고종은 이탈리아 국왕에게 "근래에 극동의 만주에서 일본과 러시아가 전쟁한다는 소문과 나라 간에 시끄러운 기미가 있으니 (중략) 우리나라는 국외의 문제에 대해서 중립을 보전할 것입니다"라는 내용의 친서를 써서 주한 이탈리아 공사를 통해 보냈다. 고종황제의 공개적인 '전시 중립선언'은 러일전쟁 개전 직전인 1904년 1월 21일 전 세계에 타전됐다.(《서울신문》 2012년 4월 26일자 10면) 이런 노력은 힘이 약한 조선이 일본·중국·러시아 사이에서 세력균형을 이루어 독립국을 유지하려는 의도였다. 그러나 이것은 주변의 강대국들이 영세중립국의 존재를 인정해야 가능한 것이다. 스위스는 주변의 힘센 독일, 프랑스 등이 스위스가 어느 나라에 속하거나, 지배되지 않는 것이 유럽의 평화와 자국에 이익이 된다고 합의했기 때문에 가능했던 것이다.

고종이 진정 조선을 영세중립국으로 유지할 생각이 있었다면, 한반도를 둘러싼 러시아·일본·청나라 어디에도 기대서 살아날 생각을 애초에 버렸어야 했다. 스스로 내정을 혁신하고 강화해 나라를 지킬 수 있는 최소한의 방비를 했어야 했다. 1894년까지 중국과 일본이 서로 대립하고, 1904년까지 러시아나 일본이 서로 대립하는 상황에서 더 힘센 나라를 끌어들여 힘의 균형을 맞춘다는 것은 위험한 발상일 수밖에 없었다. 당시 외세는 한반도가 자력으로 나라의 독립을 지키지 못해 다른 나라의 손에 떨어지면 자신들이 불리해지기 때문에 더욱 적극적으로 한반도를 차지하려고 노력했기 때문이다.

다른 한편으로 한반도 내부에서 세력균형을 맞추기 위해, 그 일을 추진할 인재가 그 무렵 고종에게는 없었다. 만약 김옥균이나 김홍집 등이 살아 있었다면 일본과의 담판이 더 유리하지 않았을까? 또는 친일·친러·친미·친청파가 조정에서 세력을 균등하게 점유했더라면 또 달라졌을지도 모른다. 김옥균·이범진·이완용·김윤식이 각각 자신과 친한 나라를 설득하고 책임지는 방식 말이다.

고종이 만국공법에 따른 세력관계를 잘 이해해 영세중립국에 대한 관심을 갖게 됐다고 학자들은 말한다. 영세중립국을 가장 먼저 주장한 사람은 유길준이다. 만국공법이 힘의 논리가 지배하는 법이라는 사실을 고종이 몰랐다면 너무 순진한 군주가 아닌가. 고종과 고메이 천황과의 가장 큰 차이는 외세를 내정에 끌어들였는가 아닌가였다. 고메이 천황이 막부와 조슈 사이에서 줄타기를 한 것은 일본 내부의 권력투쟁에서이지, 외세들 사이에서 위험천만한 줄타기를 한 것은 아니었다.

큰 나라에 기대어 사는 사대주의에 익숙한 고종은 외세에 의존한다는 것이 얼마나 무서운 일인지 인식 자체가 떨어졌다. 고종은 1893년 청나라 군대를 끌어들여 동학군에 대처하면 어떨까에 대해 어전에서 논의한 적이 있다. 동학농민운동이 본격화되기 1년 전인 1893년 동학교도 2만 명이 보은에서 모여 교조신원운동을 할 때였다. 군사가 부족한 것을 통탄하던 중에 한양의 군사를 형편을 보아가며 움직이자는 제안을 영의정 심순택이 했다. 이에 고종은 "서울의 군사는 아직 파견해서는 안 된다. 다른 나라의 군사를 빌려 쓰는 것은 역시 각 나라마다 전례가 있는데, 어찌 군사를 빌려다 쓰지 않는가?" 하고 물었다. 당시 영의정 심순택은 "그건 안 된다. 그러면 군량은 부득이 우리나라에서 진배進排(물품을 진상함)해야 합니다"라고 했고, 우의정 조병세와 정범조는 "군사를 빌려 쓰는 문제를 경솔히 할 수 없다"면서 반대했다. 이에 고종은 "중국에서 일찍이 영국 군사를 빌려 쓴 일이 있다"고 주장했다. 이는 1860년 초 청나라가 태평천국의 난을 토벌하기 위해 영국 등 제국주의 세력의 힘을 빌린 것을 지적한 것이다. 이에 정범조가 "어찌 이것이 중국을 본받아야 하는 일이냐"고 반박했지만, 고종은 "여러 나라에서 빌려 쓰려는 것이 아니라 청나라 군사는 쓸 수 있기 때문에 말한 것이다"고 했다. 당시 신하들이 반대의 뜻을 굽히지 않자 고종은 물러나는 태도를 취했지만, 뒤로는 박제순을 위안스카이에게 보내서 청국의 의사를 타진했다고 한다.(《고종실록》 고종 30년 3월 25일 정미; 이삼성, 2009: 687~89)

'외국 군대를 불러 쓸 수 있다'는 고종의 생각은 동학농민운동에서 정부군이 연일 패하자 재차 논의된다. 1894년 5월 14일 당시 민씨 척족인 민영준 선혜청 당상이 외군청병外軍請兵안을 제기했지만 결론이 나지 않자 위안스카이와 협의한다. 5월 18일 재차 논의가 되는데 다수가 반대하여 외군 청병안은 부결됐다. 6월 1일 전주가 함락된 시점에서 다시 민영준은 국왕의 명을 받아 위안스카이와 교섭해 동의를 얻어내고, 6월 2일 회의에서 고종은 "외군을 부를 수 없다면 위안스카이가 조선군대를 지휘하면 좋겠다"는 뜻을 내비친다. 그러나 이미 위안스카이와 협의를 마친 민영준은 반대론을 억누르고, 국왕의 내명대로 청병을 요청했다.(이태진, 2000: 196; 이삼성, 2009: 690)

이런 청나라 군사의 요청은 청일전쟁의 빌미가 됐다. 갑신정변 이후 청나라와 일본은 혹시 있을지도 모를 물리적 충돌을 방지하기 위해 '톈진 조약'을 맺어놓았다. '조선철병조약'으로 부르기도 한다. 임오군란으로 청나라는 3,000여 병력을, 갑신정변으로 일본은 2대 대 대 병력을 조선에 주둔하고 있었다. 청나라 리훙장과 일본 이토 히로부미는 두 나라 사이의 대립을 완화하기 위해 1885년 4월에 회담을 개최해 세 가지 조항에 서로 서명한다. 제3조가 "장래 조선에서 변란이 생기면 청·일 양국은 혹은 일국이 파병할 경우 응당 먼저 조회에 알리고, 그 일이 종결되면 즉각 철수하고 재차 머물지 않는다"라는 내용이다.(임경석, 2012: 580) 청나라에 파병을 요청한다는 것은 일본에서도 군대가 온다는 것이다. 그리고 일본은 조선에 대해 끊임없이 자신들의 이익선이라며 호시탐탐 노리고 있었던 것이 아닌가. 메이지 정부는 일본 내부가 탄탄해지자 1868년 이래 주장해온 '정한론'을 실행할 빌미를 찾았고, 계기가 오자 달려들었다.

이렇게 호되게 당했으면 외세에 의존하는 위험에 대해 깨달음을 얻었을 법도 한데 그러지 않았다. 갑오개혁 시절엔 러시아 편향을 보이기 시작했다. 삼국간섭을 통해 러시아의 영향력을 확인한 때다.

러시아를 믿고 배일적인 왕권회복운동을 벌인다. 첫째 이준용(이재면의 아들로 고종의 조카)을 체포해 대원군파를 제거했다. 둘째 김홍집 내각 대신 박정양 내각을 출범시켰다. 셋째 박영효를 국모시해 음모로 몰아 추출했다. 넷째 시위대를 편성해 일본군이 훈련시킨 훈련대 해산을 시도했다. 다섯째 민영준과 이범진 등 척족과 친러시아파를 등용했다.(이민원, 2002: 45; 이삼성 2009: 708 재인용) 결국 사단이 났다. 1895년 10월,

명성황후 살해사건이었다. 이후 고종은 경복궁을 떠나기 위해 미국 공사관과 러시아공사관에 모두 피신을 요청했다. 미국은 응하지 않았고, 러시아는 응했다. 아관파천이 이루어진 것이다.

고종은 러시아의 등에 올라타고 싶어 했지만, 러시아는 고종이 원하는 대로 움직이지 않았다. 아관파천 이후 1896년 일본과 러시아는 각각 군대의 조선 주둔을 일단 인정하는 '위베르·고무라 각서'를 교환했다. 러시아의 우위를 인정하게 된 일본은 다시 협상을 시작해 같은 해에 '로마노프·야마가타 의정서'를 체결했다. 두 나라가 파병하게 될 경우 충돌을 피하기 위해 두 나라 군대 사이에 비점령지 공지를 두자는 것이었다. 당초 일본은 북위 38선은 러시아가, 그 이남은 일본이 세력권에 넣을 것을 주장했으나 러시아가 이 제안을 거부했다. 까딱 했으면 1945년보다 50년 전인 1896년에 38선으로 한반도가 갈릴 뻔했다.

1898년 4월 일본은 다시 러시아와 협상을 해 '로젠-니시 협정'을 맺는다. 내용은 '조선과 일본 양국 사이의 상업과 공업 관계의 발달을 방해하지 않는다'는 것이다.(강만길, 2006: 252) '로젠-니시 협정'을 두고 해석이 약간 다른데, 강만길은 "일본이 비로소 한반도에서 경제적 우위를 확보한 것"이라고 해석했고, 이삼성은 "러시아가 만주에서 영향력 확대를 위해 한반도에서 일본의 우위를 인정하고 영향력 확대를 포기했다"고 해석했다.(강만길, 2006: 253; 이삼성, 2009: 735)

무엇보다 고종이 러시아 등에 올라타려고 노력하는 동안, 러시아의 남하를 겁내고 두려워하던 영국은 일본을 도와주기로 결심했다. 갑신정변 직후와 1886년에 각각 조선과 러시아 간의 밀약설이 흘러

나왔는데, 이 때문에 영국은 1885년 거문도를 불법으로 점령하기도 했다.

러시아의 동진정책에 위협을 느낀 영국은 먼저 1901년 7월 주영 일본공사 다다스를 만나 동맹체결 조건을 타진한다. 일본은 "한국에 대한 일본의 이익을 보호해줄 것을 강력히 요구해" 이것이 반영된 제1차 영일동맹을 1902년 1월 맺었다. 주된 내용은 "영·일 양국은 한·청의 독립을 승인하고 영국은 청국에서, 일본은 한·청에서 특수한 이익을 가지고 있으므로 타국으로부터 그 이익이 침해될 때에는 필요한 조치를 취한다"는 것이다.(임경석 등, 2012: 359)

제1차 영일동맹은 을사늑약 직전에 제2차 영일동맹으로 이어진다. 일본은 러일전쟁에서 승리한 뒤 1905년 8월 12일 제2차 영일동맹을 체결하여 한국 지배를 외교적으로 보장받았다. 그 내용은 "영국은 일본이 한국에서 가지는 정치적·경제적·군사적 이익을 보장하며, 일본은 영국의 인도 지배 및 국경지역에서의 이익을 옹호하는 조치를 취할 것" 등이었다.(임경석 등, 2012: 359)

한반도를 둘러싼 조약들을 햇빛 아래 끌고 나온 이유는 과연 고종이 균세(세력균형)나 영세독립국을 유지할 수 있을 만큼 국제관계에 능수능란한 외교의 달인이었는지, 아니면 외교의 젬병이었는지 생각할 거리를 던져본 것이다. 물론 영국과 미국 등 강대국이 일본과 맺은 조약들은 약소국의 권리를 침략하는 국제조약으로 부당한 것들이다. 그리고 고종의 외세를 끌어들이려는 노력들이 얼마나 심각한 문제들을 야기했는지 보여주는 증거들이기도 하다.

이제 국가와 백성을 위해 자기 자신을 던지는 고종의 헌신성에 대해 평가해보자. 김옥균이 일본에 차관을 빌리러 간 사이에 임오군란이 일어났다. 그 소식을 듣고 김옥균은 이렇게 말했단다. "국부(대원군)는 완고한 면이 있으나 바르고 큰 정치를 하신다. 그런데 주상 전하는 총명하시지만 과단성이 없으시다."(함규진, 2010: 148) 고종과 함께 청나라의 속방에서 벗어날 방법을 찾던 김옥균은 고종의 실체를 이미 깨닫고 있었을지도 모른다. 과단성이 없으니 고종이 위협에 저항하는 방식은 정면에서 맞서기보다는 뒤로 몰래 손을 쓰는 방식을 선호하게 된다. 일단 위기가 닥치면 납작 엎드려 상대가 하자는 대로 했다가 나중에 뒤통수를 때리는 식이다.

을사늑약이 맺어지자 자결한 민씨 척족의 하나이자 친러파인 민영환은 "폐하는 신하들을 믿고 맡기지 못 하신다. 신하들이 좀처럼 마음을 놓고 소신껏 일할 수가 없다"라는 불평을 남겼다.(함규진, 2010: 102) 아무튼 신하들의 고종에 대한 평가는 학점으로 따지면, '미ㆍ양' 또는 'C-' 정도로 좋지 않았다.

개항기와 근대로 넘어가는 1873~1910년까지를 쭉 훑어보면 고종이 '내 목숨을 내놓겠다'고 달려들었더라면 바뀔 수 있는 역사가 몇 차례 있다. 1884년 갑신정변도 그중 하나다. 여러 의견이 있으나 김옥균이 갑신정변을 일으켰을 때 고종이 동조했다는 것은 의문의 여지가 없다. 그런데 고종은 김옥균과 행동을 같이했다가 46시간 만에 마음을 돌려 심상훈을 통해 청나라 군대의 개입을 요청했다.(박은영, 2011: 138) 대중적으로 알려지기는 청나라의 군대를 끌어들인 것은 고종이 아니라, 명성황후가 청나라 위안스카이와 비밀연락을 주고받은 것으로 돼 있다. 그러나 명성황후가 고종이 허락하지 않았는데 청나라 군대를 끌어올 수는 없었을 것이다. 그러니 갑신정변 실패의 가장 중요한 변수는 김옥균에 대한 고종의 변심이었다.

고종이 마음을 바꾼 이유로 정교는 《대한계년사》에서 이렇게 거론한다. 고종을 호위하고 있던 병사들이 임금을 눈앞에 두고도 무례하게 떠들고 거침없이 행동하는 것을 내관 유재현이 못마땅하게 생각해 호통을 치자 그를 마구 베어 그 자리에서 죽여버렸다는 것이다. 당시 고종은 "'안돼! 그를 죽이지 말아라. 죽이지 말란 말이다!' 하고 여러 번 외쳤으나 그들은 아랑곳하지 않았다. 피가 벽에 흩뿌려지고, 처절한 비명소리에 임금은 귀를 틀어막았다"고 돼 있다.(함규진, 2010: 158) 청나라의 군대 1,500명이 궁을 둘러싸고 개혁당원들은 칼을 들고 고종을 위협하는 상황이니, 신변의 위협을 느껴 마음이 돌아섰다는 것이다.

일부 학자들은 갑신정변에서 미국에 사절로 다녀왔던 홍영식이 고종에게 대통령제에 대해 복명復命(어떤 명령을 집행한 뒤 결과를 설명함)했고, 김옥균과 박영효가 고종폐위와 대통령제의 실행을 도모했다(서영희, 1995: 266; 김동노, 2009: 54 재인용)고 설명한다. 독립협회 시절 안경수가 고종폐위 등을 고려했다고 하지만, 1884년 시점에서 그렇게 과격한 생각을 했다고는 보기 어렵다. 박규수에게 개화사상을 얻은 김옥균의 사상적 스펙트럼이나 경험이 대통령제까지 확대되기는 어렵다. 읽고 토론한 책들의 목록을 살펴보면 동도서기론 수준이다. 또한 김옥균이 개혁의 모델로 삼고 있는 나라는 일본으로 입헌군주제를 취하고 있었기 때문이다.

이에 대해 박은숙은 "갑신정변을 전통적 사회제도와 조직, 사상까지도 타파하려 한 혁명적인 것으로 이해하는 경향이 있지만, 갑신정변 때 제시한 정령을 보면 그렇지 않다"고 말한다. 기존의 제도와 틀을 유지하면서 근대적 제도의 운영방식을 선택적으로 도입하려고 했다는 것이다. 갑신정변의 정신은 10년 뒤 갑오개혁 때 대체적으로 수용됐는데, 그 내용은 이렇다. 청과 사대관계를 청산하고, 의정부와 궁내부를 분리해 왕실의 정치개입을 차단한다. 왕권을 약화시키고 내각 중심으로 정국을 운영하고 재정은 탁지아문으로 일원화한다. 사회신분제를 폐지하고 제도적 평등권을 실현한다 등이다.(박은숙, 2011: 118)

청나라의 위안스카이라고 해도 조선의 왕인 고종이 갑신정변을 지지하겠다고 고집을 부리면 갑신정변을 무력으로 뒤엎을 수는 없었을 것이다. 위안스카이는 "김옥균 등이 만약 내게 그 일을 들려주었다면, 나는 마땅히 중립을 지켜 그 일을 성사시켰을 것이다만, 그 일이 불의에 발생했기 때문에 서로 방해가 되었다"고 평가했다고 《매천야록》에서 황현은 서술했다.(박은숙, 2011: 142) 물론 이것은 위안스카이가 자신의 개입을 옹호하기 위한 변명이자 해명이지, 갑신정변의 성공을 도와 친일파가 정권을 잡는 것을 용인하지는 않았을 것이다. 고종은 개화와 근대화에 대한 철저한 지향이 없었기 때문에 자신의 왕권이 위축되는 것처럼 보이자 변심해 갑신정변을 실패하게 한 것이다. 그는 메이지 천황처럼 개혁파의 등에 올라타지 않았다. 아니 올라탔으나 멀미를 느끼고 삼 일 만에 훌쩍 내려섰다. 그리고 자신이 키웠던 개화파들을 사지로 내몰았다.

고종이 거들어줬던 갑신정변의 실패로 인한 정치적 반동으로

1894년까지 '잃어버린 10년'이 펼쳐졌다. 청산해야 할 청나라를 향한 사대주의는 강화되고, 청의 간섭과 입김은 더욱 세졌다. 근대화의 문물과 사상에 눈을 떠서 조선의 백성들을 선도해야 할 재야 유생의 목소리는 위정척사파를 기반으로 더욱 커졌다. 무엇보다 사회 전반에 개화와 근대화에 대한 부정적 인식이 확산돼 그와 관련된 정책을 펼 수가 없었다. 갑오개혁 때 단발령 등이 내렸을 때 국민적인 저항이 마치 독립운동의 일환처럼 전개되는 상황이 벌어지기도 했다. 일본이 근대국가를 완성해나갈 그 무렵에도 전근대적 나라에 갇혀 있게 된 것은 조선 백성에게 불행이었다.

조선의 모든 개발이권을 왕실보존이라는 명목으로 러시아·일본·미국에 다 퍼주고 있던 고종이 1905년 을사늑약을 이토 히로부미에게 요구받았을 때 죽기살기로 달려들어 막아내지 못한 것도 아쉽다. 고종이 만약 "을사늑약을 강행한다면 내일 나는 자결로서 반대하겠다"고 협박을 했더라면, 한국의 역사는 많이 달라졌을지 모른다.

국가가 공인한 역사책에는 을사늑약과 관련해 '고종은 이에 반대하였으나 을사오적의 친일 대신들에 의해 조약이 체결되었다'고 서술돼 있다. 그러나 고종은 이토 히로부미가 대한제국의 외부를 폐지하고 대한제국의 모든 외교권을 일본 정부에 위임하라는 골자의 조약안을 디밀었을 때 그 요구를 완전히 거부하지 않았다. 절반쯤 승낙했다. 고종은 "대한민국의 외교사무에 대해 일본의 감독을 받겠지만, 외교권을 행사하는 독립국이라는 형식을 존치해줄 것을 청했다"고 성숙경은 기록했다. (최덕수 외, 2010: 637) 이토 히로부미는 이를 거절했고, 고종은 너무 중요한 사안이니 정부 신료와 자문하고 일반 백성의 의

향도 살펴봐야겠다고 했다. 하지만 이토 히로부미는 전제국가의 왕이 백성의 뜻을 살핀다는 것은 말이 안 된다며 일축하고, 다만 대신의 의향을 묻는 것은 용인했다.(최덕수 외, 2010: 637)

주권을 전제군주가 끌어안고 있던 대한제국의 고종은 이렇게 자신이 결정해야 할 일은 신하들에게 떠밀어놓았다. 결국 이토 히로부미의 강압에 이완용·이지용·박제순·이근택·권중현 등이 사인을 했고, 이들은 을사오적이 됐다. 고종이 1898~99년 무렵 독립협회와 만인공동회 등의 제안을 받아들여 입헌군주제로 전환하고 의회를 조성했더라면 이토 히로부미의 무시무시한 압력을 혼자서 떠맡지 않았어도 됐을 것이다. 그때야말로 의회의 핑계를 댈 수 있었다. 의회에서 결정할 사안이라고 말이다. 그러나 당시 고종은 그것을 거부하고 보부상과 군대를 동원해 '입헌군주제'와 '의회구성' 요구를 무력으로 해산시켰다. 그리고 6~7년 뒤 국체의 변화요구를 무력으로 진압한 대가를 치르고 있었다. 고종은 자신의 왕위를 지키기 위해 너무나 많은 것을 희생했다. 많은 희생을 치르면서도 대한제국을 유지시키지지도 못했다.

또한 고종은 1919년까지, 너무 오래오래 살아 있었다. 때문에 조선 민중의 자각, 위정척사파의 자각이 늦어졌다. 왕이 살아 있으니, 온전하지는 못하더라고 국체가 보존되고 있다고 백성이 착각하고 있었던 것이다. 그가 1919년 정월에 죽자 3.1 만세운동이 일어났으니 말이다.

일본의
하급무사와
조선의 유림

 일본 만화시리즈《바람의 검심》이 2012년 동명의 실사영화로 만들어져 개봉됐다. 원작만화《바람의 검심》은 막부 말기 교토에서 피바람을 불러일으켰던 최강 검객 '칼잡이 발도재'의 이야기로 주인공은 히무라 켄신이다. 이 만화에서 '유신지사'라는 표현이 많이 나온다. 존왕양이를 앞세우고 막부와 대결하는 하급무사들로, 발도재도 유신지사라고 할 수 있다. 메이지 유신 초기에 근대화에 성공하기 위해 조슈와 사쓰마 출신의 하급무사들이 막부의 관리 암살을 포함해 얼마나 적극적으로 막부의 봉건적 반동을 막아냈는지를 보여준다. 복잡하고 어려운 일본 근대화 과정을 흥미진진하고도 쉽게 이해할 수 있도록 하는 시리즈 만화이다.
 《바람의 검심》에 나오는 히무라 켄신은 하급무사로 메이지 유신의 성공이 사실상 무사계급의 몰락인데도, 계급적 이해관계와 무관하게 꿋꿋이 불의에 맞서 싸운다. 당시 하급무사 중 지사의 수는 200만 명이었다고 한다.(정일성, 2002: 175) 당시 일본의 인구가 3,500만 명 수준이었으니 5.7퍼센트 정도다. 5.7퍼센트의 생각이 모두 하나로 통일되지는 않았지만, 막부를 무너뜨리고 새로운 세상을 열기에는 충분했다.

'지동설'의 코페르니쿠스나 '진화론'의 찰스 다윈과 같은 0.01퍼센트가 세상을 변화시키는 창조적인 생각을 하고, 그를 둘러싼 1퍼센트가 가장 빠른 추종을 하고, 그 뒤를 이어 3~10퍼센트가 이들을 따라가면 최초의 창의적 사고나 정책이 확산된다고 한다. 개항기 일본의 유신지사들은 개화의 확산에 지대한 역할을 했고, 일본을 변화시키는 원동력이 됐다.

반면 조선에는 유림 전체가 주자학만이 정론이고 나머지는 사문난적으로 생각하는 완고한 위정척사파들이었다. 갑신정변이 실패한 뒤 고종은 정변과 관련된 사람을 색출했는데, 200여 명이 안 됐다. 당시 조선의 인구가 1,200만~1,300만 명으로 보는데, 대충 0.001퍼센트 수준이다. 약 200여 명의 혁신가만 있었고, 그들의 생각을 전파할 빠른 추종자나 추종자들의 추종자들, 즉 공감하는 다수가 없었다.

일본 메이지 유신은 흔히 위로부터의 개혁이라고 하지만, 메이지 유신의 동력이었던 하급무사를 고려한다면 아래로부터의 혁명이라고 하는 것이 더 타당하다. 사무라이는 누구이고 어떻게 형성됐는지를 살펴보자.

원래 사무라이侍는 가까이에서 모신다는 뜻에서 나온 말로, 귀인貴人을 가까이에서 모시며 이를 경호하는 사람을 일컬었다.《두산백과》 우리는 칼만 차고 있으면 사무라이라고 불렀는데 이와는 좀 다르다. 헤이안 시대부터 무사계급이 발달해 가마쿠라 막부와 무로마치 막부를 거치면서 점차 사무라이의 명칭이 무사들을 가리키게 되었다. 가마쿠라 막부의 경제적 기초가 귀족의 장원이었는데, 여기에 군사귀족 계층인 무사가 봉건적 통치의 버팀목이 됐다. 고케닌御家人이라 불리는 무사들은 쇼군이 하사한 토지를 받았지만 실제 경작을 하지 않았고, 이들의 생활비를 막부가 부담했다.(탕진 외, 2007: 365) 막부로부터 봉록을 받던 것은 메이지 유신 때인 1871년 철폐됐다.

에도막부 시대를 연 도쿠가와 막부는 사회계층을 사농공상士農工商의 네 신분으로 고정하고, 강한 신분제로 구속했다. 네 신분 중 사士가 사무라이이다. 조선 후기에 고정된 신분으로서의 양반이라고 볼 수 있다. 하지만 사무라이는 주로 상급무사를 일컫는 용어로 하급무사들은 가치徒, 주겐中間 등으로 불렀다. 각 계급은 세습됐고, 계급 간에 서로 통혼이 금지됐다. 최고 등급의 무사계급은 인구의 10퍼센트에 불과했지만, 인구의 80퍼센트를 차지하는 농민과 약 10퍼센트를 차지하는 상인과 수공업자들을 통치했다.(탕진 외, 2007: 367)

도쿠가와 이에야스는 전국의 토지 4분의 1을 직접 관리하고 나머지 4분의 3을 260여 명의 다이묘들에게 나눠 다스리게 했다. 막부의 쇼군이 중앙 대권을 장악하고, 지방의 각 번은 다이묘가 관리했다. 토지를 매개로 철저한 주종관계가 형성됐다. 다이묘와 그 아래 수하들도 마찬가지로 충성을 맹세하고 일정한 의무를 부담했다. 이런 주종관계에도 안심이 안 된 쇼군은 1635년 '무가제법도'라는 제도를 만들어 다이묘들을 격년, 또는 반년마다 교대로 에도와 영지에서 번갈아가면서 살도록 하는 참근교대參勤交代제도를 만들었다. 막부와 가까운 후다이 다이묘는 참근교대의 대상이 아니었다가 1642년부터 편입됐다.(후지이 조지, 2012: 46~47) 참근교대는 막부의 세력이 약화된 1862년 무렵부터 대폭 완화돼 실질적으로 시행되지 않았다.

　이 참근교대제도 덕분에 세계 최초의 선물시장이 17세기에 오사카에 형성되기도 했다. 에도에 묶여 있던 다이묘들이 경비가 부족해지면 가을에 수확예정인 쌀을 담보로 물표를 발행에 경비를 조달했는데, 이 물표가 오사카 '도지마 쌀거래소'에서 상인들 간에 선물先物로 거래된 것이다.(안상수, 2002: 38; 문소영, 2010: 213~14 재인용) 쌀이 금융거래의 수단이 된 것으로, 다이묘의 에도 체류 비용과 번의 재정수요를 충당하는 자금 순환구조가 이때 마련된다. '천하의 부엌'이라는 오사카에서 상업과 금융, 교역이 발달하는 근간이 된다.

　또한 각 번에서는 하급무사들 중에 똘똘한 사람들은 골라 일본 내에 유학을 보내는 제도도 있었다. 막부체제에서 무사들은 자신이 속한 막부령이나 번령을 벗어나 다른 지역으로 이동하거나 다른 번 무사들과 사적으로 교류하는 것이 엄격히 제한돼 있었다. 번사들이 자신이 속한 막부령이나 번령을 벗어나려면 허가를 받아야했다. 이를 어기면 엄격한 처벌을 받았다. 이것은 유럽에서도 마찬가지였던 중세적 질서로 거주이전의 자유가 제한된 것이다. 그런데 예외가 있었다. 공무를 위한 이동은 예외로 허용되었다. 앞에서 말한 다이묘의 참근교대를 수행하는 것이 하나이고, 다이묘들의 에도에 마련한 저택에서 근무하는 번저 근무, 오사카에 있는 번의 물품창고를 관리하는 일 등이다. 이런 공무와 달리 유학은 무사들이 학문적 성취를 위해 전국을 순회하는 것이었다. 주로 에도·오사카·교토·나가사키 등 정치·경제·문화적으로 크게 발달한 도시들이 대표적인 유학 지역이다.(함동주, 2009: 64) 요시다 쇼인이나 후쿠자와 유키치 등이 나가사키에서 네덜란드 학문인 난학과 함께 서양문물을 받아들인 것은 이런 유학제도 덕분이었다. 나가사키는 새로운 돌파구를 찾던 일본의 지식인(무사계급)들에게는 아시아 것이 아닌 새로운 학문과 문물, 과학, 기술을 보여주는 곳이었다. 물론 이런 활동도 번주에게 허락을 받아야만 가능한 일이었다.

그러니 사무라이라고 해서 다 같은 사무라이가 아니고, 사무라이 내부에도 상급무사와 하급무사로 층층계층이 존재했다. 상급무사와 하급무사 사이에는 넘을 수 없는 신분의 벽이 있었다. 하급무사들은 정치참여가 금지됐다. 그렇다면 막부 말기의 '정치적'인 하급무사들은 어떻게 배양된 것인가? 거기에는 시대적인 흐름이 존재했다.

다이묘와 상급무사들은 신분이 안정돼 있었다. 기존 질서가 변화하길 바랄 이유가 없다. 그러나 하급 사무라이들은 사정은 달랐다. 18세기 일본 내부에서 상업은 급속히 발달했고 화폐경제도 크게 확장됐다. 고정된 수입(쌀)에 의존하면서 시장에서 소비자의 입장에 있던 하급무사들은 경제적 혼란과 물가앙등의 직접적 피해자가 됐다. 1837년 오사카에서 발생한 '오시오 난'은 막부의 하급관리가 도시빈민의 구제를 이유로 봉기한 것이다. 1858년 개항이 본격화돼 무역이 확대되자 봉건적 경제질서의 붕괴는 더 빨리 진행됐다. 하급무사의 의식변화와 함께 체제에 대한 불만이 팽배하는 사회적 분위기 속에서 하급무사들이 존왕양이운동과 같은 과격한 정치운동에 투신하게

됐다.(함동주, 2009: 88, 65)

막부체제에서 중앙정치는 쇼군이 모두 장악했고 다이묘라 해도 정치참여가 제한됐으니, 하급무사의 정치참여는 당연히 불가능했다. 그런데 막부체제가 느슨해진 막말에 현실에 대한 불만, 국가의 위기를 극복해야겠다는 의지를 가진 하급무사들이 천황이 있던 교토로 모여들었다. 무능한 막부나 보수적인 번 주를 더 이상 믿을 수 없다고 판단한 것이다. 위기가 기회이고, 이런 기회를 이용해 똑똑한 하급무사들은 신분상승의 욕구도 실현할 수 있었을 것이다.

막말에 가면 번에 허락을 받지 않고 교토로 모여드는 무사들이 급격히 늘어났다. '탈번낭인'이라고 불리는 이들은 하급무사들이 주축을 이루는 가운데 상급무사·상인·농민 등 신분이 다양하게 뒤섞였다. 정치적 동질성이 형성됐다. 이를테면 존왕양이론을 시작으로 더 나아가 막부타도론 등에 합해지면서 하나의 세력으로 성장해나가기 시작한 것이다. 함동주는 '횡적 네트워크'가 확장되면서 막번체제가 붕괴될 위기에 처했다고 했다.(함동주, 2009)

하급무사들이 메이지 유신의 담당자가 된 것에 대한 재미난 해석이 있다. 다이묘가 격년으로 참근교대로 에도에서 살게 되면 상·하급 무사들도 따라갈 수밖에 없었다. 이를 두고 "일본의 무사계급은 근대사회의 특징인 사회적 공간적 이동에 대한 감각을 태생적으로 가지고 있다. 무사계급은 전쟁에서 공을 세워 계급이 상승하거나, 혁명을 일으켜 스스로 상위 계급으로 올라가거나, 통치상의 이유로 시행된 여러 제도에 의해 에도와 다이묘 도성을 왕복하며 생활하기 때문에 그들만이 가진 독특한 사회, 공간적 이동 감각이 있다"고 설명한 것이다.(다카하시 오사무 외, 2011: 16) 변화를 두려워하지 않는 힘이 무사들에게 내재돼 있었다는 이야기다. 정주민이 아닌 북방 유목민들이 중원을 지배한다는 것과 비슷한 해석이다.

일본은 무식하게 칼 쓰기나 좋아하고 문치의 근본인 유학과는 거리가 멀 것이라고 착각하는 경향이 있는데 도쿠가와 막부는 유학을 봉건적 통치를 위해 지배적인 통치철학으로 채택했다. 따라서 쇼군과 그의 관료들은 물론 다이묘와 상급무사, 하급무사 할 것 없이 유학의 가르침을 기본적으로 숙지하고 있었다. 다시 말해 유교윤리를 바탕으로 근면·절약·인내라는 덕목을 받아들일 수 있는 계급이 무사계급이었다. 상업의 발달과 개항, 해외무역의 시작 등으로 새로운 사회질서가 요구되자 급격히 몰락하며 곤경에 처한 것도 무사계급이다. 무사계급은 사회적 이동 욕구가 강할 수밖에 없었다.(다카하시 오사무 외, 2011: 16)

또 19세기 초부터 막부와 번 정부가 개혁정책을 실시하면서 하급무사들 중에서 발탁인사를 하자 권력에 접근하는 유능한 관리들이 조금씩 나타나기 시작했다. 대표적으로 사쓰마 번에서는 인재교육을 통해 번 정치에 하급무사를 등용했다. 1851년 다이묘에 오른 시마즈 나리아키는 번교의 조사관을 개편해 유교와 무술, 서양학문 등의 교육을 강화했다.(함동주, 2009: 66) 하급무사 출신으로 메이지 유신을 성사시킨 사쓰마 출신의 사이고 다카모리와 오쿠보 도시미치와 같은 '유신지사'들이 나타날 수 있는 배경이 됐다.

근대화의 주력군이 된 하급무사들도 시작은 조선의 위정척사파와 마찬가지로 외세배척이었다. 미국의 페리 함대가 무력을 앞세워 강압적으로 개항을 요구했으니, 지각이 있는 일본인들이라면 당연히 저항의식을 느꼈다. 다만 정권을 유지해야 하는 막부는 서양의 압도적인 무력에 기가 질려 현실적으로 그들의 요구를 따라갈 수밖에 없었다.

하급무사들은 개항이 시작되던 초기에 막부가 위기를 타개할 것이라는 기대를 품었다. 양이론을 내세워 개항을 반대하고, 존왕론을 내세워 막부를 압박하면 막부가 현재의 혼란과 낙후된 정치체제를 개선할 것으로 기대한 것이다. 18세기 후반에 당시 도쿠가와 막부와 친한 후다이 다이묘가 미토 번에서《대일본사》라는 대규모 역사서를 편찬하면서 일본의 군주가 천황임을 강조하는 존왕론의 이론적 배경을 마련했다.(함동주, 2009: 66)

그러나 막부는 하급무사들의 기대를 한꺼번에 무너뜨렸다. 1858년 9월 안세이 대옥이었다. 막부는 미국·영국 등 5개국과 '안세이 5개국조약'을 체결한 직후 존왕파의 지도자들을 잡아들여 죽여버렸다. 반막부세력으로 지목된 존왕양이파에 대한 대대적인 탄압이었다. 안세이 대옥으로 죽음을 맞은 요시다 쇼인은 "오늘날 막부와 제후들은 모두 자신들의 앞날에만 도취돼 서로를 돌아볼 줄 모르고 백성이 무엇을 원하는지 알지 못한다"고 했다.(탕진, 2007: 373) 안세이 대옥이라는 탄압으로 존왕양이파의 외세배격 운동은 일시적으로 위축됐지만 불꽃은 더 뜨겁게 타올랐다. 요코하마와 나가사키, 하코다테 등 3개항이 개항하고 에도에 각 국 공사관이 개설되고 서양인이 증가하자, 외국 공사관에 불을 지르고 서양인을 살해하는 사건이 잇따라 일어났다. 존왕론의 진앙지인 미토 번의 탈번변사 17명과 사츠마의 탈번번사 한 명 등 무사 18명은 안세이 5개국조약을 체결한 막부의 보수적 관료 이이 나오스케를 암살했다.(함동주, 2009: 59) 이제 하급무사들은 존왕양이에서 '타도막부'를 외치는 도막운동으로 옮겨가기 시작했다. 이들에게 유신지사라는 별칭이 붙었다.

존왕양이파 지사들의 과격행위와 이를 단속하는 막부의 폭압적인 탄압은 1864년까지 지속된다. 주요한 사건들로는 사쓰마 번 존왕파를 숙청했던 테라다야 사건(1862), 사쓰마 번사가 영국인을 살해해 사쓰에이薩英(사쓰마와 영국) 전쟁의 원인이 된 나마무기 사건(1862), 시나가와 영국공사관 방화사건(1862), 개국론자인 요코이 쇼난이 자객에 습격당한 사건(1862), 시모노세키 전쟁의 원인이 된 시모노세키 해협에서 조슈 번이 미국 함선을 습격한 사건(1863), 미토 번이 양이를 실행하기 위해 거병한 텐구당의 난(1864), 막부의 치안조직대인 신센구미新選組가 존왕양이파를 습격해 아홉 명을 사살하고 23명을 체포한 이케다야 사건(1864) 등이 있다.(함동주, 2009: 60) 급기야 막부는 눈엣가시 같은 존왕양이파의 본거지인 조슈 번을 1864년 1차 정벌했다.

막부와 존왕양이파의 충돌이 격화되는 시기에 우물 안 개구리가 아니라, 세계를 돌아다니며 세계의 정치 지형을 이해하기 시작한 하급무사들이 나타났다. 하급무사들 사이에서 '서양 따라잡기' 식의 인식의 전환이 일어난 것은 후쿠자와 유키치처럼 1860년부터 외국을 돌아본 인재들이 늘어난 덕분이다. 각 번과 막부에서 보내는 유학생들이 늘어나기 시작했다. 1863년 이토 히로부미와 이노우에 가오루 등과 같은 조슈의 하급 무사 다섯 명도 영국유학을 떠났다가 돌아왔다. 100번 들어도 한 번 본 것만 못하다는 '백문이 불여일견'이란 격언처럼 이들의 눈으로 목격한 서양의 발전상은 놀라운 것이었다. 그리고 이들은 쇄국을 강조한 존왕양이론에서 개화론·개국론으로 사고를 전환했다.

막말幕末 유학생들은 1862년 16명을 시작으로 1867년까지 130명에 이른다. 같은 기간 막부에서 보낸 유학생 수는 57명이지만, 번 차원에서 보낸 유학생 수는 68명으로 더 많다.(함동주, 2009: 88) 이런 유학생들의 숫자는 근대화의 물결이 들어오는 시기에 일본의 지배층인 막부보다 막부타도를 주장하는 쪽에서 더 많이 변화를 수용하고 있었다는 것을 보여준다.

이들 외유파나 유학파들, 즉 개명한 지식인과 하급 무사들은 중세의 일본과 산업혁명과 식민지 개척 등으로 놀랍게 발전하고 있는 서양 사이에 존재하는 커다란 차이를 인식했다. 막부를 뒤엎고 서양을 배워 부국강병해야만 열강의 노예에서 벗어날 수 있음을 깨닫게 된 것이다. 맹목적으로 외세를 배격하자는 생각을 버리고 실력을 양성하며 서양을 따라잡는 새로운 목표를 세웠다. '막부를 타도하고 개국을 하자'가 전면화됐다.

존왕양이파의 본거지 조슈는 이토 히로부미 등 영국 유학생이 돌아오고, 또 그 무렵 유럽 4개국 연합함대에게 패하면서 1865년을 전후로 서양식 근대화로 방향을 선회했다. 1차 막부의 정벌 등으로 존왕양이파가 괴멸했다고도 하지만, 무엇보다 젊은 하급무사들이 존왕을 지키고 양이를 버린 덕분이다. 이들은 외국과의 무역을 확대했다. 또한 요시다 쇼인에게 배운 다카스키 신사쿠는 쿠데타를 통해 번 정부를 장악했다. 다카스키 신사쿠는 번의 부국강병을 최우선 정책으로 놓고 대규모의 군제개혁을 단행했다. 이미 1863년 기병대를 창설하고 무사뿐 아니라 농민, 상인을 포함해 병사를 소집했던 다카스키는 서양식 군대모집제를 번 전체로 확대했다. 이것은 메이지 유신 이후 1872년 11월 징병제의 모형이 된다. 사농공상의 자유와 인권을 선언하고, 이에 대해 나라에 '혈세'로 보답하라며 20세 이상 남성을 징병했다. 조슈는 세계 최강국인 영국과 밀접한 관계를 유지했다.

1865년 영국도 일본 내부의 정세변화를 읽고, 막부를 버리고 천황을 지지하는 사쓰마 번과 조슈 번에 접근했다. 영국은 막부가 일본을 대표할 수 없으므로 천황의 조정과 교섭해 조약의 칙허를 받지 않고서는 양이 정책의 근절이 불가능하다는 것을 깨달았다. 영국공사 통역관이었던 새토우E.Satow는 막부 말기에 하급무사들에게 큰 영향을 준 《영국책략》이란 책에서 "장군(쇼군)을 없애도 국가는 전복되지 않는다"고 주장했다.(배기찬, 2005: 186) 반면 프랑스는 1866년 막부를 지원했다. 일본의 권력을 두고 영국과 프랑스가 대립하는 형국이었다.(김희영, 2006: 502)

1865년 5월, 조슈 번의 다카스키 신사쿠는 무력으로 막부를 타도한다는 결정을 내렸다. 이는 같은 해 4월 막부가 조슈 번에 대한 2차 정벌을 선언하자 이에 대한 무력으로 대응하겠다고 결정한 것이다. 조슈는 1864년에는 막부 편에 서서 조슈를 정벌했던 사쓰마를 끌어들여 1866년 1월 '삿조 밀약'을 맺고 막부타도를 전면화했다. 이 삿조 동맹은 메이지 유신의 인적·군사적·경제적 기초였다. 반외세의 슬로건을 내세웠던 존왕양이세력이 개국과 개화의 추진세력으로 전환됐다. 메이지 유신은 시작부터 강력한 무력과 조직력을 가진 강력한 세력을 확보한 것이다.

후쿠자와 유키치는 하급무사로 구성된 존왕양이파에 대한 인식이 매우 나빴다. 그는 존왕양이파를 막부보다 더 극단적인 시대낙오자로 봤다. 그의 자서전에 "글도 모르고 사리에도 어두운 난폭인"이라고 표현될 정도였다. 후쿠자와의 평가는 우리나라 선비와 양반들이 동학농민군들을 평가한 내용과 비슷하다. 또 조슈 번의 내란에 대해서도 그는 1866년 막부에 "외국 병력을 빌려서라도 이를 토벌해야 한다"는 건의서를 제출했다.(정일성, 2012: 313~14) 이런 비관적 태도 탓인지 그는 메이지 정부에서 일하지 않고 글쓰기 등에 전념했지만, 1871년 폐번치현 등의 봉건제를 타파하는 개혁을 단행하자 메이지 정부에 대한 평가를 달리했다.

메이지 유신이 성공적으로 안착한 데는 근대화 정신과 서양문화·제도 등 서양문명의 전국민적인 확산이 중요한 역할을 했다. 이것을 가능케 한 것이 교육제도의 개편이었다. 메이지 정부는 1872년 프랑스의 교육제도를 모방해 학제를 공포했다. '학제명령서'는 신분에 의한 취학의 차별을 철폐했다. 신분이 세습되지 않기 때문에 학문은 입신출세할 수 있는 자산으로 떠올랐다.(다카하시 오사무 외, 2011: 16) 당시 메이지 정부는 '마을마다 배우지 않는 집이 없고, 집마다 배우지 않는 사람이 없도록 한다'는 구호를 내걸고 전국적으로 교육을 보급했다.(김희영, 2006: 522) 전국에 5만 3,760개의 소학교가 동시에 설립됐다. 막부시대에 이미 서민 교육기관인 데라코야 등이 전국에 567개가 보급돼 높은 식자율과 취학률을 보였던 덕분인지 소학교 진학률을 상당히 높았다. 1875년 일본 정부 기록에 따르면 남성은 약 51퍼센트, 여

성은 약 19퍼센트의 취학률을 기록했다. 수익자 부담 원칙으로 수업료에 대한 개인부담이 컸지만, 소학교 교육에 대한 거부는 적었다. 1875~77년 전국 소학교의 반수 가까이가 수업료를 징수하지 않은 덕분이다. 또 지역마을에서 적극적으로 학교를 운영하면서 취학률은 크게 높아졌다.(후지이 조이 외, 2012: 318)

메이지 초기에 정보 유통의 혁신도 있었다. 에도 막부시절인 17세기 말 에도에 약 6,000명이 넘는 출판업자가 있었고, 1만 종이 넘는 서적을 출판할 정도로 출판의 대중화가 이뤄져 있었다. 문자를 이해하는 식자층과 이를 소비할 수 있는 경제력 있는 독자들이 존재한 덕분이다. 목판인쇄가 활발했는데, 한번에 3,000~5,000부를 찍는 삽화가 곁들여진 대중소설이 인기를 모았다.(정형, 2009: 105~106; 문소영, 2010) 에도 시대의 목판인쇄는 메이지 시대에 활판인쇄로 발전해 더 많은 정보를 더 빨리, 더 많은 사람들에게 전달할 수 있게 됐다.

이런 일본의 인쇄와 제본기술을 활용하기 위해 조선에 선교활동을 왔던 언더우드는 1889년 11월 말에 성경책과 선교사를 위한 조선어 문법책을 출간하기 위해 일본을 다녀오기도 했다.(언더우드, 2008: 127)

나카무라 마사나오가 사무엘 스마일스의 《자조론 Self-Help》을 번역한 《서국입지편》은 1870~71년에 일본식 분책 형식으로 출판됐다가, 6~7년 뒤인 1877년에는 양장본 700페이지의 두꺼운 책으로 나왔다. 인쇄와 제본기술의 혁신이 이루어진 것이다. 《자조론》의 내용도 흥미롭다. 1859년에 영국 노동자계급의 자조에 대해 쓴 것으로, 사회적 계단을 오르는 데 필요한 것은 가문이나 직함이 아니며 근면·절약·인내 등의 덕목과 신시대 지식, 자신의 공부와 수양을 통해 입신출세하는 것이다. 인간의 가치 있는 행위는 일본인들이 고향에서 얻을 수 없는 새로운 학문을 배우는 것이라고 강조했다.(다카하시 오사무 외, 2011: 17) 이런 주장은 근면과 절약, 인내와 같은 덕목의 유교적 교육을 받은 사무라이 계층에 자극을 주었고, 신분상승의 욕구를 북돋우는 내용이었다. 개화사상의 확산에 기여했다.

일본 최초의 근대소설인 후타바테이 시메이의《뜬구름》(1887~89)이나 모리 오가이의《무희》(1890) 등도 몰락한 무사계급의 자제가 신분상승을 위해 도쿄로 상경하거나 서양으로 가는 이야기를 다뤘다. 학문으로 입신출세해 나라에 도움이 되는 인물이 되고자 하는 이야기가 근대소설에 많이 등장하고 일본 국민을 계몽했다. 나쓰메 소세키의《산시로》도 비슷한 내용이다.(다카하시 오사무 외, 2011: 17)

근대화 정보의 확산이라는 측면에서 신문의 발간도 중요했다. 일본에서 최초로 발행된 신문은 1851년 나가사키에서 모토기가 발명한 납활자를 활용한《요코하마 매일신문》이었다. 국내외 정보를 신속하게 전달했다.(김희영, 2006: 523)《요미우리 신문》은 메이지 시대에 모국어 신문의 필요성에 따라 1874년에 창간됐다. 2010년 현재 1,200만 부를 자랑하는 최대 규모의 신문이다. 현재 발행부수 800만 부로 알려진《아사히 신문》이 오사카에서 창간된 것은 1879년이었다.(김성해 외, 2010: 218~19)《요미우리 신문》이 정부의 정책을 지지하고 기득권 세력에 우호적이라면,《아사히 신문》은 일본 내의 자유주의 또는 진보주의적 입장을 대변한다. 이어 후쿠자와 유키치가 1882년《지지신보》를 발행하기 시작한다. 일본 신문의 발간 시점은 세계적인 신문과 비교해도 크게 늦지 않다.

세계 주요 신문의 창간일을 보면, 이 무렵 신문이 계몽을 위해 얼마나 중요한 매체였는지를 잘 알 수 있다. 프랑스의《르 피가로》가 1826년 창간됐고, 영국의《가디언》은 1820년, 영국의 세계적인 경제전문지인《파이낸셜 타임스》는 1888년 창간됐다. 미국《뉴욕타임스》가 1851년,《월스트리트 저널》은 1889년 창간됐다. 이들 주요 신문의 특징은 국제 뉴스가 1면을 차지하는 비중이 대단히 높다는 것이다.

조선은 후쿠자와 유키치의 영향을 받아 1883년 박영효와 유길준 등이 열흘에 한 번씩 내는 한문으로 쓰여진《한성순보》를 간행했다. 최초의 신문이었지만 갑신정변으로 발간이 중단됐다. 최초의 일간지인《매일신문》은 1898년 4월 발행됐다. 서재필이 창간해 1896년 4월 7일 발간된《독립신문》은 주3회 발행됐다. 정부기관인 박문국에서 펴낸《한성순보》와 다른 최초의 민간신문이라고 하지만, 창간 당시 고종이 창설비 3,000원과 서재필의 주택구입비 1,400원 등 모두 4,400원의 자금을 지원했고, 폐간도 고종이 신문사를 매입한 이후인 1899년 12월 4일에 이루어졌기에 순수 민간신문이라고 보기는 어렵다. 하지만 한글신문으로 널리 정보를 확산하려고 했다는 점은 높이 평가할 만하다.

*

일본의 하급무사와 비교할 수 있는 조선의 계층이 누구일까? 인물을 손꼽아보면 정치참여가 불가능했던 오경석과 유대치와 같은 역관이나 천민으로 분류되는 승려 이동인 등이 아니었을까 싶다. 이들은

이동인(1849~81?)
조선 후기의 승려로 유대치, 오경석, 김옥균, 서광범, 윤치호 등과 교류한 개화파 인물이다. 1881년 신사유람단의 일원으로 일본에 파견되기 직전 실종되었다.

개화문명을 먼저 받아들였지만, 그 받아들인 사상을 체계화해 국가의 정책으로 실현할 수는 없었다. 특히 조선 후기의 역관들은 사신들을 따라다니며 공무역 등에 참여해 정치개혁보다는 개인적인 치부에 훨씬 관심이 많았었다.

세력으로는 임오군란을 일으켰던 하급군인들이 떠오르기도 하고, 동학농민운동을 일으켰던 전봉준 등 동학도의 모습이 떠오르기도 한다. 그러나 그들은 조선 후기 체제의 모순 때문에 봉기를 했지만, 왕정 중심의 보수적인 사고를 벗어나지 못했다.

조선에서 정치적인 영향력을 발휘하고, 만약 개화사상으로 무장했더라면 일본 메이지 유신을 이끌었던 하급무사보다 더 확실하게 근대화를 할 주체가 있었으니 바로 조선의 유생과 유림이었다. 국왕에게도 상소문으로 못 할 소리가 없었던 유림은 주자학에 갇혀 조선의 개화를 막았다. 1900년 안팎에 이르러서야 외세배격이라는 위정척사파적 활동에서 벗어나 근대화의 필요성에 눈을 뜨지만 이미 나라는 일본 제국주의의 손에 거의 넘어가다시피했다. 만약 1897년에라도 입헌군주제나 근대화의 필요성을 강조했던 독립협회나 무장한 의병세력과 손잡고 움직였더라면 일본처럼 하급무사와 하급무사 출신의 근대화 지식인들이 함께 메이지 유신을 성공시켰던 과정을 밟을 기회가 있지 않았을까. 그러나 이런 기대를 품어보기에 조선 유림들의 주자학 신봉은 너무나 심했다. 세상의 질서가 어떻게 바뀌고 있는지, 눈을 들어 관찰하지도 귀를 열어 들어보지도 않았다. 주자학만으로 학문은 깊었으나 협량했고, 견문은 없었다.

조선의 유림은 개항기에 위정척사 활동에 열을 올린다. 위정척사衛正斥邪란 '바른 것[正]을 지키고[衛], 사악한 것[邪]을 배척[斥]한다'는 뜻이다. 그러나 위정척사의 유림에게 무엇이 바른 것이고, 무엇이 사악한 것이었나? 유교와 주자학, 명나라의 것은 옳은 것이고, 유럽과 일본, 서양문물은 사악한 것이라고 주장했다. 이런 주장은 개항 초기에만 있었던 것이 아니라 나라가 망할 때까지 조선의 지식인과 관료층을 지배했다는 것이 문제였다. 강만길은 "척사위정론은 조선을 중국문화권의 일원으로 파악하는 화이론의 입장에서, 서양세력의 침략 앞에 굴복한 청나라와 일본을 대신하여 동양의 전통문화를 보호해야 한다는 사명의식 아래, 정치적으로 유교적 근왕주의를, 경제적으로 외국과의 통상을 거부하는 자급자족주의를 주장했다"고 평가했다.(강만길, 2006: 290)

위정척사파의 정신적 지주는 이항로와 최익현이었다. 최익현은 이항로의 제자다. 이항로는 1866년 프랑스 함대가 강화도를 침략했을 때 상소를 올려 "국내에 주전론과 주화론이 있는데, 주전론자는 조선의 편이지만 주화론자는 적이다. 주전론에 서면 예로부터 내려오는 예법을 보전할 수 있지만, 주화론에 빠지면 금수와 같이 된다"고 주장했다.(배기찬, 2005: 199)

조선의 유림들이 전면에 나선 것은 일본의 무력개항 요구를 고종이 수용하려고 하자 이를 결사반대하고 나서면서다. 1873년 상소문으로 흥선대원군을 권력에서 축출했던 최익현은 그 후 3년간의 제주도 유배생활을 마치고 1875년 일본의 개항요구가 시작된 때 복귀했다. 최익현은 일본과의 조약을 반대했다. 그는 도끼를 등에 지고 조약을 반대하는 유생 50명을 이끌고 궁궐 앞에 엎드려 그 유명한 '지부복궐척화의소持斧伏闕斥和疏'를 올린다. 상소의 내역을 받아들이지 않으려면 도끼로 자신의 목을 쳐달라는 의미다.

상소문에서 최익현은 이렇게 주장했다. '첫째 우리가 방비가 없고 약점을 보이고 있기 때문에 이들의 요구는 끝이 없을 것이다. 한 번이라도 그 뜻에 부응하지 못하면 우리를 침략하고 유린할 것이다. 둘째 물화교역에 욕심을 내는데 저들의 물화는 사치하고 특이한 노리개이니 생산에 한계가 없다. 반면 우리의 물화는 모두 백성의 땅에서 생산되니 한계가 있다. 성격이 다른 이런 물화의 교환은 반드시 나라를 망하게 할 것이다. 셋째 기독교의 사학이 집집마다 활성화돼 아들은 아비를 아비로 여기지 않고, 신하는 인군을 인군으로 여기지 않을 것이다. 넷째 강화가 이뤄지면 저들은 육지로 내려와 교역하고 왕래하기를 바랄 것인데 우리가 거절할 도리가 없다. 재물이나 비단, 부녀를 약탈하고 하고 싶은 대로 할 것이다. 다섯째 일본은 재화와 여색만 알고 조금도 사람의 도리를 분별하는 일이 없다. 진실로 금수일 뿐이다. 사람과 금수가 강화를 맺어 우호를 이루며 근심과 염려가 없기를 보장한다는 것은 있을 수 없다.'(금병동b, 2008: 79~84)

당시 강화도조약의 일본 측 전권부사인 이노우에 가오루는 일본을 출발할 때 주일 미국공사인 빙엄에게 미국인 테일러가 쓴《페리의 일본원정소사》를 선물받았는데, 무력적 위협을 배경으로 불평등 조약을 강요한 미국의 외교적 수법을 일본에 전수한 것이라고 금병동은 해석했다.(금병동b, 2008: 85) 결과적으로 최익현의 상소문에 나온 이야기가 개항 이후에 맞아떨어졌다. 문제는 고종이 개항압박에서 조약까지의 일본처럼 시간을 끌면서 대책을 강구하거나, 또 개항 이후에 최익현이 지적한 문제에 대비책을 마련할 수도 있었다. 그러나 고종은 개항 압력을 받은 지 6개월여 만인 1876년 개항하고, 최익현을 흑산도로 유배를 보냈다. 일본은 1853년 개항압력을 받고 5년을 끌어 1858년 조약을 맺었으니 조선과 상당히 달랐다.

흑산도 유배에서 풀려난 뒤 최익현은 1895년 을미사변이 일어날 때까지 약 20년 동안 침묵했다. 1895년 명성황후 살해와 단발령 단행이 계기가 돼 다시 항일척사운동에 앞장섰다. 1905년 을사늑약이 체결되자 조약의 무효를 국내외에 선포하고 을사오적을 처단할 것을 주장했다. 이 사건을 계기로 위정척사운동은 집단적·무력적인 항일의병운동으로 전환했다. 최익현은 1906년 윤4월 전라북도 태안에서 궐기하였다. 당시 73세의 고령이었던 그는 일본에 의해 대마도로 끌려가 그곳에서 순국했다.

위정척사파를 비롯해 조선인들은 1904~1905년쯤에 이르러 자신들의 몰락은 서양문물에 대한 지식이 부족하기 때문이라고 생각하는 사람들이 빠르게 늘어나기 시작했다. 교육기관을 운영하려는 선교사와 조선인들이 급속히 늘어났다. 조선의 발등에 떨어진 가장 중요한 문제가 교육이라고 믿는 사람들이 늘어난 것이다.(언더우드, 2008: 295)

개항 이후 유림의 위정척사 활동이 집단적으로 표출된 것은 1880년 2차 수신사로 파견된 김홍집이 주일 청나라 외교관인 황준헌과 나눈 필담을 정리한《조선책략》을 들여와 고종과 관료들에게 널리 읽히던 때이다.《조선책략》의 주요한 내용은 중국과 친하고, 일본과 동맹을 맺고 미국과 연대해 러시아를 막아야 한다는 것이다. 고종은《조선책략》을 본 뒤 미국과의 연대에 관심을 보였다. 그러나 조정의 대신들은 탐탁할 리가 없었다. 친親중국과 결結일본이야 사대교린과 다르지 않지만, 러시아나 미국은 서양 오랑캐인데 둘 다 멀리 해야지 러시아는 밀어내고 미국을 끌어들일 이유가 없다는 것이었다. 고종이 대신들을 설득해 미국과 수교를 결정했지만, 위정척사파는 가만히 있지 않았다.(함규진, 2010: 123)

이때 이황의 후손으로 영남의 유생인 이만손은 일본과의 조약체결 이후 외국과의 교섭이 빈번해지는 등 본격적인 개화가 진행되자 1881년 2월 고종에게 전 참판 강진규 등 상주·안동 지방 유생들과 함께 '영남만인소嶺南萬人疏'를 올렸는데, 여기에 유생 만 명이 연대서명했다. '반쪽 양이인 일본과 수교한 것도 원통한데 진짜 양이인 미국에 나라를 열 수는 없다'는 내용이었다. 이만손은 《조선책략》에서 중국·일본·미국과 연합하여 남하하는 러시아 세력을 막아야 한다는 주장의 불합리성을 지적하고, 황준헌이 일본의 세객說客인 것으로 규정했다. 그는 이후 전개된 전국적인 유생들의 반대 운동의 선구자가 된다. 이만손의 주된 탄핵의 대상은 김홍집이었지만, 정부에 대한 공격도 만만치 않았다. 그러나 3월 재차 상소를 기도하자 조정을 비방했다는 죄목으로 체포되어 전라도 강진 신지도로 유배됐다. 임오군란으로 흥선대원군이 재집권하게 되자 이만손은 풀려났다. 당시 영남만인소에 대해 고종은 능지처참과 원악도 정배 등 중형으로 다스렸지만 위정척사 유생들의 개화 반대 여론은 식지 않았다.

참고로 영남만인소의 시초는 1792년 정조 16년 윤 4월 27일에 올라온 상소에서 시작되는데, 만 명이 넘는 영남의 선비들 이름으로 올려졌다. 상소 하나에 1만 명 이상이 서명한 사례는 조선왕조에서 처음 있는 일이었다. 내용은 사도세자가 영조에 충성했을 뿐 아무런 죄도 없다는 것을 선포함으로써 군주의 권한을 강화하고 강력한 개혁을 해야 한다는 것으로 정조를 지지했다.

아무튼 남인들로 구성된 영남 유림들은 19세기 말 20세기 초 당시 위정척사파들의 본산 같기도 하다. 1881년 이만손의 영남만인소 이전에 영남 유림들은 대원군이 하야한 뒤 양주에 칩거하고 있자, 1875년 3월부터 세 차례나 만인소를 올렸다. 대원군이 양주로 물러나 있는 것은 국왕이 아버지에 대한 효심이 부족하기 때문이라며 대원군의 봉환을 요구하는 것이었다. '효'를 전면에 내세운 이런 상소에 고종은 절대 굴복하지 않고 오히려 극형에 처하라는 전교로 대응한다.

1876년 6월 네 개 도의 유생들이 소를 올리자 내린 명령이었다. 자신을 봉환하라는 상소문으로 유생들이 죽을 위기에 처하자 대원군은 그해 6월 22일 폭우를 맞으며 운현궁으로 돌아왔다.(연갑수, 2008: 259~60) 언젠가부터 가을이 되면 지방자치단체에서 '영남만인소운동'을 재현하는 행사를 한다. 항일운동의 일환이라고 그들은 주장하는데, 그 내용을 제대로 알고 전통을 복원해야 한다.

당시 고종의 개화의식은 아무리 높이 평가하려고 해도 온건 개화론자의 이론인 '동도서기'론 수준에서 크게 벗어나지 못했다. 고종은 박정양이 1881년 일본을 다녀온 뒤(신사유람단) "하나에서 열까지 서양을 따를 뿐 아니라 위로는 정치와 법률, 풍속에서 아래로는 의복, 음식에 이르기까지 모든 것이 예전과 다르게 바뀌었다"고 보고하자 "왜인들이 남의 제도를 무조건 따르며 절충할 줄 모르는구나. 옷까지 서양인의 옷으로 입게 되었다니, 잘못된 일이다"고 했다. 1882년 흥선대원군의 척화비를 뽑아버릴 때도 고종은 이런 의견을 냈다. "지금 의논하는 자들이 서양과 수교하면 사교에 물들 것이라고 말하고 있다. 유학의 떳떳한 가르침이나 미풍양속에 깊이 우려되는 문제다. (중략) 정부에서 기계를 만들 때 조금이라도 서양 것을 본받으면 대뜸 사교에 물든 것이라고 손가락질하는데 이것도 이해가 짧은 탓이다. 그들의 종교는 사교이므로 마땅히 음탕한 음악이나 미색처럼 여겨 멀리 해야겠지만, 그들의 기계는 편리하여 진실로 이용후생할 수 있으니, 농기구·의약품·병기·배·수레 같은 것을 제조할 때 꺼리고 피할 이유가 어디 있는가? 더구나 강약의 형세가 현저한데 만일 저들의 기술을 본받지 않는다면 무슨 수로 저들의 침략을 물리치고 막을 수 있겠는가?"(함규진, 2010: 125~27)라는 내용을 김윤식을 통해 발표하도록 했다. 서양의 앞선 과학기술을 받아들이고 익혀 부국강병에 힘써야 한다는 것인데도 위정척사파들은 '안된다'고 난리를 쳤다. 1880년대 초 조선은 이처럼 개화에 조금 흥미를 갖게 된 고종과 고종을 원래의 노론적 사고로 돌리고자 하는 위정척사파의 대립으로 '개화의 피로' 가 쌓이고 있었던 것 같다.

임오군란도 일종의 위정척사적 활동으로 파악할 수밖에 없다. 그 목적이 흥선대원군의 복귀와 왕정복고주의였기 때문이다. 1882년 6월초 도봉소 무위영 소속의 구 훈련도감 군병들에게 한 달 분의 군료를 지급했으나 겨와 모래가 섞였을 뿐만 아니라, 그 양도 반이나 모자랐다. 포수砲手 김춘영·유복만 등이 선혜청 고직과 무위영 영관에게 항의해 시비가 격렬해졌다. 이에 다른 군병들도 합세하여 도봉소는 순식간에 아수라장이 되었다. 당시 궁중에 있던 민겸호는 이 소식을 듣고 김춘영·유복만 등 주동자를 포도청에 가두었고, 혹독한 고문을 가한 후 그중 두 명을 처형하도록 하였다.

격분한 군병들은 김춘영의 아버지 김장손과 유복만의 동생 유춘만의 주동으로 통문을 발송, 군병의 결집을 호소하였다. 6월 9일 소요는 마침내 도시 빈민층이 합세한 대규모의 폭동으로 발전하였다. 우선 민겸호의 집을 습격했고, 이들 군병은 동별영東別營과 경기감영의 무기고를 습격하고 포도청에 난입해 동료를 구출한 뒤 척신과 개화파 관료의 집을 습격하였다. 일본공사관을 포위, 공격하여 하나부사花房義質 공사가 가까스로 인천으로 탈출하였다. 6월 10일 사태는 더욱 확대되어 영돈녕부사 이최응이 살해되고, 뒤이어 궐내로 난입한 군병들이 민겸호와 김보현도 살해했다. 민씨 척족의 최고 권력자인 명성황후를 제거하려고 했으나 이미 대피했다.

군병이 궁궐에 침입하자 고종은 대원군에게 전권을 위임하고 사태수습을 맡겼다. 당시 고종은 '대원군존봉의절大院君尊奉儀節'을 마련했는데, 대원군에 대한 호칭, 대원군의 탈것, 흉배, 품대, 초선 등에 대한 규정을 마련한 것이다. 다시 말해 대원군 재집권에 따른 제도적 장치를 마련했다.(연갑수, 2008: 264)

재집권한 대원군은 먼저 군제 개혁을 단행하였다. 고종의 친정으로 문 닫았던 오영을 부활시키고, 삼군부를 다시 설치하라고 명하였다. 개화를 추진하던 통리기무아문을 폐지하고 위정척사 운동을 펴다 유배당한 이만손·김평묵을 석방했다. 쇄국으로 돌아갈 것 같았는데, 이미 진행하던 미국과의 조약체결을 중단시키지는 않았다. 경복궁 수리를 중지시키고 물가를 앙등시키던 새로운 화폐의 주조도 중단시켰다. 무명잡세를 금지하고, 각종 도고의 혁파, 일부 진상품의 폐지를 진행했다.(연갑수, 2008: 264) 민씨 척족을 밀어내고 맏아들인 이재면을 훈련대장 겸 호조판서, 선혜청당상에 임명하여 병권과 재정을 모두 장악했다. 대원군이 등용한 인물들은 대부분 남인 계열에 속하는 정치가들인데 이회정·임응준·조병창·정현덕·조채하·이원진·조우희 등이다.(박은식, 2012: 109)

당시 임오군란이 왜 군인뿐 아니라 도시하층민이 합세한 대폭동으로 발전했는지 살펴볼 필요가 있다. 당시 서울에 사는 하급 군인들은 도시 하층민에서 충원된 사람들로 군인으로 근무하면서 영세 소상인, 영세 수공업자로서 가족들의 생계를 책임지는 사람들이었다.

이태원이나 왕십리 같은 도시 근교에서 미나리나 배추 같은 채소를 길러 시장에 팔았고, 한강 연안에서 상품과 세곡을 싣고 내리는 하역 작업과 각종 토목공사에 임시로 고용돼 노동자로 일했다. 이렇게 하급 군인들은 생계를 유지하기 위해 군인 복무 말고도 각종 부업에 종사했으나 대체로 살기가 어려웠다. 그런데 급료를 연체한 데다 그마저 돌 섞인 곡식을 지급했으니 들고 일어날 수밖에 없었던 것이다.(박은식, 2013: 111) 황석영의 장편소설《여울물 소리》에 당시 상황이 생생하게 묘사되어 있다.

박은식은《한국통사》에서 "궁중은 기도회로 금강산 1만 2,000봉 각 봉우리마다 골고루 쌀 한 섬과 베 한 필, 돈 1,000냥씩 시주하는 것이 한두 번에 그치지 않았다. (중략) 궁중에서 연희와 유흥에 절도가 없으며 광대와 기녀가 밤낮으로 즐기고 떠들어 음식과 상으로 쓴 비용이 거만금에 이르렀다. 대원군이 수년 동안 축적하여 넘치고 풍부했던 각 창고가 텅 비었다. 조세수입으로 일상적 비용을 감당하기 어려웠고, 공물을 상납하는 구실아치들도 다 파산해 도주했다. 백관들에게 녹봉을 지급하지 못한 것이 5~6년에 이르렀고, 삼군은 군량을 받지 못한 지가 13개월이 넘었다"고 적고 있다.(박은식: 2012: 104)

언더우드도 명성황후가 원자를 낳은 뒤 기복을 위해 "겨우 몇 달 전에 임금은 마마 귀신을 달래려고 거의 4만 달러나 되는 돈을 무당집과 절에다 써버렸다"(언더우드, 2008: 151)고 기록해놓았다.

또 임오군란 직전 조선인들 사이에서 반일감정이 고조되고 있었다. 1882년 3월경 일본인이 조선 부인을 보면 그 피를 빨아 먹는다는 유언비어가 돌 정도였다. 개항 이후 쌀이 일본으로 유출되면서 쌀부족 현상이 벌어졌고 물가가 상승해 먹고살기가 힘들어지자 생계가 힘들어진 이유를 개항에서 찾게 된 민초들 사이에서 반개항 및 반일 정서가 높아질 수밖에 없었던 것이다.(박은식, 2012: 111~12)

그러나 대원군 재집권은 33일 만에 무너졌다. 임오군란 진압을 요청받은 청나라 군대가 조선에 들어와 그해 7월 13일 대원군을 납치한 탓이다. 박은식은《한국통사》에서 대원군은 고종의 명을 받아 난을 진무하려고 노력했으나 난군들이 계속 대원군을 찾아와 자신들의 억울함을 호소해 불가피하게 재집권할 수밖에 없었다고 서술했다. 반면 정교는《대한계년사》에서 대원군이 이 사건을 활용해 정권을 잡으려고 난군들을 사주해 민씨 척족을 공격했다고 서술해놓았다. 이른바 밀계설인데 학계는 요즘 밀계설에 비중을 두고, 대원군이 임오군란을 처음부터 주도하지 않았지만, 전개과정에 깊이 개입해 확산을 조장한 것으로 추정하고 있다.(박은식, 2012: 110)

임오군란은 고종과 민씨 외척들이 추진한 성급하고 무분별한 개화정책에 대한 반발과 실정, 정치·경제·사회적인 모순을 배경으로 일어난 하급군인들과 도시빈민들이 결합된 저항이었지만, 국가적 비극은 청나라 군대와 일본 군대가 한반도에 상주하게 됐다는 것이다. 무엇보다 청나라는 조선의 내정과 외교문제에 적극적으로 간섭해 속국에 대한 종주권을 강화했다. 1882년 체결한 '조청상민수륙무역장정'은 청나라가 조선은 청나라의 속국인 만큼 '조약'이 아니라 '장정'이 맞다며 일방적으로 발표했다. 이 '조청장정'은 일본과의 개항으로 붕괴되고 있던 조선의 허약한 경제 토대를 심각하게 무너뜨렸다. 청나라는 조선에서 배타적인 경제 특혜를 얻으려 했지만, 청나라의 의

도와 달리 일본·미국·영국·독일 등이 조약의 개정을 요구해왔기 때문이다. 결국 청나라가 요구한 배타적 특혜는 나머지 4개국에 확산됐다. 상황이 이리 악화되니, 개화에 필요한 재원을 마련하기 위해 일본에 외채를 빌리러 갔던 김옥균과 같은 개화당은 마음이 바빠지게 됐다.

그는 1882년 임오군란 이전만 해도 "상하가 한마음으로 부지런히 한다면 중흥의 기회를 기대할 수 있을 것"이라며 상황을 다소 낙관하고 있었다. 그러나 그의 개혁노선은 친청세력인 사대당의 반대에 부딪쳐 좌절하고 있었다.(박은숙, 2011: 83) 언더우드 부인도 "조선의 정치계에서는 김옥균이라는 이가 진보당 또는 개화당이라고 하는 당을 이끌고 있었다. 그러나 진보나 개혁을 향한 그들의 모든 시도는 사대당에게 쉴 새 없이 꺾였다"(언더우드, 2008: 155)고 분석했다.

임오군란 당시 일본에 있었던 김옥균은 속히 귀국한 뒤 청나라 군대의 주둔을 두고 조선의 자주독립에 중대한 침해이며 침략적 위협이라고 격렬하게 규탄했다. 김옥균은 그 무렵 일본 자유당 요인들에게 보낸 편지에서 "400년 누적된 굳은 풍속은 갑자기 변화시키기 매우 어렵다. 대세는 부득이 정부를 한번 대경장개혁을 한 뒤에 독립권을 높일 수 있고 민생을 보전할 수 있다"고 했다. 또 "독립을 위해서는 정치와 외교를 튼튼히 해야 하는데 지금의 인물로는 될 수 없으므로, 독립권을 위태롭게 하고 권세만 탐내는 고식배들을 한 번 청소할 수밖에 없다"고 밝혔다.(정일성, 2012: 83)

19세 말 20세기 초 위정척사파인 유림 사이에 사상적 변화가 없다는 것은 조선시대 후기 사회의 사상적 변화가 전혀 없었다는 의미가 된다. 17세기부터 지방의 양반들이 향약이나 계를 통해 지역사회를 통합하고 밀도 있는 지역공동체를 구성해 여론을 주도하고 있던 상황에서 개화 사상이 침투하기 어려웠던 것이다. 국가가 완전히 넘어간 1910년 이후 본격적으로 새로운 사상을 받아들이고, 식민지 민족해방운동 등이 벌어지는 등 혁신하려는 노력이 시작됐다.(이헌창, 2012: 242)

유림은 일본의 침략이라는 역사적 위기상황 속에서 위정척사사상을 항일투쟁의 지도이념으로 삼고 의병활동을 지속했다. 이것이 나중에 민족주의로 심화된 긍정적 측면은 높이 살 수도 있다. 그러나 이들이 일찍 개화사상가들과 만나 세상을 읽을 수 있었더라면, 일본의 하급무사들처럼 엄청난 능력을 발휘할 수 있었을 텐데. 이들은 1900년 전후로 더 이상 순진한 유생으로 머물지 않고 본격적으로 무장을 시도한다. 그나마 불행 중 다행이라고 해야 할 것이다.

초기 의병활동은 1894년 단발령과 명성황후 살해에 자극되어 일어났다. 지방의 이름 있는 유생들이 존왕양이를 내세우며 싸움을 벌였는데, 제천의 유인석 부대와 춘천에서 일어난 이소응 부대, 김천에서 일어난 허위 부대 등이다. 3,000~4,000명의 병력이 지방관아를 습격해 왜(倭)군수라 불리는 친일정권의 수령을 처치하고 때론 정부군이나 일본군과도 싸웠다. 지휘부가 지방 유생이다 보니 1896년 고종이 아관파천에 성공한 뒤 의병들에게 고향으로 돌아가라고 회유하자 모두 해산했다.(강만길, 2006: 285)

2단계 의병운동은 을사늑약 체결에 반대해 일어났는데, 역시 유생들이 지휘부를 맡고 농민층이 합세한 의병활동이었다. 강원도 원주의 원용팔 부대가 제일 먼저 군사를 일으키고, 충청도 홍주의 전 참판 민종식 부대, 전라도 태인 무성서원의 최익현 부대, 경상도 영천의 정용기 부대, 경상도 영해의 신돌석 부대 등이 일어났다. 이중 신돌석만 평민이었다. 민종식 부대는 총기를 가진 군사가 600여 명이고 6문의 화포도 갖추어 홍주성을 점령하기도 했다. 900여 명의 병력을 갖춘 최익현 부대는 일본의 '기신배의16죄'를 발표하고 태인·순창·곡성을 공격했다. 정용기 부대는 아들이 전사하자 그 아버지 정환직이 대신 군대를 지휘하며 흥해·영덕·청송 일대에서 싸웠다. 이때 해산된 대한제국 정부군의 일부가 가담한다. 원주 진위대와 강화도 분견대의 장병들이 가장 먼저 항일에 뛰어들었다. 수원의 진위대, 홍주의 분견대, 진주 진위대 등도 합류했다.(강만길, 2006: 286~87)

1907년 서울 진격을 목적으로 전국 의병부대들이 연합전선을 형성하기도 했다. 이것이 제3단계 의병활동인데, 이인영을 13도 총대장, 허위를 군사장으로 해 전국의 의병장이 인솔하는 1만 명의 병력이 서울 근교인 양주에 결집했다. 이인영은 각국 영사관에 의병부대를 국제법상의 전쟁단체로 인정해줄 것도 요청했다. 그러나 이인영이 부친의 부고를 받고 지휘권을 맡기고 귀향하면서 의병연합군의 서울진격은 실패로 끝났다.(강만길, 2006: 287) 여러 정황을 보면 이인영이 귀향하지 않아도 서울진격은 실패로 끝났겠지만, 제대로 한방 보여주지 못함이 아쉽다.

한일합방이 임박한 1908~1909년 사이에 의병활동은 들불처럼 일어났다. 1908년 후반기 의병과 일본군의 접전 횟수는 1,900여 회에 이르고, 참가 의병수가 8만 3,000명이었으며, 1909년 전반기에는

1,700회의 전투에 3만 8,000명이 참여했다고 대한제국 경무국은 조사했다. 1906~11년까지 접전횟수는 2,800여 회이고, 참가의병이 연간 14만 명에 이른다. 당시 한반도 인구가 1,200만~1,300만 명 수준이었으니, 추산하면 전체 인구의 1퍼센트 가량이 의병활동에 뛰어든 것이다. 갑신정변 때와 비교하면 100배가 늘어난 숫자이다. 하지만 일본의 하급무사로 막말에 지사활동을 한 200만 명(전체 인구의 5.7퍼센트)과 비교하면 여전히 적다.

강만길은 "제3차 의병활동에서 근왕운동의 한계를 벗고 민족해방전쟁의 성격을 가지기 시작했다"고 평가했다.(강만길, 2006: 288~89) 또한 1908~1909년 전국 의병장과 그 부장 255명에 대한 출신성분을 분석한 결과 25퍼센트인 64명이 양반 유생 출신이고, 나머지는 농민, 사병, 화적, 사냥꾼, 광부, 장교 출신 등 다양한 계층이 참여한 것으로 나타난다.(강만길, 2006: 291) 한일병합 이후 의병활동은 중국 상하이와 만주, 미국 하와이, 러시아 연해주 등으로 이동해 진행된다.

비주류가 주류를 전복한 일본
VS.
무능한 주류가 존속한 조선

일본은 메이지 유신으로 막부에서 천황제로 권력체제가 변화하는 과정에서, 비주류가 주류로 올라섰다. 막부시대에 번들은 후다이 다이묘와 도자마 다이묘로 나뉘었는데, 비주류였던 도자마 다이묘들이 메이지 유신을 통해 정치의 전면에 나섰고 주류가 됐다.

    도자마 다이묘는 지정학적으로 에도의 변방에 놓여 있었다. 막말을 제외하고는 정치참여도 극도로 제한되었다. 그래서 이들은 막부-다이묘-상급무사-하급무사와 같은 중세적 질서 하에서 중앙정치에 구애받지 않았다. 덕분에 막부의 쇄국령에도 불구하고 번의 경제력을 강화시켜주는 해외무역 등에 큰 힘을 쏟을 수 있었다. 인재를 등용하는 방식도 신분이 아니라 능력에 따라 발탁했다. 그런 과정 덕분인지 도자마 다이묘의 번들은 19세기 중엽 일본에 새로운 정치세력을 잉태하는 모태이자 일본의 개혁에 필요한 인재를 수혈해주는 공간이 됐다.

헤르만 헤세의 소설《데미안》의 "새는 알을 까고 나온다. 알은 새의 세계이다. 태어나려는 자는 한 세계를 파괴해야만 한다"는 구절처럼 일본은 새로운 세계로 진행하기 위해 막부라는 구세계를 파괴해 나갔다. 그것도 비주류가 추동한 힘으로 말이다.

메이지 유신의 스승이라는 요시다 쇼인을 비롯해 다카스기 신사쿠와 이토 히로부미, 이노우에 가오루, 야마가타 아리모토 등은 조슈(현재 야마구치 현), 오쿠보 도시미치와 사이고 다카모리는 사쓰마(현재 가고시마 현), 이타가키 다이스케는 도사(현재 고치 현), 에토 신페이는 히젠(현재 사가 현과 나가사키 현) 등 모두 남서 지역의 번 출신으로, 도자마 다이묘의 번에서 성장했다.(탕진 외, 2007: 372)

다이묘는 일본의 막부정치에서 세습적인 주종관계를 갖는 가신을 말하는데, 도쿠가와 막부와의 유대관계에 따라 셋으로 나뉘었다. 신판 다이묘親藩大名와 후다이 다이묘譜代大名, 도자마 다이묘外樣大名이다. 신판 다이묘는 도쿠가와의 친척에 해당하는 다이묘로 이에야스의 세 아들 오하리·기이·미토의 영지를 소유한 어삼가御三家와 이에야스 후대에 분가해 마쓰다이라 불리는 어가문御家門이 있다. 혈연관계가 아닌 후다이 다이묘와 도자마 다이묘는 막부와의 정치적 친소관계로 나눠진 세력들이다.

야심만만했지만 처신을 조심했던 도쿠가와 이에야스는 일본을 통일한 도요토미 히데요시가 병사하자 상당한 수준으로 권력을 확보하였으며, 도요토미의 어린 아들 히데요리에게 권력을 넘겨주지 않았다. 1600년 도쿠가와 이에야스는 주군인 히데요리의 옆자리에서 함께 신년하례를 받기까지 했다. 이에 불만을 품은 세력들이 도쿠가와 이에야스에 대항하기 시작했다. 당시 다이묘들은 도요토미 쪽을 지지하는 서군과 도쿠가와를 지지하는 동군으로 나뉘었다. 이들은 일전이 불가피했는데 세키가하라 성을 둘러싼 전투에서 운명이 갈렸다. 잘 알다시피 도쿠가와가 천하통일을 하고 쇼군에 올랐다. 도쿠가와는 서군에 속해 자신에게 저항했던 다이묘들의 영지를 감축·몰수했고, 동군에 가담했던 다이묘들에게 포상했다. 또한 자신의 가신들을 다이묘로 승격시켜 영지를 배분했다. 이때 영지를 몰수당한 다이묘는 90명이고, 신규 다이묘의 수가 65명이었다. 도쿠가와는 세키가하라 전투가 있은 지 3년이 지난 1603년에 쇼군에 취임하는데, 이 무렵 규슈에서 세력을 떨치고 있던 시마즈도 복속의 뜻을 밝혀 도쿠가와 이에야스는 일본 전국을 지배하게 됐다.(김희영, 2006: 384~93) 규슈의 시마즈는 메이지 유신의 핵심세력이 된 사쓰마 번의 번주를 말한다.

    세키가하라 전투에서 도쿠가와를 지지했던 다이묘나 가신들이 후다이 다이묘가 된다. 원래 이에야스 가문의 가신들이었던 만큼 각별한 처우를 받았으며, 도쿠가와 막부 내내 정치 일선에 나섰다. 막부 정부에서 로주老中나 와카도시요리若年寄, 지샤 부교寺社奉行, 교토 쇼시다이京都所司代, 오사카 죠다이大坂城代 등의 요직을 독점했다. 군사적으로도 주요한 지역에 영지를 가지고 있다. 쇼군의 직할지인 간토 지방을 비롯해 긴키近畿, 도카이도 등이다. 정치·군사·경제적으로 중요한 지역에는 이렇게 신판 다이묘와 후다이 다이묘가 배치됐다. 이들은 도쿠가와 막부를 지탱하는 기둥이었다.

도자마 다이묘는 후다이 다이묘와 경쟁하는 세력이다. 세키가하라 전투 당시에 도쿠가와와 동격이었던 다이묘들로 때론 서군에 속했다. 도쿠가와 막부 출범 이후 쇼군에게 주종관계를 약속했지만 독자적인 세력기반을 가진 지방 세력가들이었다. 따라서 그들에 대한 막부의 통제는 극히 엄하였고, 잘 조직된 스파이망이 그들을 감시했다. 도쿠가와 막부의 잠재적인 위협세력이므로 막부의 중앙정치 참여도 철저히 배제됐다. 막부는 그들에게 적자가 없으면 무허가 건축이나 교폭驕暴, 내정문란 등을 이유로 영지를 몰수하기도 했다. 도자마 다이묘의 영지는 에도로부터 멀리 떨어진 도호쿠東北 지방이나 시코쿠四國, 규슈 등지로 사쓰마 번, 조슈 번 등이 속한 지역들이다. 다이묘는 1만 석 이상의 영지를 가지고 있는 무사를 지칭하지만, 그 증명서는 쇼군이 발급했다.(김희영, 2006: 404~406; 함동주, 2009: 39) 비주류이면서도 독자적 세력이 강했던 도자마 다이묘들은 자신의 번에서 자신들의 필요한 일을 충분히 해나갈 수 있는 위치에 있었다.

정치에 참여할 수 없었던 도자마 다이묘들이 막부가 독점했던 정책결정에 참여하게 된 이유는 250여 년의 해금령을 해제하고 서양에 개항해야 한다는 어려운 문제에 막부가 봉착했기 때문이었다. 1854년 막부는 미국 등 서양과 조약을 체결하기 전 모든 다이묘와 쇼군을 직접 섬기는 신하를 불러 미국에서 보낸 국서를 보이고 대책을 구했다. 미토, 에치센, 오와리와 같은 같은 신판 다이묘와 사쓰마와 도사, 우와지마와 같은 도자마 다이묘도 참석했다. 모든 다이묘에게 전국 규모의 국정개입, 또는 참여의 문이 열린 것이다. 당시 다이묘들의 공통된 생각은 전쟁을 피하자는 것이었다. 즉 조약체결에 찬성했다. 또

14대 쇼군 선정과 관련해 도자마 다이묘들이 참석하기도 했다. 당시 도자마 다이묘가 밀던 도쿠가와 요시노부가 후다이 다이묘가 밀던 후보에 밀려 선정되지 않았다.

1833년 대기근으로 농민반란이 속출하는 가운데 막부는 덴포개혁의 실패 등 개혁정책에 거듭 실패했다. 18세기 이래 일본사회는 상품생산과 시장경제가 급속히 진행됐는데, 막부가 쌀 생산에 기반을 둔 연공징수체제를 지지했기 때문에 경제의 변화에 효과적으로 대처하지 못한 탓이다. 한마디로 무능했다. 막부의 농본주의적 지향이 성과를 거둘 수 없게 되자 쌀로 녹봉을 받는 무사들과 쌀 수입에 의존하던 막부는 심각한 재정난을 겪게 된다. 하지만 막부가 개혁에 실패하고 있는 가운데 번정개혁에 성공한 번들이 나타나기 시작했다.

당시 번들의 공통된 과제는 재정난을 극복하고 민란을 억제하며, 문벌제도를 타파하고 실력 있는 인재를 등용하는 것이었다. 번에서 직접 지역특산물의 전매제를 실시하여 재정적 자립을 확보했다. 강력한 영주권을 바탕으로 상품경제를 강화하고 번을 넘어선 지역과 상품 유통 및 해운업을 통해 경쟁력을 강화해나갔다. 특히 도자마 다이묘들이 중심이 되어 해외교역 등에 힘을 썼다.

조슈 번과 사쓰마 번, 도사 번, 사가 번 등이 대표적이었다. 우선 조슈는 도요토미 히데요시의 천하통일에 기여해 120만 석에 이르는 넓은 영지를 확보했다. 그러나 도쿠가와 막부가 정권을 잡자 영지가 36만 석으로 대폭 줄었다. 그렇다고 해도 에도시대에 3~4위의 경제력이었다. 영지삭감의 여파로 재정난에 시달리던 조슈는 이를 타개하기 위해 특산물 생산과 전매제를 실시했다. 18세기 후반부터 염전과 새로운 밭을 개발하는 경제정책을 썼다. 19세기 초 종이·쌀·소금·밀랍에 대한 전매권을 번 정부가 독점하고, 전매상품은 오사카에서 판매해 이윤을 남겼다. 가혹한 전매로 반발이 일어나자 일단 개혁이 중단됐다.

1834년 새로 취임한 번주는 무라타 세이후村田淸風를 기용해 재차 번정개혁을 시도했다. 무라타는 신분이 아니라 실력으로 발탁됐는데 이후 하급무사가 번 정치에 개입할 수 있는 인재등용의 선례를 남겼다. 무라타는 재정의 건전성을 확보할 뿐만 아니라 난학과 같은 서양 학문을 장려하고, 하급무사들을 등용하여 서양식 군비의 정비에 노력하였다. 막대한 부채를 청산하기 위해 예산절감을 실시했고 식산흥업정책도 시행했다. 지역특산품 거래를 위한 국산방역소를 설치했는데, 이때는 화지와 소금만 전매하고 상인들에게 세금을 거뒀다. 술·채종·목면은 특권상인에게 독점권을 주고 영내 상인과 직인, 해운업자에게 면허권을 발행했다. 해상 요충지인 시모노세키를 활용해 각지에서 들어오는 선박을 대상으로 화물을 저당잡아 자금을 대부하거나 상품의 위탁 판매 등으로 막대한 수익을 올렸다. 일종의 금융업에도 뛰어든 것이다. 번 정부와 번사들의 부채를 해결하기 위해 부채 원금을 매년 3퍼센트씩 37년간 장기 분할상환하도록 했다.(함동주, 2009: 45~46) 개항으로 존왕양이를 선언했고 서양세력을 배척하며 막부와 갈등을 빚었다. 그러나 1864년 무렵 서양식 무기와 함대로 무장해 메이지 유신의 무력적 기반을 마련했다. 1871년 신정부의 전국적인 폐번치현 조치에 의해 야마구치 현으로 재편됐다.

사쓰마 번은 지리적으로 일본의 남서부에 위치하여 서양 세력과의 교류가 빈번하고 대외무역도 활발했다. 그래서 막부 말 개항기에 존왕양이의 본산인 조슈와 달리 개국론을 개진했다. 막부의 제1차 조슈 토벌에 사쓰마가 참여한 이유이기도 하다. 사쓰마 번은 임진왜란 때에는 사천전투나 노량해전 등에서 악명을 날렸고, 조선 도공陶工을 비롯한 많은 기술자를 포로로 잡아가 산업생산에 이용했다. 가고시마에서 사쓰마도기를 만드는 심수관 일가가 조선도공 출신이다. 1609년 막부의 명령에 따라 류큐왕국 정벌에 성공해 연공이 77만 석에 달하는 웅번으로 성장했다.

상업경제의 발달로 부채가 쌓이자 이를 해결하기 위해 1838년 하급무사였던 주쇼 히로사토를 등용해 개혁에 착수했다. 쌀 수입에 의존하지 않기 위해 무역과 전매사업 등 중상주의 정책을 썼다. 청나라와 조공관계에 있는 류큐와의 무역을 매개로 청나라와 밀무역을 추진했다. 특히 류큐의 흑설탕을 철저히 전매해 그 이익을 모두 번이 차지했다.(함동주, 2009: 47) 번의 부채를 250년간 분할상환하는 정책을 강행했다. 이런 노력으로 재정이 크게 호전됐고, 막부 말기에 사쓰마 번이 강력한 정치력과 군사력을 발휘하는 배경이 됐다.

특히 사쓰마의 번주 시마즈 나리아키라는 1851년부터 가고시마에 반사로反射爐(금속 등을 녹이는 용광로)를 만들었고, 조선소와 유리 제조소를 건설하였는데, 부국강병과 식산흥업을 위한 것들이다. 1865년 시마즈가 일본 최초의 근대식 석조양식으로 세운 철골공장은 현재 가고시마의 쇼코 슈세이칸集成館이란 박물관으로 변신했다. 슈세이칸이란 이름도 시마즈가 부국강병을 꿈꾸며 제철·조선·방적·기계·인쇄·출판·교육·제당·유리·의료 등 모든 근대산업을 집중적으로 육성하겠다는 뜻으로 지었다. 쇼코 슈세이칸은 미야자키 하야오의 애니메이션 〈원령공주〉의 모티브가 됐다.

또 사쓰마는 서양식 포술 등을 활용하여 군사력도 강화했다. 류큐를 통해 중국의 아편전쟁과 혼란스런 개항기의 소식을 들으며 일본 개항의 필요성을 자연스럽게 인식했다. 덕분에 일본의 개항 시기에 무리한 양이운동을 자제했다. 또 시미즈 번주는 막부 조정과 연합정권을 수립하는 정치운동을 추진했다. 그러나 막부의 통치능력에 실망하게 되자 1865년부터 나가사키를 장악하고 외국 세력과 밀약을 맺어 외자를 도입하고, 무기와 함선을 사들여 막부와 대항할 무력을 갖췄다. 막부의 개혁을 주장하고 존왕양이파의 급진적 행동을 제어해야 한다던 태도에서 전환한 것이다. 1866년 초부터 막부와 결별하고 조슈와 동맹해 막부를 무력으로 타도하고, 메이지 유신을 성공적으로 꾸려나간다.

도사 번도 긴축재정을 실시해 재정을 회복시켰다. 사가 번에서는 번주 나베시마 나오마사鍋島直正가 균전제에 의한 농촌의 재건에 노력했고, 채색도자기인 아리타야키有田燒를 전매해 번의 수입을 늘려갔다. 대포 제조소를 설치해 서양식의 군사력으로 전환을 모색하였다.

메이지 유신은 이런 비주류 번 출신들이 번의 경제력과 군사력을 활용해 이끌어나간다. 1870년 메이지 정부는 혁명주체들에게 포상을 하는데, 28명 중 사쓰마 출신이 일곱 명, 조슈 출신이 여섯 명, 도사 출신이 네 명, 히젠 출신이 두 명 등 68.9퍼센트로 다수를 차지했다. 이 포상 명단에는 조슈 번 출신인 이토 히로부미와 이노우에 가오루가 빠져 있는데 이들까지 포함하면 이들 비주류 번 출신들의 메이

지 초기 유신지사의 비중은 75퍼센트로 높아진다.(정일성, 2002: 199)

조동일은《학문론》에서 학문을 수입학·자립학·시비학·창조학 네 가지로 나눴다. 수입학은 서양의 최첨단 학문의 경향을 제시하는 것인데, 이 수입학은 시야를 넓히는 데 도움이 되지만 문제해결에 기여하지 못한다고 했다. 둘째 자립학은 우리의 것을 자체로 숭상하는 재래의 국학이나 한국학 등을 이야기하는데 문제파악 능력이 떨어지고 대응책을 마련하지 못한다. 시비학은 책임 없이 방관자적인 발언을 하거나 본론에 들어서지 못하고 서론에만 그치는 것이라고 했다. 이 세 가지 학문을 모두 섭렵하는 창조학을 해야 한다고 말한다.(조동일, 2012: 229)

느닷없이 웬 학문론이냐 싶겠지만, 개화기의 조선을 조동일의 학문론에 대입하면 설명이 쉬워진다. 당시 조선에는 수입학문이 필요했는데, 재래의 공자와 맹자에 근거한 자립학에서 조금도 벗어나질 못해 현실의 문제파악 능력이 떨어졌고, 대응책을 제대로 마련하지 못했다. 자립학에 근거한 위정척사 선비들의 시비학에 발목이 잡혀, 당시 가장 필요했던 개화라는 창조학으로 넘어가지 못했다.

개항기 조선을 돌아보면 1864년 고종 즉위 이후 흥선대원군의 개혁이나, 1884년 갑신정변, 1894년 갑오개혁은 모두 지배층에서 시도한 혁명과 개혁이었다. 1897년 광무개혁도 고종이 주체가 돼 진행한 개혁이었다. 1898~99년 무렵 독립협회가 진행한 입헌군주제로의 전환 등도 주류의 개혁논의라고 볼 수 있다. 독립협회의 설립이나 《독립신문》의 발간 등에 자금을 댄 사람이 고종이다. 독립협회 초대 위원장이 이완용이고 현역관료들이 대거 참여했다는 점에서도 관변의 냄새가 짙은 '위로부터의 개혁'이었다.

주류의 개혁은 현상유지 차원에서 진행되는 것이 대체적이다. 앞으로 어떤 세상이 펼쳐질지도 모르는데 기득권 전복이라는 위험을 무릅쓰고 전면적인 개혁을 할 필요가 없기 때문이다. 주류이면서도 주류적 현실에 만족하지 않고, 일본식의 완전히 새로운 변화를 수용하려고 했던 갑신정변의 김옥균과 개혁당원 정도가 자신들의 계급과 계층을 부정하는 혁명을 시도한 것이 아닐까 생각해본다.

한반도에서 비주류가 주류로 올라선 경험은 1997년 외환위기를 맞아 김대중 대통령이 호남을 바탕으로 정권을 잡은 것이나, 2002년 민주당 내에서 역시 소수이자 비주류였던 노무현 대통령의 집권 정도가 되지 않을까 싶다. 노무현 정부 시절 신행정수도 이전을 두고 주요 언론에서는 '주류의 전복'을 꾀한다는 식으로 접근해 대한민국의 주류들을 경악하게 만들었다. 노무현 정부와 그를 떠받치고 있는 386이라 불리는 과거 운동권세력이 대한민국 건국 이래 주류였던 세력들을 모두 밀어내려고 한다는 식이었으니 말이다. 수도이전과 같은 천도는 비주류와 주류의 전복을 가져온다는 주장들이 설득력을 얻었다. 그러나 두 번의 비주류 정권은 거대한 주류에 포위돼 제대로 된 개혁정책을 펼치지 못했다. 비주류가 정권을 잡고 확실한 비전을 정책으로 펼치기 위해서는 그 정권을 튼튼하게 지켜줄 지지세력과 각종 제도의 보완, 우호적인 언론 등이 필수적이다. 국회가 여대야소 여야 함은 물론이고, 국민여론에 영향을 미치는 언론들과의 우호적 관계 등이 필요했다.

조선에서 개혁·혁명의 주체가 확연히 다른 운동은 1862년 진주에서 발생해 삼남지방(경상도·전라도·충청도)으로 퍼졌던 농민운동의 연장선상에 있던 1894년의 동학농민운동이다. 한반도 역사에서 최초의 전국적 규모의 민중저항운동이었던 동학농민운동은 1894년 청일전쟁을 유도했고, 결과적으로 청나라의 멸망을 앞당기는 데 기여했다. 돌아보면 임진왜란으로 명나라가 망했다고 하는데, 한반도는 중국의 왕조를 두 번이나 망하게 한 셈이다. 더 올라가면 고구려의 을지문덕 장군이 612년 수나라를 망하게 했으니, 중국과 한반도의 악연은 길기도 하다.

동학농민운동의 직접적인 원인은 전라도 고부군수 조병갑의 탐관오리 짓이었다. 조병갑은 농민의 노동력으로 만석보를 쌓은 뒤 농민에게 수세를 거두는 등 학정을 폈다. 수탈에 시달린 빈농들과 몰락한 양반 등이 이에 저항하였으며, 그해 음력 3월 전라도 고부의 동학 접주 전봉준을 지도자로 동학교도와 농민들이 합세하여 봉기했다. 1892년 사학邪學으로 몰려 처형된 교조의 신원을 위해 1893년 보은 집회를 했을 때 고종은 신원을 약속했지만, 그 약속은 지켜지지 않았다. 오히려 정부가 무력으로 탄압하는 강경한 태도를 보이자 기존의 동학세력에 형편이 어려운 농민이 결합해 정치적 운동으로 성격이 바뀌었다. 반외세 척왜양이斥倭洋夷를 선언했다.(김동노, 2009: 64) 한번 외치면 많은 사람들이 호응해 그 무리가 부쩍 늘었는데, 전라북도 고부를 시작으로 부안·흥덕·태인·정읍·장성·무장·함평 등으로 확산됐다. 이들은 '격문'을 내놓았는데 내용은 이렇다.

"우리의 거사는 위로 종묘사직을 보존하고, 아래로 백성을 보호하기 위해 죽음을 무릅쓰고 맹세를 하였으니 삼가 경동하지 말고, 다가

오는 개혁이나 지켜봐라. (중략) 균전관이 폐단을 일으키고 각 시전에서 백성에게 분담하여 세금을 거두어들이고 (중략) 다른 나라에서 몰래 들어온 상인이 비싼 가격으로 쌀을 무역하고 있으며, 염분에 상업세 명목으로 세금을 매겼다."(박은식, 2012: 141) 동학농민운동은 조선의 탐관오리들과 세정문란, 개항으로 인한 곡물의 유출 등을 비판하고 있다.

당시 전봉준·손화중·김개남의 이름으로 발표한 '창의문'에도 "(중략) 오늘날의 신하된 자는 보답하기를 꾀하지 아니하고 한갓 녹위만 도둑질하여 총명을 기릴 뿐이라. (중략) 우리는 비록 재야의 유민일지라도 군토君土를 먹고 군의君衣를 입고 사는 사람이라 어찌 차마 나라의 멸망을 앉아서 보겠느냐. (중략) 의로운 깃발을 들어 보국안민으로서 사생의 맹서를 하오니 금일을 광경을 보고 놀라지 말고 승평성화와 함께 들어가 살아보기를 바라노라"(오지영, 1940: 108~109; 김동노, 2009: 65 재인용)라고 돼 있다. '격문'에 농민운동의 이유를 관리의 부정부패와 보국안민이라고 대의를 밝혀놓았다.

이들의 봉기 이유는 '폐정개혁안'에 더 잘 나타나 있다. 봉기 초기에 폐정개혁안은 네 가지였다. 첫째 사람을 죽이지 말고 재물을 손상하지 말 것, 둘째 충효를 다해 제세안민할 것, 셋째 일본 오랑캐를 몰아내고 성도를 밝힐 것, 넷째 군사를 거느리고 입경해 권귀權貴를 모두 죽일 것 등이었다.

시간이 지나갈수록 '폐정개혁안'은 계속 늘어났다. 초기 네 가지의 개혁안에 탐관오리의 징계, 호역전戶役錢을 1년에 두 냥兩으로 배정할 것, 포구에서 미곡의 사무역을 엄금할 것, 수령이 그 지방에서 산을 사용하거나 농장을 사는 것을 엄금할 것, 보부상의 작폐를 금지할 것, 간신奸臣의 권리남용으로 인한 매관을 징계할 것, 국태공(대원군)의 국정간여를 통해 민심을 회복할 것, 각국 상인의 포구에서의 상행위를 제한할 것 등이 추가됐다.

박은식은 "백성들이 이 격문 소식을 듣고 좋아 뛰면서 사방에서 호응하고 각 군에 비치된 무기를 모두 탈취해 공당에 침입하여 수령을 욕보이거나 감옥 문을 열고 죄수를 내보내며, 관아 건물을 부수고 창고를 약탈했다"고 서술했다.(박은식, 2012: 142) 박은식은 "무릇 동학당은 본디 정치사상이나 혁명성질을 포함하고 있었으나, 대부분이 비천하고 무뢰하고 우둔하고 무식한 무리에게서 나온 까닭에 난폭하기가 이와 같다. 그러나 엄격하고 각박했던 종래의 계급이 이로 말미암아 무너졌으니 개혁의 선구라 할 만하다. (중략) 바로 서울에 들어와 개혁에 착수했다면 외인外人들의 간섭이 미치지 못할 것이니, 서구 혁명의 핏빛을 다시 아시아 동쪽 반도에서 볼 수 있었을 것이다"고 높게 평가했다.(박은식, 2012: 144) 이어 동학당은 "장차 서울로 북상하여 왕의 곁에 있는 악한들을 깨끗이 쓸어버리겠다"고 공개적으로 발표하기도 했다.(박은식, 2012: 145)

그 뒤는 우리가 다 잘 알듯이 고종이 위안스카이에게 청나라가 군대를 내어 동학당을 소탕할 것을 요청했고, 청나라를 호시탐탐 노리고 있던 일본 역시 군대를 파견했다. 갑신정변 이후 청나라가 군대를 내면 일본군도 군대를 파견할 수 있도록 한 '톈진 조약'을 근거로 한 것이다. 당시 청나라 군대는 인천과 천안에 진주했지만, 일본군은 인천으로 들어와 서울로 진주했다. 청나라 군대와 달리 일본군이 서울까지 진주한 것을 보면 일본의 목표가 무엇이었는지 뚜렷하게 보인다.

일본군은 당장 경복궁에 들어가 고종에게 내정개혁을 요구하고 1차 갑오개혁 정부를 세운 뒤 청나라와의 전쟁을 준비했다. 그때서야 불안감을 느낀 고종은 양군의 철수를 요구했지만, 이미 때는 늦었다. 이미 모종의 결심을 하고 온 일본이 거부했다. 청나라의 영향력을 조선에서 몰아내겠다고 마음먹은 일본이 고종의 요청에 쉽게 응할 리가 없었다. 이어 일본은 청나라와 단교를 선언하고 여세를 몰아 청일전쟁을 벌였다. 1894년 음력 6월 23일이 개전일이다.

평양전투에서 결정적 승리를 거둔 일본은 10월에 청나라 영토를 침공해 뤼순旅順 학살사건을 벌였다. 마오쩌둥의 중국공산당이 한국전쟁에 참전하게 된 이유가 서울 수복 이후 유엔연합군이 북으로 올라오던 진군 방향이 청일전쟁 당시 일본군의 진행 방향과 같아 역사의 반복을 막기 위해 참전했다는 분석을 키신저가 했을 만큼 중요한 전투였다.(키신저, 2012) 청나라와의 전투에서 승리를 확보하자 일본군은 총구를 돌려 농민군 진압에 들어갔다. 10월 공주 우금치전투에서 농민군은 일본군과 전면전을 벌이지만, 서양식 현대무기로 무장한 일본군과의 싸움에 농민군들이 견딜 수가 없었다. 몇 차례의 전투로 1만 명의 농민군 중 생존자가 500명을 넘지 않았다고 한다.(전봉준 공초, 1959: 529; 김동노, 2009: 69 재인용)

동학군은 1차 봉기에서 반제국주의적 요소와 내정개혁의 요소가 혼합되었는데 이중 내정개혁이 더 큰 비중을 차지하고 있었다. 하지만 일본군에 맞서기 위해 2차 봉기를 했을 때는 반제국주의 투쟁의 성격이 강했다.(김동노, 2009, 77)

고종은 동학농민운동을 진압하기 위해 청나라에 군대를 요청했다. 소요사태를 진압하기 위해 불가피했다고 주장할 수도 있겠지만, 그 결과도 자신이 책임져야 한다. 고종은 개화기가 진행되는 동안 스스로의 힘으로 내정의 문제를 해결하기보다 늘 힘센 외세를 활용하려 했다. 그 결과 내정에 대한 외세의 간섭이 심해졌으니, 왕권의 약화는 고종이 자업자득한 측면이 너무도 컸다.

패색이 완연했던 전봉준은 공주전투에서 패배하고 후퇴하면서 양반이나 부호, 지방관리들에게 격문을 보내 항일 연합전선 구축을 시도했다. 그러나 이것은 바랄 수가 없는 일이었다. 각 지역의 양반들은 농민군을 물리치기 위해 민포군이나 수성군을 조직해 농민군의 쇠퇴를 재촉했다. 중농의 참여가 많았던 동학의 북접이 상대적으로 빈농 출신들이 많이 참여한 전봉준의 남접에 적대적인 태도를 보이며 힘을 모아주지 않고 분리해나간 것도 실패의 원인이다. 당시 북접은 '진정한 동학교도인 북접이 남접을 제압해야 한다'고 했다.(김동노, 2009: 68)

결성 당시 이미 조선 고급관료의 사교모임 같았던 독립협회는 동학농민운동이나 전국 각지의 의병활동에 대단히 부정적이고 때론 적대적이었다. 독립협회는 "조선은 세계 만국이 오늘날 독립국으로 승인하여 주어 조선 사람이 어떤 나라에 조선을 차지하라고 빌지만 않으면 차지할 나라가 없을지라. 그런 고로 조선에서는 해·육군을 많이 길러 외국이 침범하는 것을 막을 까닭도 없고 다만 나라에 해·육군이 조금 있어 동학이나 의병 같은 토비土匪나 진정시킬 만하면 넉넉할지라"라고 했다.(강만길, 2006: 282~83)

그 이후의 애국계몽운동계에서도 의병을 비도匪徒로 보았다. 애국계몽운동가들 입장에서 의병전쟁은 일본의 실력을 헤아리지 못한 맹동주의자들의 소행이고, 군사력의 차이로 결국 패배할 수밖에 없는 것이라고 분석했다. 그래서 애국계몽운동가들은 농민이나 하급군인들이 벌이던 무장항쟁과 결합하지 못하고, 1905년 보호국체제에서 식산흥업이나 교육장려로 실력양성론을 주장할 수밖에 없었다.(강만길, 2006: 299~300) 애국계몽운동계에서는 《을지문덕전》, 《강감찬전》, 《이순신전》 등 외적을 물리친 전쟁영웅의 전기를 널리 보급했고, 《이태리건국삼걸전》, 《위싱턴전》, 《피터대제》, 《미국독립사》, 《이태리독립사》, 《법국혁명사》, 《월남망국사》 등 세계 여러 국가의 이야기를 번역해 출판했다.(강만길, 2006: 298)

일본과 미국을 모두 경험한 윤치호나 유길준과 같은 1900년대 초 애국계몽주의자들은 동양인인 일본과 서양인인 러시아가 싸울 때 '인종주의적 편견'에 사로잡혀 일본을 응원했다. 당시 일본이 동아시아를 대상으로 확산하고 있는 동양평화론 등에 홀딱 넘어가 있었기 때문이다.(박은식, 2012: 254). 이들은 일본의 칼이 조선의 목을 칠 때에야 일본이 조선인에게 무엇이었나를 깨달았다. 친일적인 활동을 적지 않게 한 유길준이 한일병합 이후 일본이 내려준 작위를 거절한 것은 일본의 실체를 깨닫지 못한 자신에 대한 반성과 최소한의 양심이 있었기 때문이 아닐까 생각한다. 미국인 언더우드는 당시 조선 지식인들의 상태를 이렇게 서술했다. "한일병합 이후 친일단체와 모임들은 갑자기 몰려나갔다. 일본이 약속을 지켜 조선의 독립을 유지하도록 도와줄 것이라고 믿었던 무리들이 이제 환상에서 깨어나 큰 충격을 받고 치욕감을 느끼고 있었다."(언더우드, 2008)

그 시기에 거의 유일하게 《대한매일신보》(《서울신문》 전신)만이 1904년 창간 때부터 1910년 한일강제병합 이후 조선총독부 기관지로 전락하기 전까지 의병의 활동을 자세히 보도하여 조선인들의 독립의식을 고취시키고 희망을 안겨줬다. 그것은 《대한매일신보》의 설립자가 영국인 베델로 이 신문을 치외법권적으로 다룰 수밖에 없었기 때문이다.

동학농민운동을 토벌해야 한다거나, 맹동주의적으로 바라보는 양반들과 독립협회운동가들, 애국계몽운동가들의 모습은 1980년대 광주 민주화운동을 빨갱이 등 불온한 세력에 의한 폭동이라고 평가하거나, 1987년 민주화운동을 폄하하는 대한민국의 보수세력처럼 보이기도 한다. 동학농민군 내부의 분열 역시 작은 이익에서 발끈하거나 선명성을 내세우기 위해 작은 차이를 극복하지 못하고 분열하는 현대사회의 진보주의자들의 모습을 보이는 것 같다.

다 부질없는 짓이지만, 고종이 청나라에 군대를 요청하지 말고, 동학농민운동의 교조신원운동을 받아준다든지, 탐관오리의 학정을 척결하고 내정개혁에 매진했더라면 어땠을까 하고 상상해본다. 500년 동안 가장 많은 수탈을 받아왔던 농민들이 주체가 돼서 조선의 개화가 진행되지 않았을까? 고종이 이들이 주장했던 '폐정개혁'에 손을 들어줬다면 동학농민군은 고종과 조선을 지키는 튼튼한 세력으로 남았을 수도 있다. 여기에 김옥균이나 유길준, 윤치호, 서재필, 이승만 등 일본과 서양의 개화문명을 경험하고 학식이 있는 인재들의 방향성이 결합됐더라면 새로운 세계의 출구가 열렸을 텐데 말이다.

강만길은 "(농민운동에) 정치의식이나 지도력을 갖춘 정치적 지도층이 아직 형성되지 못했다"(강만길, 2006: 266)고 비판했다. 하지만 동학농민군 내부에서 반드시 인재가 성장하지 않아도 된다. 당시 동학군의 인식 지평에 한계가 있었다고 해서, 이들이 항상 갇힌 사고에 머물 것으로만 단정해서는 안 된다. 생각과 사상은 시간에 따라 변화하고 뒤섞이는 것이다. 조슈 번의 하급무사들도 초기에 존왕양이의 정신에서 왕정복고 쿠데타를 일으키지만, 메이지 천황 옹립에 성공한 뒤로는 개화문명사상을 적극적으로 받아들여 메이지 유신에 성공했다. 권력에 도전할 때와 권력을 수성해야 할 때는 서로 달라질 수밖에 없고, 오히려 달라져야 성공한다.

일본과 조선의 차이는 농민운동을 바라보는 개화 지식인들의 폐쇄적인 사고와 신분적 질서를 완고하게 강조하는 태도에서 비롯됐다고 볼 수도 있다. 깨우치지 못한 동학농민군을 탓하기보다는 사회적 책임을 다해야 하는 지식인으로서 조선의 선비들이 더 부끄러워해야 할 일이었다. 구한말 조선의 양반들은 조국을 위기에서 구해낼 수 있을 만한 사상으로 재무장하지 못했다. 일본의 후쿠자와 유키치처럼 스스로의 세계를 깨고 나오지 못한 것이다.

'완고한 신분제적 가치'에 집착하는 경향은 19세기 말만의 문제는 아니었다. 지배층이라는 개념으로 볼 때 고려는 귀족의 사회였고, 조선은 양반의 사회였다. 사회계층으로서 조선의 양반층은 15~17세기에 걸쳐 광범위하게 형성되는데, 일종의 '사회운동'이었다고 미야지마 히로시는 분석했다. 그 모체는 고려시대 토착 이족吏族세력이고, 이족세력 중에 중앙관료가 나오고 벼슬이 떨어진 뒤 세거지世居地에 정착해서 지방의 지배적인 세력으로서 재지양반층(지방에 사는 양반층)이

형성됐다.(미야지마 히로시, 1996: 78)

　17세기 후반 재지양반층은 경제력 저하를 겪게 된다. 이들은 경제력 약화에 따른 지위의 하락을 만회하기 위해 주자학 이데올로기를 전면에 내세워 점차 보수화됐다. 폐쇄적 특권 집단으로서의 기득권을 수호하려는 노력이었다. 이런 재지양반층에 도전한 것이 지방의 아전들인 향리들이다. 향리들은 17~19세기를 거치는 동안 사회적 지위를 상승시키기 위해 노력한다. 한 예로《경국대전》에 양반은 상복을 3년 입고 향리는 100일 동안만 입으면 된다. 그러나 안동의 향리들은 1634년 향리도 3년 상복으로 인정해달라고 조정에 요청한다. 안동의 향리들은 의성·예안·영해 등의 향리에게도 조정에 자신들과 같은 요구를 할 것을 권고했다. 결과는 어찌됐는지 알 수 없지만, 양반을 닮고자 하는 지방 지식인들의 욕망을 확인할 수 있다.(미야지마 히로시, 1996: 243~49)

　양반이 되고자 하는 향리층의 노력은 일부 결실을 맺기도 했다. 경상도 관찰사 박문수는 1729년에 안동의 향리들은 '유학幼學'이란 칭호를 사용하라고 허락했다. '유학'의 기본 개념은 과거시험을 목표로 학문에 전념하는 사람에 대한 칭호였다. 안동의 향리는 1773년에 향교에서 양반과의 차별대우 철폐도 요구했다. 그해 정부가 서얼에게 향안 입록을 허락한 정책에 편승코자 한 것이다. 또한 향리층은 족보 입록도 시도한다. 족보는 17세기까지 양반을 보증하는 서류였기 때문이다.(미야지마 히로시, 1996: 243~49)

　참고로 향안이란 16~17세기에 재지양반들이 지역사회에 대한 지배권을 확보하기 위해 사족세력들을 결합하려고 만들어놓은 명부다.

향안에 이름을 올린 사람들이 향회라는 지역회의를 소집하여 여론을 형성하고 향규를 만들어 마을의 법칙들을 제정했기 때문이다. 그러다 보니 향안에 이름을 올리는 향안 입록을 하려면 조건이 까다로웠다. 본가·처가·외가가 명문 양반으로 가문에 허물이 없고 수령과 고을 양반들의 동의가 있어야 했다.

　마야지마는 향리층이 양반 신분과 같은 특혜를 누리려고 지위 향상에 노력한 것은 양반체제의 동요가 아니라 양반체제의 안정화에서 찾아야 한다고 분석했다. 19세기에는 향리보다 더 아래 계층에서 양반으로의 상승 지향이 나타났다.(미야지마 히로시, 1996: 253) 이렇게 어렵게 지역 양반이나 지역 양반에 준하는 대우를 받게 된 지역의 지식인들은 신분의 위계를 무너뜨리고 빈농과 함께 행동할 수 없었다. 근본이 다르다는 착각 때문이었다. 전근대적인 사고방식을 기반으로 한 시대적 한계는 불가피했다.

　지방의 양반 중 위정척사파들의 반외세 노선은 동학농민군의 외세 배척과 일치했다. 다만 위정척사파들의 반외세 논리는 향촌이 조선왕조의 중세적 질서를 지키기 위한 것이지, 빈농들과 함께 어울리는 통합된 사회를 만들기 위한 것은 아니었기 때문에 일종의 민병대로 농민군을 토벌했다. 국가의 위기 앞에서 작다고 생각하면 한없이 작아질 정치적·경제적·사상적 차이를 내세우며 세력과 세력 간의 통합 등, 통 큰 리더십을 발휘하지 못했으니 안타깝다.

김옥균은
왜 사카모토 료마가
되지 못했나

일본의 개국과 관련한 역사책을 읽다보면 워낙 낯선 이름들과 지명들이 많이 나와서 대충 놓치면서 읽기 십상이지만, 절대 놓치면 안 되는 중요한 인물과 구절이 있다.

'1866년 도사 번의 탈번 하급무사인 사카모토 료마의 중재로 대립하던 사쓰마 번과 조슈 번의 하급무사 사이에 비밀 군사동맹이 성립하였다'라는 대목이다. 일본 개국과정에서 질적 변화를 추동하는 '삿조 밀약' 또는 '삿조 연합薩長聯合'을 설명한 것이다. 이 삿조 밀약은 막부가 사쓰마 번의 무력을 믿고 제2차 조슈 정벌을 강행했지만, 조슈와 밀약을 맺은 사쓰마 번에서 출병을 거부하면서 일본 중세체제인 막부정치의 몰락을 재촉한 중대한 사건이었다.

일본인들에게 좋아하는 영웅 세 사람을 꼽으라고 하면 도요토미

사카모토 료마(1835~67)
하급무사 출신인 사카모토 료마는 대정봉환을 주도해 '일본의 근대화를 이끈 인물', '메이지 유신의 설계자'로 평가받는다. 일본의 한 여론조사에서 '일본 1,000년 역사의 가장 중요한 인물' 1위로 선정되기도 했다.

히데요시나 오다 노부나가, 이토 히로부미와 함께 사카모토 료마의 이름이 나온다고 한다. 재일교포 2세 IT사업가인 손정의는 "료마가 나를 이끌었다"고 할 정도로 비중을 두고 있다. 몇 년 전 일본의 여론조사에서 일본 1,000년 역사의 가장 중요한 인물 1위로 사카모토 료마가 뽑혔다는 기록도 있다. 그만큼 사카모토 료마는 일본 역사에서 중요한 인물일 뿐만 아니라 현재의 일본인에게도 중요한 인물이라는 말이다. 한국인에게는 세종대왕·이순신·안중근·김구 정도가 될 텐데, 돌아보니 세종대왕을 제외하면 일본과의 악연 때문에 영웅이 된 분들이다.

한국에는 2004년 무렵 역사대하소설 《료마가 간다》 등의 사카모토 료마에 대한 출판물이 쏟아지면서 소개됐다. 사카모토 료마는 누구인가.《두산백과사전》에는 "일본 에도시대의 무사로, 대정봉환을 주도해 '실질적으로 일본의 근대화를 이끈 인물'. 서로 대립관계에 있던 사쓰마 번과 조슈 번의 동맹 및 막부와 번의 통일을 성사시킴으로써 메이지 유신을 통해 중앙집권적인 근대국가로 나아갈 수 있는 발판을 마련하였다"고 설명하고 있다. 사카모토 료마는 '실질적으로 일본의 근대화를 이끈 인물', 다른 표현으로 '메이지 유신의 설계자'인 것이다.

사카모토 료마는 1835년 11월 15일 도사 번 향사鄕士의 둘째 아들로 태어났다. 향사란 농촌에 거주하는 무사의 총칭인데, 신분의 표시로 칼을 차고 다니지만 정치에 참여할 수 없는 하급무사였다. 사카모토는 1853년 에도로 유학을 가 지바千葉 데이키치貞吉의 호쿠신잇토류北辰一刀流 도장에서 검술을 익히면서 왕권복구와 서양 척결을 주장하는 존왕양이파와 교류했다. 1861년 고향에서 하급무사인 다케치 즈이잔의 '도사 근왕당'에 가담하여 전형적인 존왕양이파 활동을 편다. 그리고 그해 10월에 다케치의 밀사로 조슈에 파견돼 그 다음해 2월 구사카 겐즈이를 만났다. 구사카 겐즈이는 요시다 쇼인이 운영하던 쇼카손주쿠에서 다카스기 신사쿠 등과 함께 공부했던 존왕양이파다. 사카모토 료마는 외세를 배척해야 한다는 사고에 사로잡혀 1862년에 막부의 대신이자 개국파인 가쓰 가이슈를 죽이기 위해 에도로 찾아갔다.

가쓰 가이슈는 나가사키에서 네덜란드 학문인 난학 등을 배우고 1860년에는 미국과의 조약 체결을 위해 간닌마루의 함장으로 최초로 태평양을 건너 미국까지 방문하고 돌아온 인물이다. 마흔 살의 가쓰 가이슈는 혈기방장한 스물여덟 살의 사카모토를 설득한다. 일본 사극을 보면 그 장면을 보여주는데 가쓰는 서양 의자에 앉아, 대형 지구본을 이리저리 돌리면서 사카모토에게 이른바 '세계'을 보여준다. 마치 박규수가 지구본을 꺼내 김옥균 등에게 '세계'를 구경시켜주듯이 말이다. 가쓰의 설득력이 좋았는지, 아니면 사카모토가 '말랑말랑한 뇌'의 소유자였거나 남의 설득에 홀랑 넘어가는 '팔랑귀'의 소유자였는지 가쓰의 설득에 넘어갔다. 그뿐만 아니라 그에게 감동을 받아 존왕양이파의 자객들로부터 그를 지키겠다는 결의를 다지기도 한다. 때문에 도사의 향사였던 사카모토는 이 무렵 번주의 허락을 받지 않고 번을 이탈한 탈번무사가 된다. 사카모토는 가쓰가 군함조련소의 장이 되자 군함조련소를 설립하기 위해 떠돌이 무사들을 조직하는 등 온 힘을 모았다. 당시 천황은 존왕양이파인 조슈 번의 주장을 받아들여 막부의 쇼군에게 '파약양이 결행'을 요구하는 등 이례적인 정치적 행보를 하고 있었다. 서양과의 조약을 파기하면 전쟁이 우려되는 상황에서 난감해진 막부는 우선 '양이 결행 명령'을 내렸지만, 곧바로 반격해 천황과 그의 조정(공경)을 좌지우지하는 조슈 번의 세력들을 교토에서 모두 내쫓아버렸다. 이것이 1863년 '8월 18일의 정변'이다. 사실상 '양이 결행 명령'은 실행되지 않았다. 이때의 여파로 가쓰와 사카모토가 힘을 쏟던 군함조련소가 폐쇄된다. 조슈의 존왕양이파가 이에 굴하지 않고 그 다음해인 1864년 7월 막부에 대항해 교토를 공격하는 '금문禁門의 변'을 일으켰으나 실패했다. 막부는 조슈 번에 대한 제1차 정벌을 통해 존왕양이파를 강도 높게 탄압했다.

이런 시기에 사카모토 료마는 탈번무사에 대한 검거를 강화하는 막부의 탄압을 피하려고 사쓰마 번으로 갔다. 이때 사이고 다카모리가 도움을 주었으니, 사카모토 료마는 조슈 번과 사쓰마 번의 실력자들과도 친한 사이였던 셈이다. 한국식으로 표현하면 '마당발'로 '전국에 형님·동생을 수천 명' 깔아놓고 사는 스타일 같다.

사카모토는 1865년 사쓰마 번의 재정적 도움을 받아 도사 번 출신의 개화된 무사들과 함께 나가사키에서 가메야마샤추龜山社中를 세워 물산과 무기를 거래하는 무역업에 종사한다. 가메야마샤추는 일본 최초의 주식회사다.

사카모토는 1866년 1월 서로 대립하는 사쓰마 번과 조슈 번의 동맹을 성사시켰다. 튼튼한 재정을 배경으로 서양 함대와 무기를 구입해 강한 화력으로 각각 무장한 사쓰마와 조슈가 서로 전쟁을 벌였다면 일본인들에겐 재앙이었을 것이다. 그러나 두 웅번熊藩은 일본이 영국이나 프랑스의 식민지가 되지 않을까 하는 우려가 있었고, 막부에게 기대할 것이 없다는 점에서도 서로 뜻이 통했다. 이들에게 장애물은 신뢰할 수 없는 과거의 갈등이었다. '8월 18일 정변'에 사쓰마가 막부 편에 서서 조슈를 교토에서 몰아냈고, 막부의 1차 조슈 정벌에 사쓰마가 참전했기 때문에 강한 불신이 존재했던 것이다. 이때 사카모토가 두 웅번이 동맹할 것을 강력히 설득했다. 두 웅번은 자신들의 불신을 내려놓고 사카모토에게 이 동맹을 보증할 것을 요청했다. 이에 사카모토는 1866년 1월 교토에서 사쓰마 번의 사이고 다카모리, 오쿠보 도시미치, 고마쓰 기요카도와 조슈 번의 기도 다카요시를 중재했다. 막부를 토벌하는 운동에 협력하는 6개 조항의 동맹을 체결했다. 이것이 바로 '삿조 동맹'이다. 막부의 권력이 천황에게 넘어갈 수 있도록 한 '대정봉환'의 첫 단추가 끼워진 것이다.

막부의 탈번무사 검거 선풍을 피해 시모노세키와 나가사키에 주로 머물며 해운 무역업에 종사하던 사카모토는 1867년 마침내 도사 번으로부터 탈번죄를 용서받았다. 더 나아가 도사 번은 가메야마샤추를 도사의 공인된 해원대海援隊로 인정했다. 이때 영국 동인도회사의 나가사키 지부장인 토머스 글로버는 사카모토 료마가 해원대를 이용해 일본 신식 해군을 창설하는 데 많은 도움을 줬다. 해원대는 일본 상사의 원형이자 일본의 상사인 미쓰비시의 전신이 된다.

사카모토 료마는 1867년 교토로 가는 배 안에서 '선중팔책船中八策'을 구상한다. '신정부강령팔책'으로도 불리는 이 구상은 대정봉환을 시작으로 여덟 개의 새로운 정치구상을 담고 있다. 이 정책은 이후 메이지 유신 정부에서 거의 수용된다.

'선중팔책'의 구체적 내용은 다음과 같다.

> 하나, 천하의 정권을 조정에 봉환하고 새 정령을 조정에서 세운다.
> 하나, 상하의 정국을 설치하여 의원을 뽑아 만기를 공의共議로 결정한다.
> 하나, 유능한 공경제후와 천하의 인재를 고문으로 삼아 관작을 내리고, 종래 유명무실한 관직을 폐지한다.
> 하나, 외국과의 교류를 확대하는 공의를 모으고 새롭고 지당한 규약을 세운다.
> 하나, 옛 율령을 폐지하고 새롭고 무궁한 대전을 제정한다.
> 하나, 해군을 확장한다.

하나, 어친병御親兵을 설치하여 제국의 도시를 수비하게 한다.

하나, 금은의 시세를 외국과 균형을 맞추는 법을 제정한다.(위키피디아)

사카모토는 이 선중팔책을 막부의 로주에게 전달했다. 그리고 그해 11월 15일 친구인 나카오카 신타로中岡愼太郎와 함께 막부 신센구미의 습격을 받아 교토에서 서른세 살의 나이로 죽었다. 일본 역사상 최초로 신혼여행을 떠났던 인물로 기록되는 사카모토 료마가 화려한 신화와 영웅담을 남기고 사라진 것이다.

함동주는 사카모토 료마에 대해 일본 중앙정치는 후다이 다이묘나 막부의 가신들에게만 허용됐고 지방의 번 정치의 경우도 상층 가신들이 장악하고 있는데, 국사國事주선 행위를 함으로써 신분제적 규율을 넘어섰고, 번 내부 및 다른 번 인사들과 횡적 네트워크를 구축한 대표적인 '유신지사'로 평가했다.(함동주, 2009: 63~64)

사방천지에 형님·동생을 깔아놓으며 폭넓은 교류를 하고, 새로운 시대의 조류에 일찍 눈을 떠 이를 실행하려고 노력한 사카모토 료마와 같은 인물을 조선 개항기에 찾다보면 김옥균이 떠오른다. 조선의 고급 관료로서 개화에 앞장섰던 그는 친일파 역적이거나 시대를 잘못타고 난 불운한 혁명가라는 극단적인 평가를 받고 있다. 사카모토는 여성편력도 화려한 것으로 알려지기도 했는데, 일본 망명생활 10여 년 뒤 김옥균이 중국에서 죽었을 때 유지를 모시겠다고 나타난 일본 여자들이 한둘이 아니었다는 점에서도 흡사한 면이 있다.

김옥균의 갑신정변 동지인 박영효는 1931년 이광수와의 인터뷰가 실린《동광》3월호에 "김옥균의 장처長處는 교유요. 그는 교유가 참

김옥균(1851~94)
노론 출신의 그는 고위관료라는 자신의 신분에 자족하지 않고, 늙고 병든 조선을 개혁하기 위해 스스로 개혁의 설계도를 그리고 실행해본 인물이다. '친일파'와 '시대를 잘못타고 난 불운한 혁명가'라는 극단적인 평가를 동시에 받고 있다.

으로 능하오. 그는 글도 잘하고, 말도 잘하고, 시문서화를 잘하오. 그러나 단점이라면 덕이 모자라고 모략이 없는 것이오"라고 했다. 도쿄 아오야마 공원묘지의 외국인 묘지에 유발遺髮만 묻어놓은 김옥균의 묘지가 있는데, 이 묘비명에 개화파인 유길준이 이렇게 써놓았다. "비상한 재주를 갖고, 비상한 시대를 만나, 비상한 공도 세우지 못하고, 비상하게 죽어간, 하늘나라의 김옥균 공이여."(신동준, 2009: 17, 19)

김옥균은 안동 김씨였지만, 그의 생부는 충남 공주의 향반에 지나지 않았다. 어릴 때부터 동네에 신동이 났다고 소문이 자자했던지, 여섯 살 때 당숙 김병기에게 입양돼 서울에서 성장하였다. 서울 효자동에 사는 경화세족 안동 김씨를 '장동 김씨'라고 부르는데 당숙 김병기가 그랬다. 김병기는 소과에는 합격했으나 문과에는 합격하지 못해 세도가 출신이지만 지방관을 전전했다. 김옥균이 열한 살이던

1861년 양부가 강릉부사로 나가자 열여섯 살 때까지 율곡학풍의 강한 영향을 받으며 성장한다. 율곡학풍은 시무지학時務之學을 중시하는 학풍이다. 수신修身보다는 치국평천하治國平天下에 비중을 두는 학풍으로 퇴계 이황의 위기지학의 학풍과 차이가 있다.

열여섯 살인 1866년 서울 북촌에 살게 된 소년 김옥균은 당시 북촌의 양반들과 친하게 지낸다. 그의 집은 한성부 북구 홍현인데, 그의 집 옆에는 서재필의 집이, 앞에는 김홍집의 집이 있고, 얼마 떨어지지 않은 곳에 박규수와 홍영식, 서광범의 집이 있었다.(박은숙, 2011: 25) 스물두 살이던 1872년 과거에 장원급제한 그는 1870년을 전후로 박규수의 북촌 사랑방을 들락거리며 개화사상에 눈떠가는 인물이 되었다. 1874년 청요직인 홍문관교리로 임명됐다. 이 무렵부터 정치적 결사로서의 다수의 동지들을 모아 개화당의 지도자가 되어갔다.

그는 1870년대 후반 한성 독립문 서쪽 산 너머의 봉원사 소속 승려 이동인을 통해 일본의 메이지 유신에 대한 소문을 들었다. 이동인은 김옥균에게 영국의 런던 거리가 담긴 만화경을 보여주고, 일본책 《만국사기》를 전달하고 세계 각국의 풍물사진을 전해줬다. 이동인은 역사·지리·물리·화학 책과 사진, 성냥 등을 구입해 김옥균과 그의 친구들을 만났다. 이때 이동인이 성냥으로 불을 일으키자 선비들은 "귀신의 재주가 아니고서야 저런 물건을 어떻게 만들지" 하고 감탄했다고 한다. 이동인은 나중에 1880년 수신사로 일본을 방문한 김홍집을 비롯해 박영효 등 개화파들이 후쿠자와 유키치를 만날 수 있도록 다리를 놓은 중개자였다. 이동인은 일본 사찰인 히가시혼간지東本願寺를 매개로 후쿠자와와 만난 최초의 조선인이었다. 일본의 사학자 하기와라 노부토시는 이동인에 대해 "주일 영국대사관이었던 어니스트 사토의 조선어 교사로 1878년 교토에 본원을 둔 히가시혼간지 부산별원을 출입했다. 1879년 9월 일본에 몰래 건너와 교토 히가시혼간지에 머물면서 일본어를 배웠다. 이듬해 도쿄로 상경해 아사쿠사에 있는 히가시혼간지 별원에 기거했다"고 썼다.(정일성: 2012: 64~69) 이후 이동인은 1881년 신사유람단의 참모관에 임명돼 일본 안내를 맡기로 돼 있었으나 선박을 주선하기 위해 경복궁에 들어갔다가 행방불명됐다. 그 후 일본《초야신문》1881년 5월 6일자에 '조선 개화당을 위해 암살된 이동인'이라는 제목의 해설기사가 났다.(정일성: 2012: 72) 일본의 영향력을 두려워한 민씨 척족들이 살해했다고 본 것이다.

이렇게 김옥균은 역관인 오경석은 물론 중인 출신의 역관이자 한의사인 유대치, 조선시대 천민이었던 승려 이동인까지 신분을 가리지 않고 교유하는 스타일이었다. 박규수의 집에서 교유한 선배 관료로 김홍집·김윤식이 있고 아래로는 서광범·윤치호·서재필·유길준 등이 있었다. 철종의 부마인 박영효와도 친구였다.

김옥균도 마침내 메이지 유신의 일본을 방문하게 됐다. 1881년 음력 12월이다. 서광범·유길준과 함께 5개월 정도 일본에 머물면서 청나라 영사와 사귀었다. 나중에 개화당의 후원자 역할을 한 후쿠자와 유키치 집에서 4개월 정도 머무르며 흥아회興亞會에 참석해 일본의 여러 인물들과 두루 인사했다. 흥아회는 국제적 민간단체로 청국의 초대 주일공사 허루장과 일본 재야인사들에 의해 1881년 조직됐다. 흥아회는 아시아의 단합이 목표였다. 방일 직후 김옥균은《기화근사》를 펴내 조선과 일본의 최근 사정을 설명하고, 양반제의 폐지, 고른 인재의 등용, 재정개혁, 회사제도의 장려, 화폐개혁, 철도부설과 기선의 도입 등 구체적 방안을 제시했다.(신동준, 2009: 24~25)

그는 일본의 시모노세키下關를 돌아보던 중 조선에서 임오군란이 일어났다는 소식을 듣고 황급히 귀국하였다. 임오군란이 수습된 뒤 승정원우부승지·참의교섭통상사무·이조참의·호조참판·외아문협판外衙門協辦 등의 요직을 거쳤다. 그는 일본이 동양의 영국과 같이 되어가는 것을 보고, "조선은 동양의 프랑스가 되어야 한다"고 주장했다.

임오군란 후 1882년 8월 그는 수신사 박영효의 고문으로 두 번째로 일본을 방문했다. 이때 박영효가 태극기를 만들어 게양했다. 김옥균과 박영효는 당시 이노우에 가오루 등 일본 정계 인사들과 서양 외교관들을 만나 "조선은 중국의 속국이 아니라 독립국이다"라고 강력히 주장했다. 김옥균은 그 방일 중에 신설된 통리교섭통상사무아문의 참의로 임명됐다. 김옥균은 수신사 일행을 먼저 귀국시키고 서광범과 함께 더 체류하면서 조선의 유학생들을 일본의 여러 학교에 입학시킨 다음, 1883년 3월 귀국하였다. 문과시험에 합격한 서재필에게 국방의 중요성을 강조해 일본 도야마육군학교에 입학시키고, 윤치호를 설득해 영어공부를 시킨 것도 김옥균이었다.

귀국 후 동남제도개척사겸 관포경사로 임명돼 울릉도와 독도에서 어업활동을 하며 조선어민들에게 피해를 입히는 일본을 견제했다. 임오군란으로 조선의 내정간섭에 들어간 청나라는 조선에 파견한 상무위원 천수탕陳樹棠과 묄렌도르프 등을 통해 재정과 외교부문의 간섭을 강화했다. 당연히 김옥균이 추진하던 개화사업이 순탄하게 진행되지 못했다. 가장 큰 이견을 보인 것은 재정문제를 해결하는 방안이었다. 재정고문인 독일인 묄렌도르프는 고액권인 당오전 발행을 지지했지만, 김옥균은 외채 모집을 지지했다. 민영익의 집에서 한나절 토론했지만, 묄렌도르프의 주장이 채택됐다. 당오전은 발행되자마자 물가폭등을 유발했다. 당시 일본 엔화와 조선화폐의 교환가치는 당오전 출현 이전에는 1 대 2.5였지만, 당오전 발행 이후로 1 대 8로 대폭락했다. 조선화폐의 가치가 대폭 하락했고, 무역수지도 악화됐다.(신동준, 2009: 27~28)

김옥균의 3차 도일은 1883년 6월 고종의 위임장을 가지고 가 일본에서 국채를 모집할 목적이었다. 개혁을 진행하기에 조선의 재정은 너무 취약했다. 그러나 이런 노력은 조선주재 일본공사 다케조에 竹添進一郎가 고종의 국채위임장이 위조된 것이라고 일본 정부에 허위보고해 무산됐다. 그는 1884년 4월 빈손으로 귀국했다. 그의 울분이 어땠을까 하는 생각을 해본다.

그는 세 차례에 걸친 도일 과정에서 닥쳐올 나라의 위기를 급박하게 느껴 더욱 초조해졌다. 그가 개화정책을 서두르면 서두를수록 청나라와 이들 세력을 등에 업은 민씨 외척과의 정치적 갈등과 대립은 더욱 첨예해졌다.

김옥균이 주장한 개혁의 내용들을 정리하면 이렇다. 양반신분제도의 폐지, 문벌의 폐지, 신분에 구애받지 않는 인재의 등용, 국가재정의 개혁, 공장제도에 의거한 근대 공업의 건설, 광업의 개발, 선진 과학기술의 도입과 채용, 상업의 발달과 회사제도의 장려, 화폐의 개혁, 관세자주권의 정립, 농업과 양잠의 발전, 목축의 발전, 임업의 개발, 어업의 개발과 포경업의 개발, 철도의 부설과 기선 해운의 도입, 전신에 의거한 통신의 발전, 인구조사 실시 등이다. 또한 학교를 널리 설립하고 신교육의 실시를 주장했다. 자주 국방력 양성, 경찰제도의 개혁, 형사행정의 개혁, 도로의 개선과 정비, 위생의 개혁, 종교와 신앙의 자유 허용, 조선의 중립화 등도 주장하였다.

청나라는 김옥균이 취하고 있는 조선의 자주 근대화 정책이 자신들의 속방화 정책에 저항하는 것인 만큼 김옥균과 개화당에 대해 탄압을 가한다. 청나라의 도움으로 재집권에 성공한 민씨 외척들도 김옥균 등 개화당의 정책에 반대했다. 늘 문제가 되는 고종은 여기서도 갈지자로 왔다갔다 행보를 한다. 1882년 임오군란 이후 주둔한 청나라의 군대와 위안스카이는 기존의 조선 속방화 유지에서 한걸음 더 나아가 조선을 청나라의 근대적 식민지로 전환하려고 시도한 것으로 파악된다.(배항섭, 2002: 247; 이삼성, 2009: 600 재인용)

이 무렵 고종의 리더십은 비난받아도 마땅하다. 그는 양손에 떡을 들고 저울질을 하고 있었다. 일본의 개화를 본받아야 한다는 '김옥균의 개화당'과 그래도 청나라와 함께 가자는 '김윤식의 사대당'이라는 떡이다. 물론 사대당은 민씨 척족들이 배후에 있었다. 고종은 이 둘 사이를 오락가락하면서 둘의 경쟁과 갈등을 즐겼던 것이 아닐까 싶다. 권력의 속성이 원래 그러하기는 하지만, 결단력이 없다보니 이쪽 이야기도 옳고 저쪽 이야기도 옳다고 판단했을 수도 있다. 고종의 총애가 유일한 동아줄이고 마땅히 세력도 없었던 김옥균으로서는 권력투쟁에서 밀려나면 조선에서 개혁을 성사시킬 수 없을 것이라는 위기감에 시달렸을 것이다. 당시 국내 영향력이 크지 않은 일본에 의지해 '갑신정변'이라는 유혈극을 벌인 데에는 김옥균과 개화당의 절박함과 절망감이 기여했을 것이다.(이삼성, 2009: 633) 김옥균에게 남은 길은 정변政變으로 정권을 장악하여 고종을 인질로 앞세우고 '위로부터의 대개혁'을 단행하는 것이었다.

1884년 12월 4일(음력 10월 17일) 우정국 준공 축하연을 계기로 마침내 갑신정변을 결행하였다. 그날 밤 사대당의 거물이었던 민태호·한규직·이조연을 살해하고 그 다음날인 5일 이재원(국왕의 종형)을 영의정으로 하고 홍영식을 좌의정, 고종의 형인 이재면을 좌찬성으로 하는 새 내각을 구성했다. 그는 호조참판을 맡아 재정과 관련한 권력을 장악했지만 실질적으로 정변과 신정부를 모두 지휘하였다. 정권을 장악한 개화당은 12월 5일 저녁부터 6일 새벽까지 밤을 새워가며 회의를 열어서 그의 주도 하에 6일 오전 9시 경에 국왕이 전교하는 형식을 빌려 혁신정강革新政綱을 제정·공포했다. 이날 오후 3시에는 국왕도 대개혁 정치를 천명하는 조서를 내려 국정 전반의 대개혁이 이루어질 듯하였다.

당시 갑신 혁신정강은 14개 조항으로, 김옥균의 《갑신일록》에 수록되어 있다.

하나, 대원군을 가까운 시일 내에 돌려보낼 것, 조공하는 허례를 폐지할 것.
하나, 문벌을 폐지하여 인민평등의 권權을 제정하고, 사람의 능력으로써 관직을 택하게 하지, 관직으로써 사람을 택하지 않을 것.
하나, 전국의 지조법地租法을 개혁하여 간사한 관리들을 근절하고 백성들의 곤란을 구하며 겸하여 국가 재정을 유족하게 할 것.

하나, 내시부를 폐지하고 그중에 재능 있는 자가 있으면 등용할 것.

하나, 그 동안 국가에 해독을 끼친 탐관오리 중에서 심한 자는 처벌할 것.

하나, 각 도의 환자제도還上制度는 영구히 폐지할 것.

하나, 규장각을 폐지할 것.

하나, 순사제도巡査制度를 시급히 설치하여 도적을 방지할 것.

하나, 혜상공국惠商公局을 폐지할 것.

하나, 그 동안 유배·금고된 사람들을 다시 조사하여 석방할 것.

하나, 4영四營을 합하여 1영一營을 만들고 영 중에서 장정을 선발하여 근위대近衛隊를 시급히 설치할 것.

하나, 모든 국가재정은 호조戶曹로 하여금 관할하게 하며, 그 밖의 일체의 재무관청은 폐지할 것.

하나, 대신과 참찬은 합문閤門 안의 의정소議政所에서 매일 회의를 하여 정사를 결정한 뒤 왕에게 품한 다음, 정령政令을 공포해서 정사를 집행할 것.

하나, 정부는 육조 외에 무릇 불필요한 관청에 속하는 것은 모두 폐지하고 대신과 참찬으로 하여금 토의하여 처리하게 할 것.

살펴보면 근대적인 개화라기보다는 조선의 환곡이나 인재채용 방식에 대한 각종 적폐를 지적하고 이를 개선하는 수준에 불과하다. 사실 이 정도를 가지고 급진개화파라고 불렀다면 사실 김옥균 등이 억울할 수 있는데, 김옥균과 그의 친구들을 제외한 나머지 관료나 지식인들은 이런 초보적 수준의 인식도 가지고 있지 못했다는 의미가 된다.

갑신정변은 청나라 군대 1,500명이 12월 6일 오후 3시부터 갑신정변을 붕괴시키기 위한 무력개입을 시작하면서 붕괴되기 시작했다. 일본군 500여 명은 개화당과의 신변보호 약속을 저버리고 도망갔다. 김옥균 등 개화당의 집권은 '삼일천하三日天下'로 끝나고 말았다.

그는 후일 재기를 기약하고 박영효·서광범·서재필 등 아홉 명의 동지들과 함께 일본으로 망명하였다. 그러나 일본 정부는 망명한 그를 버렸다. 1886년 8월 오가사와라섬小笠原島에 귀양을 보냈으며, 1888년에는 북해도北海道로 추방하여 연금시켰다. 그 뒤 도쿄로 돌아온 김옥균은 1894년 3월 청나라의 상하이로 망명을 시도했다. 김옥균은 일본에서 만난 조선 최초의 프랑스 유학생 홍종우와 상하이 행에 동행했다. 그러나 홍종우는 고종의 밀명을 받은 자객이었다. 상하이에 도착한 홍종우는 동화양행東和洋行 객실에서 쉬던 김옥균을 암살했다.

김옥균을 암살한 홍종우는 그곳의 경찰에 붙잡혔지만, 조선 정부와 청나라 정부의 교섭으로 석방되어 1894년 4월 13일 청나라 군함의 호송을 받아 김옥균의 시체와 함께 귀국했다. 홍종우는 이후 고종과 민씨 척족으로부터 절대적인 신임을 받았다. 그는 당시 궁중에서 '종우과'라고 불린 특별시험을 거쳐 홍문관 교리에 임명됐다.

홍종우의 본격적인 정치활동은 아관파천 이후인 1896년 2월이다. 그는 고종에게 조선이 자주 독립국임을 내외에 선포하고 황제칭호식을 거행하여 조선을 대한제국으로, 건원 연호를 광무로 정할 것을 건의했다. 대한제국이 성립하자 홍종우는 1897년 8월 비서원승으로 활동했고, 1898년에는 흥양군수, 의정부 총무국장, 평리원 판사를 지냈다. 홍종우는 이기동·고영근 등 황실이나 황실의 고위관료들과 공동보조를 취하며 보부상과 연합해 황국협회를 구성했다. 보수적인 성향의 황국협회는 근대 개화론을 펼치던 독립협회에 대항했다. 그해 11월에 과천군수 길영수 등을 중심으로 홍종우·원세성 등은 약 2,000명의 보부상을 동원해 독립협회가 개최한 만민공동회를 습격하는 테러를 자행하기도 했다. 고종은 이들의 무력충돌을 이유로 그해 12월 군대를 동원해 독립협회와 만민공동회를 해산시키고, 황국협회도 해체했다. 1898년 말에 독립협회가 해체되자 그는 수구파 내각의 의정부 총무국장에 임명됐다.(조재곤, 2008; 임경석 등, 2012: 662~63)

홍종우는 1900년에 법무 사리국장, 평리원 재판장을, 1901년에 비서원승, 봉상사 부제조, 중추원 의관을, 1902년 비서원승 겸 태의원 소경 등 요직을 두루 돌아다녔다. 그의 개혁론의 핵심은 국가재정의 확충, 국내상인을 보호하기 위한 보호상업주의, 한러은행 설치 반대, 외상의 도성 개잔과 내지행상의 반대, 절영도 석탄고 임대 및 광산이권 양도 반대, 한국 연해어업 및 홍삼 사매 반대, 방곡령 실시 등이다.(조재곤, 2008; 임경석 등, 2012: 662~63)

그러나 그는 1903년에 제주목사로 좌천됐다. 고종황제에게 미움을 받은 모양이다. 그는 러일전쟁 이후까지 제주목사로 재임했고 1905년 4월 제주목사 직을 사직한 뒤 전남 무안군에 은거했다. 1907년 국채보상운동이 전국으로 퍼져나갈 때 홍종우는 10원, 그의 부인 박씨는 금반지 한 냥을 보냈으며 자녀들도 각기 운동에 참여한 기록이 전해진다. 그는 1913년 1월 만 63세의 나이로 사망했다.(조재곤, 2008: 임경석 등, 2012: 662~63) 최초의 프랑스 유학생인 홍종우는 최후까지 근왕주의자로 머물렀다. 황제권의 절대화를 주장한 것이다. 홍종우의 행적을 돌아보면 해외문물을 돌아본다고 해서 꼭 개화론자가 되는 것은 아니다. 오히려 더 확신범이 되는 경우도 적지 않다. 요즘 해외 유학을 하고 돌아온 사람들 중에 한국에서 공부한 것보다 못한 사람들이 태반인 것과 비슷하다.

김옥균은 갑오경장으로 개화파 정부가 수립된 이듬해에 사면복권 됐다. 서광범이 법부대신에 오르자 총리대신인 김홍집과 함께 상소를 올린 덕분이다. 한일병합 이후 1910년 규장각 대제학에 추증되었다.

왕을 중심에 놓고 개혁을 추진하려는 김옥균의 노력은 실패했다. 김옥균의 실패는 고종만 바라보고, 고종의 결단으로 대부분이 결정되는 왕조국가의 한계 때문이기도 하다. 고종이 변심할 수도 있다는 점을 계산에 넣지 못했고, 힘으로 밀어붙일 만한 독자적인 군사력을 확보하지 못했다. 개혁당이라고는 하나 김옥균과 그를 따르는 세력은 권력 내부의 소수에 불과했다. 개화를 믿고 실행할 수 있는 정치세력이 부재했던 것은 시대적인 한계였다. 관료와 지식층 내부에서도 개화에 대해 부정적인 분위기가 지배적인 상황에서 조선의 백성들이 개화에 동조하길 바라는 것은 언감생심 불가능했다.

결과적으로 갑신정변의 실패로 개화사상이 왜곡되고 불신이 초래됐다. 고종을 비롯한 조선의 사대부층과 조선인 모두에게 일본과 서양은 모두 똑같은 오랑캐로 인식돼 내부적 발전에 치명적인 상처를 입혔다. 민태호·한규직·이조연 등 고종과 중전이 신임하는 고위관료를 살해했기 때문이다.(박은숙, 2009: 38) 개화와 개혁에 박차를 가해도 하루 24시간이 부족했을 그 시기에 갑신정변 이후 고종은 청나라와 일본으로도 부족해 미국과 러시아를 끌어들이면서 조선 내부에서 외세의 세력균형을 모색했다. 이런 고종의 무분별한 태도로 인해 갑오동학농민운동과 갑오개혁이 시작되는 1894년까지가 '잃어버린 10년'이 됐다.

김옥균의 폭넓은 교류관계가 그의 개혁과정에서 전혀 힘을 받지 못한 것은 사카모토 료마와 비교하면 큰 차이다. 만약 사대당의 관료로 있던 김윤식이나 김홍집 등을 설득하고 한 편으로 만들 수 있었더라면 어땠을까 하는 덧없는 생각을 해본다. 당시 김옥균은 윤치호 같은 개화세력조차 설득하지 못했다. 윤치호는 갑신정변을 반대했다. 사카모토 료마는 전쟁밖에 길이 없다며 서로 대립하던 조슈와 사쓰마를 설득해 동맹을 맺게 하고 메이지 유신의 기초를 닦지 않았나 말이다.

가장 커다란 한계는 김옥균의 한계가 아니라 시대적 한계였다. 김옥균의 주변에는 그를 포함해 100여 명, 많게 보면 200여 명의 인물들이 있었을 뿐이다. 조선의 백성들은 일본에 대해 강한 반감을 가지고 있었고, 민심은 위정척사파의 생각과 크게 다르지 않았다. 조선을 선도해야 할 지식인인 선비들이 주자학에 갇혀 있었기 때문이었다. 김옥균은 성급한 마음에 무르익지 않은 혁명을 시도한 것이다. 혼자 뛰어나가는 것이 아니라 세력을 만들고 그 세력이 밀어주는 힘을 받을 때 개혁이든 개화이든 성공할 수 있었다.

대통령선거를 앞두면 대통령 후보의 자질이 중요하게 거론된다.

후보의 자질은 당선된 이후에 그의 정책방향과 헌법수호의 의지를 결정하는 것이기 때문에 중요하다. 그러나 그보다 더 중요한 것은 그들을 떠받치고 있는 세력이다. 결국 대통령 후보 캠프에서 함께 일했던 사람들이 대통령의 철학과 의지를 실행하는 도구들이 될 것이기 때문이다. 조선시대에도 그랬지만 이미 규모가 훨씬 커진 대한민국은 대통령이 자신의 권력을 자신이 신뢰하는 사람들에게 위임해 통치하게 된다. 시스템이 굴러가기 위해서는, 시스템을 돌릴 인재들이 훨씬 많이 필요하다. 그것은 전문적인 능력을 가진 관료가 할 수 있는 일은 아니다. 관료는 정치인의 철학들에 맞는 정책을 수행해낼 수 있는 능력을 가진 사람들이지 스스로 정치철학을 생산하는 주체가 아니기 때문이다.

이완용은 왜
이토 히로부미가
되지 못했나

　조슈의 하급무사 출신으로 '유신지사'가 돼 일본 메이지 헌법을 제정하는 등 일본의 근대화를 완성시킨 사람으로 이토 히로부미가 손꼽힌다. 존왕양이파로 외세를 배격하는 과격한 활동을 했고, 1862년에는 일본 시나가와 영국공사관에 불을 지르고, 외국인을 우대하는 법을 연구한다는 이유로 개화사상가를 살해하는 등의 극렬한 활동도 배제하지 않았던 이른바 '운동권 열혈 청년'이었다. 그의 나이 스물한 살 때다.

　완고한 개화 반대세력이었던 그는 1863년 영국 유학길에 오른 뒤 근대화론자로 변화했다. 그리고 메이지 천황의 신정부가 들어선 뒤 유럽에서 배운 의회제도와 헌법제정 등 각종 제도를 일본에 이식시키며 급속한 발전을 이끌어냈다.

조선에서 이토처럼 위정척사파에서 근대론자로 돌아섰으며 출신 가문도 한미한 대표적인 인물을 찾자면 김구가 있다. 김구는 역적으로 몰렸던 김자겸의 후손이었다. 한미하기로 따지면 이토와 비슷하다. 명성황후 살해사건으로 충격을 받고 1896년 2월 안악 치하포鴟河浦에서 왜병 중위 쓰치다土田壤亮를 맨손으로 살해했다. 김구는 나이 스무 살에 국모의 원한을 풀겠다며 첫 거사를 결행하였다. 열혈 운동권 청년이던 이토와 비슷한 나이에 김구도 비슷한 일을 한 것이다. 김구는 이 일로 구속돼 1896년 11월 인천의 감옥에 갇혔는데 이때 '신서적'을 탐독하고 새로운 깨달음을 얻었다. 위정척사파인 고석로에게 1895년 학문을 배우며 "척왜척양이 사람의 당연한 천직이요, 이에 반하면 짐승"이라는 굳은 믿음을 가지고 있었지만, 돌아선 것이다.

김구는 1900년 고석로를 찾아가 "중국을 존숭하고 오랑캐를 물리치자는 주의가 정당하지 않고 눈 깊고 코 높으면 덮어놓고 오랑캐라 배척하는 것이 정당하지 않다"고 했다. 김구는 "우리나라 탐관오리가 참으로 행실이 짐승이고 오랑캐이고, 임금이 스스로 벼슬 값을 매기고 관직을 팔고 있으니 곧 오랑캐 임금인데, 우리는 내 나라 오랑캐도 배척하지 못하고 있다"고 지적했다.(김구, 2004; 권오영, 2012: 88~89) 고석로는 김구의 이런 발언에 인재를 잃었다고 한탄했다. 그러나 김구가 이토 히로부미처럼 성장해 놀라운 지도력을 발휘하기를 기대하기에는 늙은 조선의 운명이 그를 기다려주지 못했다. 망국의 백성이 된 지식인 김구는 뉴라이트들이 주장하는 '테러리스트'의 길을, 대한민국 국민의 표현으로는 '의혈 독립운동가'의 길을 걸을 수밖에 없었다.

이토 히로부미는 을사늑약(1905)과 정미7조약(1907) 등 대한제국을

이토 히로부미(1841~1909)
조슈의 하급무사 출신으로 '유신지사'가 돼 일본 메이지 헌법을 제정하는 등 일본의 근대화를 완성시켰다는 평을 받는다. 완고한 개화 반대세력이었던 그는 1863년 영국 유학길에 오른 뒤 근대화론자로 변화했다. 메이지 천황의 신정부가 들어선 뒤 유럽에서 배운 의회제도와 헌법제정 등 각종 제도를 일본에 이식시키며 급속한 발전을 이끌어냈다.

식민지의 구렁텅이로 빠뜨린 악질적인 일본 정치인으로 한국인들이 가장 싫어하는 인물이다. 아시아 국가들도 그를 일본의 제국주의를 이끌고 조선 식민지를 주도한 원흉으로 지목한다. 그러나 일본에서는 근대화를 이끈 인물로 추앙받는다. 일본인들에게 이토 히로부미는 20세기 초반 반드시 필요했던 인물이었다. 이덕일은 이토의 성공요인에 대해 "조슈 번 출신이었던 점, 요시다 쇼인의 쇼카손주쿠 출신으로 영국 유학을 다녀온 점"(이덕일, 2012: 59)을 손꼽고 있다. 영국 유학으로 존왕양이에서 개국으로 사고를 확장하였고, 조슈 번 출신이었기 때문에 사쓰마-조슈 연합정권에 의해 승승장구했다는 것이다. 이토가 하고자 하는 정책을 세력이 떠받쳐주고 있었다는 의미가 되겠다.

이토 히로부미와 비교할 만한 조선의 인물을 생각해보면, 친일파의 대명사이자 '매국노'인 이완용이 떠오른다. 그도 젊은 나이에 국내에서 가장 빨리 영어를 배우고, 미국에 외교관으로 파견돼 서양의 많은 문물과 제도를 배우고 돌아왔다. 그가 조선에 부임한 외국공관의 외교관들과 친밀한 관계를 유지할 수 있는 데는 외교관 출신이었던 것이 배경이었다. 그러나 좋은 집안에서 자라 출세가도를 달려온 그는 왜 대한제국의 미래를 위해 최선을 다해 일하지 않았을까. 그는 왜 친일파, 매국노라는 오명을 뒤집어쓴 것일까. 그는 이토 히로부미의 길, 근대화된 국가를 만드는 길로 갈 수는 없었던 것일까. 대한제국을 근대화시키고, 새로운 시대를 열어갔더라면 얼마나 좋았을까.

*

이토 히로부미의 본명은 하야시 도시스케林利助로 조슈 출생이다. 아버지가 가난한 농민이었지만 하기번萩藩의 무사 미즈이永井 집안의 양자가 되면서 하급무사의 신분을 얻었다. 요시다 쇼인의 쇼카손주쿠에 열네 살에 들어가 기도 다카요시, 구사카 겐즈이, 다카스기 신사쿠 등과 공부하며 존왕양이 운동에 참여하였다.

1863년 번의 허가를 받아 막부 몰래 서양의 해군학을 공부하러 영국으로 건너갔다가, 번이 위기에 취하자 이듬해 귀국했다. 그는 영국에서 존왕양이론자에서 개국론자로 돌아섰다. 당시 조슈 번은 영국·프랑스·미국 등 서양 열강과의 시모노세키 전쟁에서 패배했고, 그는 이후 평화교섭 과정에 통역으로 참여하였다. 그리고 1864년 조슈 번과 막부 사이에 벌어진 전쟁에서 보수파들이 막부에 타협적인 자세를 보이자, 다카스기 신사쿠 등과 함께 쿠데타를 일으켜 조슈 번의 실권을 장악했다.

메이지 유신 이후에는 이토 히로부미로 이름을 바꾼 뒤 신정부에 참여하여 외국사무국 담당관이 됐다. 메이지 정부 초기에 여전히 외세를 배척하는 양이운동이 진행돼 서양인을 죽이거나 부상을 입히는 경우가 많았고 외교 마찰로 번지기 일쑤였다. 메이지 정부에서 이토의 첫 역할은 일본인에 의한 외국인 살해행위가 더 이상 일어나지 않도록 손쓰는 것이었다. 젊은날 이토 자신이 신념을 가지고 했던 행동을 저지하는 역할이니 아이러니하다. 이후 그는 외국사무국 판사로 자리를 옮겨 천황이 외국 외교관을 영접할 때 돕는 일을 한다. 20일 뒤 그는 외국인 출입이 잦은 효고현 지사로 발령이 났다. 이토는 영어에 능통함을 인정받아 1870년 11월 화폐와 은행제도를 조사하기 위하여 방문단 21명을 이끌고 미국에 나갈 기회를 잡았다.

미국에 간 이토는 미국의 재정구조를 파악하는 일보다 미국과 맺은 통상조약의 시효가 만료(1871년 7월)되는 것에 더 많은 신경을 쓰고 정부에 의견서를 제출했다. 그는 빨리 처리해야 할 일과 중요한 일의 차이를 알고 있었다. 의견서는 "구미 각국과 맺었던 통상조약을 하루빨리 고쳐 일본의 자주독립을 이룩하는 데 힘써야 한다"는 내용이었다. 이 의견서를 받아본 새 정부는 좋은 의견이라며 이와쿠라에게 구미사절단을 조직할 것을 지시했다. 수행원과 어린 여자 유학생까지 포함된 106명의 대규모 사절단이 구성됐다. 아이디어 제공자인 이토도 이와쿠라 사절단에 포함돼 1871~73년에 미국과 영국, 프랑스 등 유럽 11개국을 돌아다녔다. 세 번째 외유였다.

당시 이와쿠라 사절단의 목적은 외국과 맺은 불평등 통상조약을 개정하는 것이지만, 미국과 유럽은 일본의 법제 미비를 이유로 일본의 개정 요구를 들어주지 않았다. 조약 개정에는 실패했지만, 이와쿠라 사절단은 선진 열강의 외교사무국·국회사무처·재판소·학교시설·회계·금융·조세·외환·보험·전신·우편 등 각종 편리한 시설과 법률을 두루 살펴볼 좋은 기회를 가졌다. 이때 경험이 모두 일본 메이지 정부 개혁으로 구현됐다.

이토는 '주선의 귀재'라고 할 만큼 중계자 역할을 잘했는데 조슈 번의 기도 다카요시가 사절단에 합류하고 싶어하자, 사쓰마 번의 오쿠보 도시미치를 설득해 같이 출국했다. 일본 새 정부 내부에 사쓰마와 조슈 번의 정치적 균형을 고려한 조치였다. 이들은 미국이 내준 아메리카 호를 타고 요코하마 항을 출발했다. 정일성은 "메이지 혁명의 주체들이 장기간 해외여행을 하며 선진문물을 받아들이지 않으면 망할 수밖에 없다고 깨우친 것은 큰 소득"이라고 평가했다.(정일성, 2002: 195~209)

귀국 후 그는 이와쿠라·오쿠보·기도 등과 함께 사이고 다카모리의 정한론에 맞서 '내치우선론'을 주장하여 승리했다. 이때 오쿠보의 선택이 흥미로운데 어릴 적 친구인 사이고를 버리고 평소 사이도 좋지 않은 조슈 번의 기도를 선택했다는 것이다. 오쿠보는 일본 메이지 정부가 탄생한 지 얼마되지 않았고, 이 정부를 지탱하는 힘이 사쓰마-조슈 연합이라는 것을 잘 알고 있었기 때문에 연합이 깨지는 것을 피한 것이다. 정한론을 물리친 뒤 이토는 참의 겸 공부경으로 임명돼 오쿠마 시게노부와 함께 식산흥업정책을 편다. 1877년 세이난 전쟁으로 사이고가 자살하고 기도가 병사한 뒤, 1878년 오쿠보 도시미치가 암살되자 이토는 오쿠보 자리를 계승해 내무경이 되었다. '유신

3걸'이 모두 죽고 이토만 남아 번벌정부의 핵심으로 올라선 것이다.

1881년 이토는 정부 내에서 국가구상을 둘러싸고 그와 대립하던 오쿠마 시게노부를 추방하고 메이지 정권의 최고 실력자로 떠올랐다. 오쿠마는 국회 설립이 국민들의 열망이니 1882년 선거를 실시해 1883년 국회를 반드시 열자고 주장했다. 그러나 점진적 개혁주의자인 이토는 10년 뒤인 1890년에 의회를 개설하는 것으로 방침을 세웠다. 이토의 의견이 선택됐다.

정부의 실질적인 최고 지도자가 된 이토는 1882년 3월 입헌제도 조사를 위해 유럽으로 건너가 1883년 9월까지 독일·오스트리아·영국 등 각지를 순방하고 귀국해 궁중 개혁과 국가기구 개혁에 착수했다. 네 번째 외유였다. 1884년에 화족령을 발포해 작위제를 바탕으로 과거 다이묘들을 모두 포괄하는 근대 귀족제를 정비했다. 1885년 태정관제를 대신해 근대적 내각제를 확립하고, 초대 총리대신에 올랐다. 1886년부터 헌법 초안에 부속법령의 기초에 착수해 초안을 마련했고, 1888년에는 추밀원樞密院을 창설하고 추밀원 의장이 되었다. 추밀원은 헌법 심사기관이다. 마침내 1889년 2월 '대일본제국헌법', 즉 메이지 헌법을 발표하고 제국의회 건설을 위해 1890년 귀족원 의장이 됐다.(임경석, 2012: 449~50)

이토는 1892~96년과 1898년, 1900~1901년에도 각각 5대, 7대, 10대 총리대신으로 활동하였다. 1892년 2차 내각 조직문제로 '대외강경파'의 격렬한 공세에 시달렸지만, 조선에서 동학농민운동이 일어나자 일방적으로 청일전쟁을 일으켜 일본 내부의 권력투쟁을 일거에 해결했다. 1894년 청일전쟁이 시작되자 히로시마 대본영에 참여해 전쟁을 지도했고, 1895년 무쓰 무네미쓰 외상과 함께 전권대표로 청일강화조약을 체결했다. 그는 1895년 4월 후작 작위를 받았다.

1901년 미국을 거쳐 유럽으로 건너간 이토는 그해 말 개인 자격으로 러시아를 방문해 러일협상을 추진했으나, 가쓰라 내각에서 1902년 제1차 영일동맹을 추진하자 단념했다.

1905년 11월 특명전권대사로 대한제국에 부임한 뒤 고종과 조정 대신들을 강압하여 을사늑약을 체결함으로써 대한제국의 외교권을 강탈했다. 을사늑약에 따라 대한제국에 통감부가 설치되자 초대 통감으로 부임하여 1909년 6월까지 3년 6개월 동안 조선 병탄의 기초 공작을 수행하였다.

이토 히로부미는 언론을 활용할 줄 알았다. 한국에 부임하기 직전인 1906년 1월 30일 주요 일간지의 주필들을 자신의 관저로 초청했다. 이토는 그동안 언론에서 비판해온 한일협약(을사늑약을 말함)의 추상성에 대해 자신의 입장을 밝혔다. 5개조의 협약은 추상적이지만, '운영의 묘'를 살리면 "협약의 정신을 충분히 관철"할 수 있다는 점을 강조했다. 이토는 한국보호의 요점이 외교·국방·시정개선(내정과 국방을 말함) 등 세 분야에 있다고 강조하고, 일본의 인구가 증가하고 있는 것을 고려해 일본인의 한국 이주를 본격적으로 검토해야 한다는 것도 자신의 구상이라고 밝혔다.(한상일, 2010: 122)

당시 대한제국의 인구는 1,200만 명 수준이라는 분석이 있을 만큼 인구밀도가 희박했고, 일본 정치인들은 조선이 일본의 증가하는 인구를 수용하고 식량을 공급해야 한다는 사실을 잘 알고 있었다는 평가가 있다.(홈스, 2012: 206) 일본 총독부가 1910년 한일강제병합 이후 조사된 결과에 따르면 조선의 인구는 1,331만 3,017명이었다.(아일런드, 2008: 43) 물론 이는 을사늑약이 제시했던 대외관계의 범위를 벗어나는 것이었지만 이토는 아랑곳하지 않았다.

이토는 또한 일본 언론들에게 조급한 결과를 기대하지 말라고 당부했다. 그는 한국사회에 만연된 부패와 비리는 뿌리가 깊고 고질화돼 있어 점진적 개선이 필요하고, 짧은 시간 안에 눈에 보이는 결과를 취하려고 하면 예기치 못한 부작용과 어려움에 직면할 수 있다고 했다.(한상일, 2010: 122) 이토는 자신이 원하는 것을 얻기 위해 시간을 들여 계획하고 목표를 조율한 것이었다.

이토는 고종에게 부임인사를 하는 자리에서 한국이 독립부강의 영역에 도달하려면 국정의 개량이 시급하다고 말하고 황실의 존엄과 강령유지, 외교관리, 시정개선, 국토방위를 해야 한다고 말했다.(한상일, 2010: 123)

또한 대한제국 관료들에게 신분을 보장한다고 설득해 최소한 자신에게 저항하지 않도록 만들었다. 최초의 공식회의에서 이토는 "각 대신이 결정적인 과실을 저지르지 않으면 충분히 지원하겠다"며 신분보장을 확약했다.(한상일, 2010: 124) 일본 언론을 활용하고 고종과 내각까지 설득해서 자신의 편으로 끌어들이고, 이들이 그것을 신뢰하도록 하는 힘이 이토에게는 있었던 것이다. 이토의 능력은 고종이나 조선의 관리들에게도 필요했던 능력이었다.

이토는 1907년 이완용·이근택·이지용·박제순·권중현 등 을사오적을 중심으로 한 친일내각을 구성했고, 헤이그 밀사사건이 터지자 고종을 강제로 퇴위시켰다. 한일신협약(정미7조약)을 강요해 내정을 장악한 뒤 대한제국 군대를 해산시켰다. 그해 9월에 이토는 공작 작위를 받았다.

1909년 통감을 사임하고 추밀원 의장이 되어 러시아 재무상 코코프체프와 회담하기 위해 만주 하얼빈을 방문하였다. 이토는 10월 26일 하얼빈 역에서 안중근에게 저격당해 사망하였다. 안중근은 대한제국의 황제를 강제로 퇴위시킨 죄, 정권을 강제로 빼앗은 죄, 식민화를 꾀하며 동양의 평화를 깨트린 죄 등 열다섯 가지 조항을 들어 그를 동양의 평화를 해치는 원흉으로 규정하였다.

그러나 하급무사에서 유신지사가 되고, 총리대신을 네 차례나 역임하였으며 공작 작위까지 받은 이토의 삶은 메이지 유신을 진행하고 일본의 봉건제적 잔재를 어떻게 청산해야 했는지 보여주는 좋은 사례였다.

*

우봉 이씨 가문의 이완용은 경기도 광주 출신으로 생부는 이석준이다. 열 살 되던 해에 판중추부사 이호준의 양자로 들어가 서울살이를 시작했다. 당시 이호준에게는 서자인 이윤용이 있었지만, 당시 양반가문의 풍습대로 양자를 받아 적장자를 삼았다.(박은숙, 2011: 21~25)

그의 양부는 노론 출신으로 정계의 인맥이 탄탄했다. 이석준의 사위는 조대비로 불리는 신정왕후의 조카인 조성하였다. 조성하는 흥선대원군과 조대비의 만남을 주선하고 고종의 즉위에 큰 역할을 했던 인물이다. 흥선대원군과 조대비 사이에 서찰 왕래가 잦았는데 조대비-이호준-조성하-흥선대원군으로 연결되는 고리를 가지고 있었

이완용(1858~1926)
대한제국의 학부대신 겸 외부대신 서리로 1905년 을사늑약 체결에 앞장섰으며, 총리대신으로 1907년 고종 퇴위와 1910년 한일병합조약 체결을 주도했다. 병합 후 일본으로부터 백작 작위를 받았고, 1919년 후작으로 승급되었으며 조선총독부 중추원 고문을 지냈다.

다. 또 이호준의 처는 여흥 민씨로 이조판서를 지낸 민용현의 딸로 민씨 척족의 하나였던 민치상의 누이다.

 과거급제는 다소 늦었다. 1882년 증광별시에 병과로 급제했을 때가 스물다섯 살이다. 늦게 관직에 나간 이유는 생부와 양모의 초상을 치러야 했기 때문이었다. 증광별시는 국왕의 즉위와 같은 큰 경사가 있을 때 이를 기념해 실시하는 임시시험으로 당시 임오군란으로 장호원에 피신했던 명성황후의 환궁을 축하하기 위해 치러진 시험이었다.

 당시 인사적체가 심했는지, 관리로 나간 것은 문과급제 후 4년 뒤인 1886년 3월이었다. 규장각 시교가 되었는데, 그때 그의 나이가 스물아홉 살이었다. 오랫동안 백수로 살았던 것이다. 그가 벼슬을 시작했을 때는 이미 갑신정변이 끝난 뒤였으니, 연루될 일도 개화세력에 포섭될 일도 없었다. 오히려 그는 갑신정변 연루자를 처벌하라는 상소를 올리고, 국문에 직접 참여했다. 규장각 시교가 된 지 나흘 뒤인 1886년 3월 28일 고종과 건청궁에서 토론하고 곧바로 규장각 검교로 승진하고 이후 홍문관 수찬이 된 지 한 달 만에 경학원 동학 교수를 겸직했다. 같은 해에 우영군 사직, 의정부 검상, 해방영 군사마海防營軍司馬도 겸직했다. 이런 고속 승진은 고종의 사랑을 듬뿍 받고 있다는 증거였다.

이완용은 관직에 나간 지 5개월 만인 1886년 8월에 국가의 첫 근대적 교육기관인 육영공원育英公院의 학생으로 미국인 영어선생에게 영어와 신학문을 배웠다. 국가 차원의 인재양성이었지만, 당시 학생들은 고위층 관료의 자제들로 억지로 수업을 받은 반면 이완용은 자발적이라는 측면에서 특이했다.

1887년 주미 특파전권공사 박정양과 함께 주미 공사관 참찬관駐箚美國參贊官으로 임명돼 11월 미국으로 갔다.(박은숙, 2011: 39) 그 이듬해 5월에 병으로 귀국하여 승정원 동부승지로 임명되었다. 이후 이조참의, 외무참의, 전보국회판 등을 지냈다. 당시 미국에 외교관으로 가서 연회에 참석할 때는 갓을 쓰고 도포를 입었다고 한다.

그는 1888년 11월 다시 주차 미국참찬관으로 미국으로 갔다가 12월 대리공사로 승진했다. 2년 뒤인 1890년 돌아와 구미파歐美派로 알려졌다. 벼슬길은 탄탄했다. 귀국하자마자 고종은 그에게 내부참의직을 내줬다. 이후 성균관 대사성, 승정원, 시강원 등 실권은 없지만 왕을 지근거리에 보좌하는 관직에 주로 임명됐다. 박은숙은 "이완용이 출세지향적인 기회주의자였으며 부도덕한 인물이었다면 미국에 오자마자 민씨 척족에 결탁했을 텐데 정계의 핵심과는 거리를 두고 왕과 세자와 가까이 지냈다"고 주장한다.

박은숙은 또한 홍종우의 총을 맞고 사망한 김옥균이 묵었던 여관 동화양행의 휴지통에 그가 자필로 적은 쪽지가 발견됐는데, "김가진, 안경수, 이범진, 김종한, 이도재, 박정양, 윤웅렬(윤치호의 아버지), 신기선 등 24명의 관료의 이름 중 이완용의 이름도 적혀 있었다"고 밝혔다.(박은숙, 2011: 55~56) 이완용도 개혁정부에 필요한 인물이라는 평가를 받았다는 의미다.

이완용은 1894년 7월 '김홍집 1차 내각' 때 보빙사 전권대사로 임명됐지만, 생모의 상을 이유로 사양했다. 당시 그의 형인 이윤용은 군국기무처 의원 24명 중 하나로 임명됐다. 그는 6개월 만인 12월 김홍집-박영효 연립내각 때 외부협판에 임명됐다. 당시 '정동파'라 부르는 미국 주재 외교관 출신들이 대거 임용됐다. 미국공사 출신의 박정양과 이완용, 이상재(초대 주미공사 2등서기관), 이채연(박정양의 통역), 정경원(시카고만국박람회 파견자) 등이 그들이다. 갑신정변으로 미국에 망명했던 서광범이 이때 사면을 받고, 법무대신에 임명됐다.

일본이 갑신정변으로 일본에 망명해 있던 박영효를 조선에 불러들일 때는 김홍집을 도와 개혁을 열심히 해보라는 뜻이었겠지만, 박영효는 오히려 고종과 명성황후 쪽으로 기울어진 엉뚱한 행보를 보였다.

더 나아가 박영효는 김홍집을 밀어내고 대신 박정양을 대타로 기용해 박정양-박영효 내각을 구성한다. 이때가 1895년 5월 31일이다. 박영효는 청일전쟁에서 승리한 일본이 러시아·프랑스·독일의 제지(삼국간섭)를 받아 일시적으로 힘이 약해진 틈을 탄 것이다. 이완용은 이때 학부대신을 맡았고, 미국 유학파인 윤치호는 학부협판을 맡았다. 고종의 신임을 얻고 있던 주한 미국공사관 서기관인 알렌의 영향력이 강하게 반영된 것이다. 이완용은 미국에서 외교관 생활을 하면서 문명화된 사회를 경험하여 조선의 현실에 비판적인 안목을 갖게 됐지만, 조선의 정치구도를 뒤흔드는 방법이 아니라 교육과 서양의 기술문명을 받아들이는 점진적 개혁을 생각했다. 그래서 1895년 7월에 소학교령을 제정해 장동·정동·계동·묘동에 소학교를 세우고, 교사 육성을 위해 한성사범학교를 설립했다. 선비들을 육성하던 성균관도 근대 교육기관으로 개편했다.(박은숙, 2011: 79~81)

당시 미국공사 실과 러시아공사 베베르는 박영효의 친왕실정책을 비판했는데, 우습게도 박영효는 그해 7월 7일 명성황후 시해음모자로 몰려 다시 일본으로 망명해야 했다. 고종과 명성황후 등이 친일세력을 축출한 것이다. 정동파도 초기에 반일적 색채와 친미적인 양상을 보였다. 이때부터 학부대신 이완용은 일본 유학생 파견도 중단하고, 이미 유학한 자도 기회를 보아 소환해야 한다고 주장했다. 박영효가 결성했던 친일 성향 관료의 모임인 '조선협회'의 해체도 시도했다. 이완용은 이때 '친미파의 수령'으로 지목되고 있었다.(박은숙, 2011: 72) 전우용은 〈'지조' 황현과 '매국' 이완용〉에서 이완용은 전형적인 친미파로, 미국이 일본의 편에 서 있었기 때문에 철저히 미국의 뜻에 따라 을사늑약이나 한일병합조약 등에 응했다고 서술했다.(《서울신문》 2012년 9월 17일자)

그 근거는 두 가지다. 첫째 미국의 시어도어 루스벨트 대통령은

1905년 7월 전쟁부장관인 윌리엄 하워드 태프트를 도쿄에 파견해 일본 수상인 가쓰라 다로와 비밀회담을 갖고 '가쓰라-태프트 조약' 체결을 승인한다. 필리핀에 대한 미국의 지배권과 한반도에 대한 일본의 지배권을 상호 인정한 밀약이다.(이삼성, 2009: 458) 미국은 동아시아 정책에 필요한 일본의 협력을 확보하기 위해 조선의 운명을 두고 흥정했다. 일본이 대한제국의 외교권을 빼앗은 '을사늑약'을 맺기 4개월 전에 일어난 일이다. 이런 상황도 모른 채 고종은 시어도어 루스벨트 대통령의 딸이 도쿄를 거쳐 한성을 방문하자 극진하게 대접했다. 두 번째 미국은 한일병합조약 약 2년 전인 1908년 11월 일본과 '루트-다카히라 비밀협정'을 체결한다. 이는 일본에 조선에 대한 지배권을 재확인해주고 만주에서 일본의 특수지위를 인정해주는 것으로 미국 국무장관인 엘리후 루트와 주미 일본대사인 다카히라 고코로 사이에 맺어졌다.(이삼성, 2009: 462) 한일병합의 사전승인이었던 셈이다.

시어도어 루스벨트는 후임 대통령이 된 태프트에게 1910년 12월 보낸 편지에서 "우리의 사활적인 이익은 일본이 우리나라를 방해하지 않도록 관리하는 것이다. 반면에 일본의 사활적인 이익은 만주와 조선이다. 따라서 만주에 관해 미국이 일본에 적대적이라고 느낄 만한 조치를 취하지 말아야 한다"라고 전했다.(Beasley, 1987: 100; 이삼성, 2009: 464)

중국의 급부상과 미국의 재정위기 등으로 최근 미국의 아시아 회귀정책이 주목을 받고 있다. 21세기 미국과 일본, 한국, 북한, 중국 5개국의 관계를 1900년대 초와 비교해서 잘 지켜볼 필요가 있다. 중국은 미국이 한국·일본과 연합해 대중국 봉쇄전략을 구사하고 있다고 종종 비난한다. 중국과 일본은 센카쿠열도(중국명 댜오위다오)를 두고 영토 문제로 분쟁을 겪고 있다. 또 한국과 미국, 일본은 북핵문제를 풀기 위해 중국의 협조가 필요하다. 한국은 북한과 통일하기 위해 미국과 일본은 물론, 중국과 러시아의 협조가 필요하다. 한국과 북한의 통일은 민족의 문제가 아니라 외교적인 문제라고 하는 이유이다. 미국이 한국과 일본 중에서 자신들의 외교정책을 실현하기 위해 어느 나라에 더 비중을 두고 있는지도 잘 살펴봐야 한다. 고종은 미국을 믿었으나 미국은 두 차례나 일본과 밀약을 맺으며 조선의 뒤통수를 쳤다. 비록 미국은 한국전쟁을 거치면서 혈맹이 되었으나 한국 편이라고 하기에는 한반도를 둘러싼 정세가 너무 미묘하다. 19세기 말이나 20세기 초와 비슷하기도 하다.

다시 이완용으로 돌아가서, 김홍집은 일본의 입김이 작용해 1895년 8월 '김홍집 2차 내각'을 꾸렸다. 박정양 내부대신, 이범진 궁내부협판, 이완용 학부대신은 유임이었다. 그 시기에 이완용와 이범진은 관료의 복식을 구제도로 환원하고, 내정개혁의 일부를 무효화했다. 친일파를 제거한다며 인사이동을 단행했는데, 그 대상이 유길준으로 내부협판에서 의주부 관찰사로 좌천시켰다. 훈련대를 해산시키고 시위대만 남겨놓아 궁궐수비에 공백이 생겼다. 이 수비의 공백이 나중에 명성황후 살해로 연결됐다. 여기에 러시아가 삼국간섭을 통해 조선에 영향력을 발휘하자 고종과 명성황후는 일본을 견제하고 친러정책을 폈다.

청나라와 힘겹게 싸워 확보한 조선에 대한 우선권이 날아가자 일본의 분노는 1895년 10월 명성황후 살해라는 비상식적·폭력적인 방식으로 폭발했다. 명성황후 살해사건 이후 '김홍집 3차 내각'이 구성되는데 유길준을 내부대신에 복귀시키고, 친미파 이완용과 그의 형 이윤용, 안경수, 친러파 이범진을 파직했다. 반일정책을 폈던 이완용과 이윤용 등 정동파는 미국공사관으로 피신했다.

죽음의 위협을 느낀 고종이 경복궁 '춘생문'으로 제1차 탈출을 감행했지만 실패했다. 얼마 뒤 고종은 제2차 왕궁탈출을 시도하는데, 1896년 2월 이완용과 이범진 등은 고종을 러시아공사관으로 파천시키는 데 성공했다. 그 공로로 이완용은 박정양 내각의 외부대신 겸 학부대신에 취임하고, 농상공부대신 임시서리까지 겸하였다. 친일파로 찍힌 유길준은 일본으로 망명해야 했다. 이때 고종은 최익현·이도재·신기선·남국억 등을 각 도의 선유사로 임명하고, 단발령을 취소하는 등 복고적인 정책을 폈다. 이완용은 아관파천 당시 미국공사관의 지원에 대한 대가로 미국에 경인철도 부설권을 승인했다.

이완용은 안경수 등과 함께 1896년 7월 독립문 건설을 명분으로 독립협회를 조직했고, 자신은 독립협회 초대 위원장, 안경수는 독립협회 초대 회장을 맡았다. 그러나 이완용은 외부대신으로 있으면서 각종 이권을 열강에게 넘겨준 것이 문제가 돼 1898년 7월 독립협회에서 제명됐다. 1897년 고종이 러시아공사관에서 돌아와 대한제국이 수립되자, 친러파로 몰려 평안남도 관찰사, 전라북도 관찰사 등 외관으로 전전하다가 1900년에 관직에서 물러났다. 그는 1901년과 1904년 한직인 궁내부 특진관에 임명되지만 모두 거절했다.

관직에서 멀어진 공백이 5년째 되던 1905년 이완용은 학부대신에 임명됐다. 그해 일본 특파대사 이토 히로부미가 제시한 을사늑약(한일협약)에 서명했다. 1907년 통감부 내각제의 총리대신에 임명됐고, 헤이그 특사사건을 빌미로 고종의 양위에 적극 앞장섰다. 일본의 내정간섭을 합법화하는 정미7조약(한일신협약)을 체결했으며, 1910년 8월 한일병합 이후 일본에 협조한 공로로 조선총독부 중추원 고문에 임명됐다. 1911년 조선귀족 백작의 작위를 받았고, 조선귀족회를 조직했다. 3·1운동이 일어나자 이완용은 "조선독립의 선동은 허설이요 망동"이라고 규정했다. 그는 조선과 일본이 고대 이래 동종동족이라며 한일합병이 동양의 평화를 확보하기 위해 조선민족이 택할 수 있는 유일한 활로라고 주장했다. 3·1운동에 참가하여 경거망동하는 사람이 조선민족을 멸망시키고 동양의 평화를 파괴하는 우리의 적이라는 경고문을 세 차례나 발표했다.(임경석, 2012: 437) 1920년에 후작으로 작위가 올라갔고 1926년 폐렴으로 사망했다.

이완용은 눈을 감을 때 "혼자 일어서기 힘들 때 옆 사람에게 의지하는 것이 당연하다. 남에게 힘없는 다리를 부축해 달라고 얘기한 것이 어떻게 나라를 팔아먹은 일이라고 매도돼야 하느냐"고 했단다.(김삼웅, 2005: 21) 다리가 불편하면 옆 사람에게 도움을 청하는 것이 맞을 수도 있다. 그러나 그 옆 사람이 호시탐탐 자신의 아내와 자식을 노리고, 자신의 재산을 노리고 있던 사람이라면, 죽는 한이 있더라도 혼자서 일어서도록 노력할 수밖에 없다. 불온한 사람을 피해 자신과 같이 다리가 불편한 사람들과 연대할 수도 있었다. 지위와 신분이 땅에 떨어졌더라도 말이다. 대한제국 내부에서 연대할 세력을 찾았더라면 순진한 위정척사파부터 무장의병까지 이완용과 만날 수도 있었다.

그러나 이완용은 그렇게 노력하지 않았다. 근왕주의자로서 고종의 입만 바라보고 있다가 두서너 차례의 뼈아픈 배신을 당하고 왕에게서 마음을 돌렸을지도 모르겠다. 그러나 이완용이 자신의 녹봉이 왕이 아니라 국민의 주머니, 즉 세금에서 나가고 있다는 사실만이라도 제대로 깨달았더라면 다른 선택을 했을지도 모르겠다.

요즘 대한민국의 장관들과 고위공무원들은 자신의 월급을 누가 주는지 잘 깨닫지 못하고 조선시대 왕을 모시듯이 대통령만 바라보고 일하는 사람들이 너무 많다. 공무원 출신의 장관들이 낙하산으로 내려오는 정치인보다 훨씬 훌륭한 이유는 최소한 사무관으로부터 시작한 공무원들은 내가 무엇을 위해 일해야 하는지는 깨닫고 있기 때문이다. 대한민국 헌법 1조 2항, "모든 주권은 국민에게 있고, 모든 권력은 국민으로부터 나온다"라는 민주주의의 기초를 잘 이해하고 장관직을 수행해야 한다.

당시 일본은 대한제국보다 30~50년 이상 앞서가고 있었다. 개화파들이 후쿠자와 유키치의 화려한 사상과 언변에 넘어갔다면, 이완용도 이토 히로부미의 능력에 홀랑 넘어갔다. 이완용은 "이등박문 공은 나의 스승이다"라며 흠모했다.

아쉬운 점은 이완용이 1896년만 해도 이렇게 말하던 사람이었다는 점이다. 그는 그해 독립문 정초식에 모인 대중 앞에서 '우리나라의 미래'라는 연설을 했다. "독립을 하면 나라가 미국과 같이 세계에서 부강한 나라가 될 것이요. (중략) 세계에서 제일 부강한 나라가 되든지 폴란드 같이 망하든지 좌우간에 사람 하기에 달려 있는 것이니 조선 사람들은 미국 같이 되기를 바라노라."(김윤희, 2011: 117) 그가 이런 초심을 잃고 일본에 영합한 것은 대한제국 사람에게는 뼈아프고 처절한 일이었다. 인재 자체의 문제일 수도 있지만, 인재를 잘 보살피지 못했던 주변사람들, 바로 우리에게도 문제가 있었던 것은 아닐까 싶다.

일본과 조선 개혁의 문화적·경제적 차이

일본이나 조선은 왜 개항이나 개국이 필요했을까. 두 나라 모두 경제적으로 잘 먹고 살고, 다른 나라의 침략을 물리칠 강한 군사를 가지고 있었더라면 미국이나 유럽의 개항요구를 무시할 수 있었을 것이다. 아니면 서양이 자꾸 귀찮게 하니까, 우는 아이에게 떡 주는 심정으로 '그래 정 교역을 원한다면 해줄게' 하고 은전을 베풀 수 있었을 것이다. 전쟁도 불사하겠다고 협박을 하는데, 전쟁이 일어나면 피곤하고 골치가 아픈 일 아닌가. 이런 태도는 원래 중국 청나라 등이 국력이 좋았을 때, 1차 아편전쟁 이전까지 보여주던 오만불손한 태도였다. 속되게 표현하면 '먹고 떨어져!' 이런 것이었다. 그러나 유럽과 미국이 전쟁을 불사하겠다고 덤벼드는 것은 상대방과 전쟁을 벌이면 이길 수 있다는 자신감이 있었기 때문이다.

유럽은 1800년대에 들어서면서 과학기술이 놀라운 수준으로 발전하고, 이를 견인하는 사상과 철학이 발전했다. 이는 과거 중국의 발전 수준과 속도를 뛰어넘는 것이었다. 아시아의 발명품인 종이·화약·나침판·금속활자 등이 십자군전쟁을 전후로 이슬람 문화권의 중계로 서양으로 넘어갔다. 15~16세기 무렵 서양은 이를 적극적으로 활용해 도약의 발판으로 삼았다. 나침판이 없었더라면 세계사를 바꾼 지리상의 발견을 이루는 대항해는 없었을 것이다. 종이와 금속활자가 없었더라면 유럽에서 종교혁명이 확산되지 않았을 것이고, 지식의 확산과 발전도 늦어졌을 것이다. 화약 역시 총과 같은 신무기 개발의 원동력이 됐다.

근대적 사고가 필요한 이유는 근대적 사고가 인간을 더 인간답게 만들어주는 방향으로 역사를 전개시키기 때문이다. 근대적 사고란 뭐였나? 프랑스 역사상 최고의 수출품인 '자유' '평등' '박애(인권)'와 같은 정신적 가치다. 그걸 서로 나누자는 것이니 유교적 전통을 버리고 근대화의 전 세계적 흐름을 따르는 것을 몰지각한 일이라고 폄하할 일은 아니다.

일본이나 조선이 개항, 개국이 필요했던 것은 유럽과 비교하여 그들보다 더 잘살지도 못했고, 군대가 강하지도 못했기 때문이다. 따라서 그 당시 개국이나 개항의 목표는 부국강병이었다. 정치는 복잡하고 골치 아픈 일이 아니라 단순한 것이다. 정치는 한 나라 안의 갈등을 조정해서 국가의 여러 자원을 배분하는 일이다. 따라서 정치개혁은 국가의 자원배분을 효율적으로 하기 위해 기존의 제도를 개선하면 된다. 정치개혁에서 중요한 인적 쇄신은 이런 자원배분을 과거의 인물보다 더 잘할 수 있는 사람으로 교체하는 것이다. 다만 그런 인물은 능력뿐만 아니라 내부의 갈등을 잘 조정할 수 있는 넉넉한 인품도 필요하다.

그렇다면 일본과 조선은 개항 이후 어떻게 자원배분을 실행하여 부국강병을 이루려고 했을까. 결과는 이미 다 알고 있다. 동아시아에서 가장 야만적이라던 일본은 성공적인 자원 배분으로 부국강병에 이르러 1910년 무렵에 이미 제1세계로 올라섰다. 조선은 계속 개혁에 실패해 부국강병이란 목표에 도달하지 못했고 일본의 식민지로 전락했다. 그 과정을 경제적인 측면과 제도적인 측면에서 살펴보자. 조선 근대화 성공의 유일한 방법은 개화파와 고종이 협력해 제도개혁을 추진하는 것이었다. 그러나 갑신정변과 갑오개혁을 통해 드러나듯이 근대화를 유효하게 추진할 제도개혁이 왕권을 제약하게 되면 왕이 협력하지 않았다.(이헌창, 2012: 278) 왕이 개혁의 걸림돌이었던 것이다.

*

1633년 2월부터 1639년 7월까지 도쿠가와 막부는 다섯 차례에 걸쳐 쇄국령을 내렸다. 세계와 단절을 꾀하였으나 외침을 막고 국가의 안전과 봉건 통치를 보호할 수 있었다. 교역에 자유로웠던 동남아시아 향료제도가 16세기부터 포르투갈이나 네덜란드의 식민지로 전락했던 점을 지적할 수 있다.

17세기 후반부터 18세기 일본의 국내 상품경제가 급격히 발전했다. 상인계급의 성장이 두드러져 "오사카 상인이 화를 내면 천하의 제후들도 겁을 낸다"는 말이 유행할 정도였다. 도쿠가와 막부 중·후기에 상품경제가 크게 발달해 오사카·에도·교토를 중심으로 전국적인 상품경제권이 형성됐다.(후지이 조이 외, 2012) 각 지역에 독자적인 시장이 나타났고, 자본주의의 싹이 텄다. 비단 생산과 같은 분야에 '공장제' 가내수공업이 등장해 급속히 발달했다.

1792년 러시아의 기선 카테리나 호가 여제 예카테리나 2세의 명을 받아 홋카이도에 도착해 개항을 요구했지만, 막부는 이를 거절했다.(탕진 외, 2007: 369) 이때부터 일본은 러시아의 남하에 대해 국가 차원에서 긴장하고 우려를 하기 시작했다. 홋카이도 경영에 대한 깊은 고민도 표출하기 시작했다. 러시아는 이로부터 12년 뒤인 1804년 다시 무역을 요구했다. 당시 사절인 레지노프는 황제 알렉산드로 1세의 국서를 휴대하고 있었다. 러시아는 이후 일본의 북방에 자주 출몰했는데, 1807년에는 사할린과 에토로프 어장을 습격하고 불사르는 사건을 일으키기도 했다. 영국 배가 나가사키 내항을 측량하고 돌아가기도 했다.(김희영, 2006: 477~78) 당시 영국은 나폴레옹이 네덜란드를 점령한 틈을 타 아시아 각지의 네덜란드령을 점령하고자 했는데, 군함 훼튼호가 네덜란드선의 국기를 달고 나가사키에 불법으로 입항해 땔감과 물, 식량을 요구하고 돌아가기도 했다. 이때 일본은 네덜란드와의 의리를 지켰고, 나폴레옹은 네덜란드에서 철수했다.

개국과 통상을 요구하거나 식수나 식량을 요구하는 외국 선박에 시달리던 막부는 1825년 외국선 격퇴명령, 즉 '이국선타불령'을 내렸다. 일본에 접근하는 외국선은 이유여하를 막론하고 격퇴하라고 한 것이다. 이후 미국의 모린슨호가 표류한 일본 어부 두 명을 송환하기 위해 1837년 우라가에 입항하려 했다가 날벼락을 맞았다. 일본이 포격을 퍼붓자 모리슨호는 다시 사쓰마의 가고시마로 접근했지만 다시 포격을 받고 철수했다.

이런 어수선한 상황에서 막부는 제1차 아편전쟁 소식을 듣게 된다. 영국과의 전쟁에서 진 청나라가 홍콩을 영국에 할양하고 상하이와 광저우 등 5개항을 무역항으로 개방하기로 했다는 소식이었다. 각 번이 재정난으로 군비가 미미한 상태였던 탓에 막부는 1842년 '이국선타불령'을 해제했다.

미국 페리 함대의 무력 시위에 굴복한 막부는 1853년 조선보다 겨우 23년 일찍 개항했다. 개항한 후 일본은 근대화를 위한 발걸음에 걸림돌 하나 없이 일사천리로 일을 처리해나갔을까? 앞에서 설명했듯이 그렇지 못했다. 일본은 개항 이후 내부 혼란이 극심했다. 외국 오랑캐에게 개항하는 것을 반대하는 양이론자들과 막부의 개방을 지지하는 개화론자들 사이에서 갈등과 반발이 극심해서 암살이 빈번하게 일어났다. 외국과 조약을 체결한, 우리식으로 하면 국무총리급 인사가 대낮에 칼을 맞고 죽기도 했다. 신센구미라고 하는 막부의 신하들이 반反막부 세력인 존왕양이파를 암살하거나, 각 번에서 이탈하여 정치에 개입하는 사무라이들을 붙잡아 죽이기도 했다. 조슈 번과 사쓰마 번이 동맹해 반막부의 기치를 높이 들어 막부와 내전이 발생하기 직전까지 치달았다. 이런 와중에 권력교체가 일어난다.

개항 14년 만인 1867년에 도쿠가와 막부의 마지막 쇼군인 도쿠가와 요시노부가 약 270년간 휘둘러온 막부의 통치권을 천황에게 돌려주는 대정봉환을 실시한다. 평화적으로 쇼군이 천황에게 정권을 내준 것은 1185년 최초의 무사정부인 가마쿠라 정권부터 따지면 약 700년 만의 일이다. 천황이 등장하고, 쇼군의 시대가 끝났다. 메이지 유신의 시작이었다.

　1867년 12월 통치권을 획득한 메이지 천황은 숨 돌릴 틈도 없이 그 다음해 1월에 막부와 마지막 전쟁을 치러야 했다. 보신전쟁이었다. 전쟁에서 새 정부가 승리했다.

　1869년 6월 전국의 번주에게 영지와 사람들의 호적을 담은 판을 중앙정부에 귀속시키기 위해 '판적봉환'을 요구한다. 봉건질서의 해체가 시작된 것이다. 1871년 다이묘를 중심으로 통치되던 봉건체제인 번을 폐지하고 중앙집권적인 현으로 개편하는 폐번치현을 실시한다. 단발령도 이때 시행됐다. 다이묘(번주)와 상층의 공경을 화족華族으로 호칭하고, 사농공상의 신분제를 철폐했다. 평민에게 성을 부여하고 직업선택과 거주이전의 자유를 부여했다. 국민을 대상으로 징병하고 세금을 거둘 수 있는 근거가 마련된 것이다. 1872년에는 국민교육을 위해 프랑스 학제를 모방한 학제령을 반포하고, 음력을 버리고 태양력을 채택했다. 국민징병제도 이때 실시됐다. 1876년 무사들에게 칼 착용을 금지하는 폐도령이 내려지자 이에 반발하는 게이신토의 난이 발생했다. 무사들의 반발은 지속됐지만, 무사들에게 정부가 주던 봉록을 중지한 질록처분 등이 이어졌다. 봉건주의의 붕괴였다.

　개화론자들 사이에서도 갈등이 격해져서 실각한 '메이지 유신 3걸'인 사이고 다카모리가 1877년 '세이난 전쟁'을 일으켰다. 정부 최고 책임자로 세이난 전쟁을 진압한, '메이지 유신 3걸' 오쿠보 도시미치가 1878년 도쿄에서 자객에게 암살당했다. 천주교에 대한 박해도 심각해 사회가 불안했다.

일본은 천황체제를 공고히 하는 내용의 메이지 헌법을 이토 히로부미를 주축으로 제정해 1889년 2월 공포하고 1890년 11월부터 시행에 들어갔다. 개항 40여 년 만에 국체를 유럽의 영국처럼 완전히 바꾼 것이다. 물론 그 내부는 여전히 중세의 일본이 숨 쉬고 있고, 중세의 일본인으로 살기를 원하는 많은 지식인들이 있었다. 가장 대표적인 인물이 동경제대 영문과 강사에서 소설가로 변신한 《나는 고양이로소이다》와 《도련님》의 저자 나쓰메 소세키이다. 나쓰메는 일본 근대화에 대해 냉소하고 비판했다.

체제정비를 마친 일본은 그로부터 2년 뒤인 1894년 청일전쟁을 벌여 세계의 예측과 달리 청나라를 이겼다. 일본은 조선에서 임오군란이 일어난 뒤 중국과의 군비경쟁을 본격화했다. 1883년 8개년 계획을 세워 대함 여섯 척, 중함과 소함 각각 12척, 수뢰함과 포함 12척을 건조한다.(김용구, 2004: 40; 이삼성, 2009: 584) 이미 이 무렵 일본은 군함을 자체 제작할 수 있을 만한 기술력을 확보했다고 봐야 한다.

일본은 다시 10년 뒤인 1904년 러일전쟁을 벌여 승리했다. 아시아 국가를 얕잡아보던 영국과 미국 등 서방국가로부터 인정받은 최초의 아시아 국가로 우뚝 설 수 있었다. 당시 러시아에 대한 일본의 승리에 조선 지식인들과 민중도 환호했는데, 그것은 인종주의에 근원한 것이었다. 러일전쟁에서 일본이 승리한 것은 서양에서도 13세기 몽고족의 유럽 침략 이후 아시아 세력이 유럽 세력을 누른 첫 사건으로 받아들여졌다.(이삼성, 2009: 444 재인용) 또한 조선을 비롯한 아시아에 대해 일본이 주장한 1930년대 대아시아공영론을 수용하는 근거가 됐다. 일본은 조선에 대한 우선권을 부여받는 비밀조약을 영국과는 1902년에, 미국과는 1904년에 성공적으로 맺는다. 러시아는 러일전쟁이 끝난 뒤 포츠머스 협정을 통해 조선에 대한 일본의 우선권을 인정했다.

일본에게 조선의 '단발령'과 같은 저항을 불러일으키는 '개혁'은 무엇이었을까? 그것은 봉건제의 완전한 철폐인 '폐번치현(1871)'과 무사들에게 대검을 차는 것을 폐지한 1876년 '폐도령(1876)'과 같은 것이 아닐까. 이 두 가지를 중심으로 일본의 제도 변혁의 성공에 대해 검토해보자. 무엇보다 일본의 메이지 정부는 신정부에 대한 모든 응전에서 성공을 거두며 한 걸음 한 걸음 근대화를 향해 갔다는 것이다. 작은 성공은 중간 성공을 부르고, 중간 성공은 더 큰 성공을 불렀다. 좌절하지 않는 정신이 필요했던 시대에, 좌절하지 않고 차근차근 유럽과 미국의 눈치를 살피면서 자신들의 필요를 성취해나간 과정이었다.

우선 폐번치현부터 보자. 메이지 천황 정부가 들어선 지 얼마 안 된 1871년 나가오카 번 등 열세 개 번이 재정이 곤궁하다며 폐번을 신청했다. 그 이전에 조슈 번의 탈퇴 소동이 있었다. 메이지 신정부는 반정부운동이 농민반란과 결합하는 것을 두려워했다. 1871년 1월 참의 히로사와 사네오미가 암살됐고, 3월 야노 하루미치 등 히라타平田 그룹의 고쿠가쿠國學 학자와 오타기 미치아키라 등 메이지 정부에 불만을 가진 교토의 국사범이 처단됐다.(후지이 조지 외, 2012: 313~14)

폐번치현은 각 성의 인사와 개혁이 제자리걸음 상태인 것을 타파할 목적으로 시행됐다. 메이지 정부는 유력한 세력인 사쓰마의 시마즈를 중앙정부로 끌어올리기 위해 애썼으나 그는 움직이지 않았다. 조슈 출신의 병부성 도리오 고야타는 야마가타 아리토모와 이노우에 가오루, 기도 다카요시, 사이고 다카모리, 오쿠보 도시미치 등 사쓰마와 조슈 양 번의 밀의와 합의를 얻어 군사력을 배경으로 그해 7월 '폐번치현 쿠데타'를 벌였다. 느닷없이 발표한 것이고, 번주들로부터 양해를 얻지 못했다는 점에서 쿠데타였다. 중세의 분권적 지배에서 중앙집권적인 체계로 전환한 것이다. 261개 번이 폐지되고 3부 302현이 설치됐다.

당시 사쓰마 번주 시마즈 히사미쓰는 불만스런 마음을 가누지 못하고 사저에서 불꽃놀이를 했다고 한다. 가고시마·야마구치 등은 번 이름이 그대로 현이 됐지만, 이름을 지키지 못한 번은 불만일 수밖에 없었다.(후지이 조지 외, 2012: 314) 폐번치현 직후인 8월 사쓰마 번주 시마즈가 "폐번논의가 있으면 번에게 의견을 물어야 하고, 그랬더라면 절대로 폐번은 이뤄지지 않았을 것"이라고 불만을 전하며, 사이고 다카모리를 향해 "인면수심, 쿠니國를 팔아먹은 놈"이라고 편지를 보냈다.(박삼헌, 2012: 135)

주요 번에서 이런 불만이 터져나오자 메이지 천황은 바닷길로 가는 최초의 지방순행을 실시했다. 봉건제 해체에 따른 민심을 추스르고, 불만세력을 다독여야 했기 때문이다. 특히 폐번치현으로 본격화된 문명개화정책으로 농민들의 반발도 심했다. 번이라는 완충재이자 방패막이 사라졌기 때문이었다.(박삼헌, 2012: 118) 메이지 천황의 최초 순행은 "가고시마 방문, 특히 정부의 문명개화정책에 불만을 품은 시마즈 히사미츠를 위무하여 상경하게 하는 것"이라는 정치적인 목적이 강하게 부여됐다. 천왕의 권위로 시마즈의 불평을 누그러뜨리고 설득하려던 것이었다.(박삼헌, 2012: 113~14) 1907년 이토 히로부미가 순종을 지방 순행에 나서게 한 것은 일본 천황의 전례를 따른 것이다.

번이 폐지되자 번사 출신으로 지방관을 맡았던 유신지사들은 지방관 경험을 토대로 각 성의 대승 이상 실무책임자로 임용돼 중앙집권화 정책을 추진했다. 유신지사가 지방업무를 맡았다가 중앙정부로 이동하는 사례가 약 23퍼센트 정도였다. 폐번치현 이전의 지방관 경험자들은 메이지 초기 관료를 수혈하는 주요한 루트가 되었다. 그러나 지방관들 중에는 폐번치현 이후 중앙관직으로 전직하지 않고 계속 지방관으로 일하는 인물도 55퍼센트였다.(박삼헌, 2012: 107~108)

원래 번사들은 정치참여가 금지돼 있었는데 메이지 정부는 3직7과제에서 징사徵士제도를 마련해 정치참여의 법적 기반을 마련했다. 징사는 정원에 제한이 없고, 참여參與에 임명돼 각 분과를 담당하도록 했다. 이어 3직8국제로 변경해 참여 임명과 상관없이 번사를 '각국의 판사'로 임용할 수 있도록 정했다. 메이지 정부가 필요로 하는 개혁적 관료를 더 쉽게 임용할 수 있도록 규정을 바꾼 것이다. 그래도 봉건적인 신분제의 잔재가 남아 있어서 각 지역 재판소의 총독에는 공가 출신자(상급 사무라이)가 임명되고 그의 참모로 '각 국 판사'에 하급무사 출신인 번사가 임명됐다. "임명받는 날부터 출신 번과 일체 관련 없는 조신朝臣의 마음으로 임하"도록 명령도 내려졌다.(박삼헌, 2012: 82) 번사 출신인 이토 히로부미도 이렇게 판사직을 거쳐 중앙정부 관료로 성장했다.

메이지 정부의 1876년 폐도령도 강한 반발을 불러왔다. 군인이나 경찰관 이외에 일반인이 검을 휴대하는 것을 금지한 것이다. 일본에서 '칼을 찬다'는 의미의 대도帶刀는 원래 실질적으로 무장을 했다기보다는 '특권 신분의 표징'으로 장식의 의미가 강했다. 그래서 폐도령 불가의 현실적 이유로 "대도를 폐지하면 무사와 상인을 구별하기 어렵다"고 반대했던 것이다. 특히 지방 향사들의 권위와 특권을 현실적으로 지탱해주는 것이 대도였다. 칼을 부정하는 것은 무사계급 특권의 부정이었다. 일부 무사족은 이러한 사민평등 조치에 반발하여 사족 반란을 일으켰다. 이런 폐도령에 대한 반발이 집약되고 극대화된 것이 개혁세력에서 분리돼 나온 사이고 다카모리를 중심으로 진행된 '세이난 전쟁'이다. 사이고는 자신의 번주로부터 "나라를 팔아먹은 놈"이라고 욕을 먹을 정도로 봉건제 청산에 앞장섰으나, 봉건적 잔재에 묶여 봉기하고 전쟁에 패해 결국 자결하고 말았다.

메이지 정부는 유럽 등 서양과 대등한 관계를 위해 농촌에서 토지 개혁을 하고, 철강업과 면방직 공업의 육성 등 부국강병정책을 추진했다. 서양의 경제제도를 수용하고, 기술·설비·기계 등을 외국에서 사들여 근대적인 산업 육성에 들어갔다. 관영공장을 돌리는 이른바 식산흥업殖産興業 정책을 폈다. 일본은 기계와 기술자를 외국에서 들여오더라도 외국의 자본에 손을 벌리지 않겠다는 각오가 확실했고, 그것을 실천했다. 당시 일본은 막부 말기에 이미 '공장제 가내 수공업' 단계까지 올라가 있던 상태라 대규모 기계공업으로의 전환도 비교적 빠르게 진행된다. 일본에는 200년이 넘는 장수기업이 3,000개가 넘는데, 18세기부터 기계형 수공업으로 성장했다고 봐야 한다. 이것은 철저한 가내수공업 단계에 머물렀던 조선과의 차이다.

　봉건적 특권을 처리하는 과정에서 메이지 정부는 혁명적인 토지개혁을 실시했다. 지조개정작업이었는데, 1873년에서 1881년까지 전국적으로 실시했다. 토지 1필지마다 지가를 확정하고 토지 점유자를 토지 소유자로 삼되, 토지 소유자는 지가의 3퍼센트(1877년부터는 2.5퍼센트)를 지조로 지불해야 했다. 다이묘들의 땅이 농민들에게 넘어간 혁명적인 조치로 농민이 근대적 토지소유자가 됐다. 특정인이 거대한 토지를 소유할 수 없었고, 비교적 평등한 입신출세가 가능하며, 계층 간 유동성이 확보되는 사회로 전환하는 계기가 됐다. 누구나 입신출세가 가능하다는 것이 경제에 활력을 주었다. 이런 지조개정 작업으로 토지거래와 금융이 가능해지고 정부는 안정적인 조세수입을 확보하게 됐다. 그리고 이 조세수입이 철도·전신·광산 건설 등 거대 예산이 투여되어야 할 정책을 지탱했다. 농업부문의 직접세 부담률은 메이지 정부 중기까지 85퍼센트에 이르렀다. 농업부문에서 이런 높은 조세부담이 가능했던 것은 에도 시대에 일본의 농업생산력이 매우 높았다는 것을 입증하는 것이기도 하다.(후지이 조지 외, 2012: 419, 422~23) 이때 거대한 토지를 잃게 된 다이묘 등에게 메이지 정부는 금록공채라고 해서 5~14년분의 연금을 지급했다. 이는 다이묘 등을 고액 금융자산 보유자로 만들었고, 이때 발행한 금록공채가 일본 국립은행의 자본과 근대적 사업의 밑천이 됐다.(후지이 조지 외, 2012: 420)

　메이지 정부는 다수의 외국인을 고용하여 이들의 조언에 따라 근대 산업 육성에 착수하였다. 1870년에 설치된 공부성工部省은 철도 부설에 착수하여 개항장과 도쿄·오사카 등 대도시들을 연결시켰다. 군비의 근대화를 위해 도쿄와 오사카의 포병공장과 요코스카와 나가사키의 조선소 확충에도 힘을 썼다. 1871년 근대적 우편제도를 도입했고, 1869년부터 설치하기 시작한 전신선은 1874년경 전국적으로 확대되었다.

메이지 유신 전후로 창업해 21세기에도 기업을 유지하는 장수기업들이 생겨났다. 100년을 넘는 장수기업이 일본에는 5만 개가 넘는다. 스시의 이즈우(1830)나 전기전자 회사인 도시바(1875), 가오(1887), 미쓰이 금속(1874), 다이니혼 인쇄(1876), 다이니혼 방적(1889), 철도를 따라 역참에서 도시락을 파는 에키벤의 스쿠켄(1888), 화장품회사 시세이도(1872), 가래제거제 용각산을 만드는 제약회사 류카쿠산(1871) 등이 생겨났다.(정후식, 2008: 문소영, 2010: 201)

수입 초과로 적자가 된 무역수지를 개선하기 위해서 생사生絲 생산에 힘을 쏟으며 군마群馬 현 도미오카富岡에 관영 제사공장을 짓고 기계제 대량생산기술을 도입했다. 1873년에 설치된 내무성은 방적 분야에도 힘을 써 관영 모범공장을 통해 민간에도 기계제 생산을 권장했다. 그 결과 1894년 기계로 실을 짠 생산고가 90만에 달해 수공업 생산고 69만을 압도했다. 1903년에는 그 차가 더욱 벌어졌고, 공장의 숫자도 수공업의 서너 배로 늘어났다.

제지업도 1871년부터 서양 기계를 도입해 급속히 발전했다. 1889년 목재펄프를 원료로 해 종이를 만드는 오지王子제지가 설립됐다. 증기기관을 동력으로 하는 펄프공장은 볏짚이나 넝마를 원료로 하던 종이사업을 혁신했다. 제당업은 1895년 일본제당과 일본정제당이 설립돼 기초를 닦았다. 제철업은 청일전쟁에서 승리하고 삼국간섭에 굴복한 뒤 급속히 발전했다. 당시 일본의 중공업에서 가장 큰 비중을 차지한 것은 육해군의 병기공창이었고, 일본 정부는 공창을 확대해 무기를 외국에서 더이상 수입하지 않고 자급자족했다. 메이지 정부 초기 제철공장이 없던 일본은 대포·군함·기관차의 재료를 모두 수입했는데 육군과 해군이 제철소 설립을 강력히 주장해 청일전쟁 배상금으로 야하타八幡 제철소를 1901년 설립했다.(김희영, 2006: 589~90) 이 제철소는 현재 포스코와 경쟁하는 신일본제철로 이어진다.

일본은 청일전쟁을 즈음해 경공업의 기반을 마련했고, 러일전쟁을 즈음해 중공업의 기반을 닦으며 후발 산업혁명에 성공했다.(김희영, 2006: 591)

*

한 나라의 개항으로 나타날 경제적 변화를 규정짓는 첫째 요건은 '개항 전 근대화를 위한 선행조건이 어느 정도 충족됐는가'이다. 다시 말해 '사회경제구조가 근대적 변화에 얼마나 민감한 체질인가'이다. 둘째, 19세기 중엽 외부의 자극은 근대화라는 자극과 함께 식민지화라는 양면성을 가지고 있었으므로 외부의 충격이 어떠한가가 중요했다. 셋째, 외부 충격에 대해 어떻게 응전하느냐에 달려 있었다. 상선보다 함선을 앞세운 개항인 만큼 국가가 주도해 민간부문을 지원사격하는 식산흥업정책 등을 내놓아야 했다.(이헌창, 2012: 252)

그렇다면 조선의 개항 전 근대화에 선행되어야 할 조건은 얼마나 갖췄나 살펴보자. 결론을 미리 밝힌다면 조선은 중국이나 일본보다 시장이 덜 발달하고 경제력이 약한 상태에서 개항을 맞았다.

이헌창은 조선은 개항 이전에 일본과 중국에서 나타났던 '공장형' 가내수공업이 나타나지 않았다고 했다. 기계형 공장이 들어서기 전 산업화 이전의 초기 공업화가 확인되지 않은 것이다. 조선 후기 공업 발전도가 낮은 것은 그 기술 수준을 반영한 것으로, 일본처럼 개항 이후 고급 비단을 자체 생산해 수입을 대체하는 효과를 내지 못했다.

조선의 기술발전 저해요인은 첫째 지식을 독점한 사대부가 경학 이외의 지식을 경시한 것이고, 둘째는 유럽의 기술자들은 주로 신교 도들이었는데 종교개혁 이후 종교탄압이 없는 영국이나 네덜란드 등 으로 이주를 했다. 하지만 조선은 19세기 말에 가서야 기술인력이 해 외에서 유입됐다. 셋째는 16세기 이후 사림이 정국을 장악한 뒤에 기 술을 무시했다. 기술학을 유학과 같은 수준으로 취급하던 태조와 "의 학·산학과 같은 잡학에 이르기까지 모두 정밀하지 않으면 안 된다" 고 한 세조의 기술을 숭상하던 풍토가 사라진 것이다. 넷째 도시의 발 달이 미비했고, 때문에 시장이 크게 발달하지 않았다. 조선의 시장발 달을 화폐량으로 살펴보면 중국 복건성은 조선의 11배, 일본은 5.5 배나 많았다. 1800년대 조선에 인구 1만 명 이상의 도시인구는 총 인 구의 2.5퍼센트에 불과했다. 유럽의 도시화율이 9퍼센트로 추정되는 것과 비교할 때 매우 낮은 수준이었다. 이러한 시장의 미발달은 기술 발전에 역으로 영향을 미치며 악순환됐다.(이헌창, 2012: 217, 218, 231)

조선 무역액의 국내총생산에 대한 비중은 은 유입이 급증한 16세 기 중엽 이후에 1퍼센트를 넘었고, 유입된 은에 의존한 중계무역이 정점에 달한 17세기 후반에 2.5퍼센트 전후로 높아졌다. 그러나 19 세기 중엽에는 1.5퍼센트 정도로 하락했다고 추정된다. 세계의 무역의존도는 1800년 2퍼센트, 1870년 10퍼센트, 1913년 22퍼센트로 확대됐다. 조선은 16세기 후반부터 18세기 초기를 제외하면 무역의존도가 세계 평균에 크게 미달됐다. 중국의 무역의존도가 조선과 비슷한데, 중국은 내수시장이 발달했기 때문에 조선의 무역 미발달과 상황이 달랐다. 일본은 도쿠가와 막부가 쇄국령을 내려 국내총생산에서 무역이 차지하는 비중이 1퍼센트로 줄었지만, 인구가 조선의 두 배이고 중앙집권적 봉건제에서 내수시장이 발달했다.(이헌창, 2012: 217, 218, 231) 18세기에 에도는 인구가 100만 명이 넘어 당시 청나라의 베이징보다도 많았고, 같은 시기에 교토와 오사카도 인구 100만 명의 대도시로 성장했다. 청나라의 수도인 베이징이 100만 명이 넘은 것은 19세기였다.

18세기 이후 조선은 선비 내지는 양반을 모방하는 사회였는데, 선비에 해당하는 직군인 유학幼學의 기재가 호적에 확산됐다. 유학호의 비중은 17세기 말 3.8~5.4퍼센트였는데 18세기말 19세기 초 17.9~49.8퍼센트로 급증했다. 이어 19세기 중엽 63.1~79.1퍼센트로 폭증했다. 조선은 관료가 되기 위해 학업에 전념하는 일도 군역으로 간주해 유학생幼學生에게 세금을 면제했다. 그런데 1799년 "조금 먹고 살 만하고 글줄이나 아는 자는 유학을 모칭하고 군역을 교묘히 벗어나려 한다"고 비판하는 목소리가 나올 정도로 면세자가 늘어났다. 문과 응시자는 1648년 3,461명에서 17세기 후반 1만 명으로 늘어났고, 1800년 10만 명으로 급증했다. 모든 조선 백성들이 양반이 되고자 하는 추세는 19세기와 20세기에 가면서 더욱 확산됐다.(이헌창, 2012: 231~32)

논의 토지 생산성은 18세기 정점에 달하고, 19세기에 하락했다. 19세기 전반 안정적이던 미곡을 비롯한 재화가격이 19세기 후반 빠르게 상승한 것은 화폐적 요인뿐만 아니라 농업생산이 어려웠다는 것을 반영한다.(이헌창, 2012: 239)

조선은 자급자족적 경제로 18세기 후반 중앙 관부와 왕실로 상납되는 세입이 쌀로 환산하여 100만 석이었다. 당시 국내총생산의 약 1.2퍼센트에 불과했다. 이는 중앙정부의 고질적인 재정난을 유발했고, 지방재정을 압박해 19세기 지방 관리의 구조적 부정을 심화시켰다.(이헌창, 2012: 243) 대한민국 정부의 1년 예산이 국내총생산(2012년 1조 1,635억 원)의 28퍼센트 안팎(2012년 예산 325조 4,000억 원)이라는 점과 비교하면 얼마나 조선의 국가재정이 형편없었는지 평가할 수 있다.

김동로는 조선시대 징수의 문제점은 향리와 같은 하급관리들이 토지의 생산성이나 매해 수확되는 양을 정확히 파악해 지세부과에 필요한 모든 정보를 가지고 있는데, 이를 효과적으로 감시할 만한 중앙정부의 유능한 관리가 없었다는 점을 지적했다. 행심이나 깃대로 불리던 조세징수 대장에 토지소유의 변화상황, 면세지 가운데 과세가 가능한 토지의 규모, 실제 납세자의 명단 등과 같은 정보를 하급관리 자신들만이 해독할 수 있는 기호로 기입해 놓은 탓이다. 때문에 향리층은 중앙정부의 감시가 소홀한 틈을 타 약탈을 효과적으로 할 수 있었다. 중앙정부에서 공식 조세대장인 양안을 적절한 시점에 개정하지 않은 탓이다.(김동로, 2009: 104)

홍선대원군 시절에 세금을 내지 않았던 양반들에게 세금을 걷는 호포제를 실시하고 서원을 철폐해 새로운 세원을 발굴해 중앙정부의 재정압박은 일시적으로 완화됐다. 그러나 16~18세기에 누적된 조선의 경제·사회적인 많은 문제들을 완전히 해소하지 못한 상태에서 개항이 전개됐다. 일본보다 경제·사회적으로 열악한 상황에서 개항이 진행된 것이다. 따라서 일본보다 더 열심히 내부 개혁을 이루고, 외세의 자극에 응전해야 했다. 그러나 내부 개혁마저 지지부진 그 자체였다. '경제적·정치적·사회적 개혁 없는 개국'이 진행된 것이다. 작은 시도가 성공으로 쌓이고, 쌓이는 성공이 자신감으로 전환되고, 더 큰 목표에 도전하는 불굴의 용기와 배짱, 추진력 등을 찾아보기가 어려웠다.

1876년 조일수호조규(강화도조약)를 체결할 때 일본은 수입품에 대한 5퍼센트의 관세를 수용할 자세가 돼 있었다. 그러나 국제조약에 무지한 조선 정부는 무관세를 허용했다. 부산항 이외에 인천항(1883)과 원산항(1880)을 추가로 개항하기로 하고, 영사재판권을 허용했으며 일본화폐의 유통도 허락했다. 조선의 쌀 등 곡물수출권도 허용됐다. 일본은 자신들이 1858년에 미국 등 5개국과 맺은 불평등 조약을 개정하기 위해 1871년 '이와쿠라 사절단'을 보내는 등의 노력을 했다. 이런 상황을 감안하면 일본이 영사재판권과 관세자주권을 해치는 내용의 조일수호조규를 조선에 강요한 것은 파렴치하고 비도덕적인 일이었다. 만약 조선이 일본의 개항 과정을 연구해놓은 상태라면 과연 그런 일이 벌어졌을까? 그만큼 조선을 깔보고 있었던 것이다.

불평등 조약의 가장 큰 문제점은 무관세였다. 일본의 싼 공산품이 조선으로 쏟아져 들어오는데 조선 정부는 가내수공업에 머물던 국내 산업을 보호할 길을 잃은 것이다. 문호개방 전해인 1875년 일본에 대한 수출액은 5만 9,700여 엔이었고, 수입액은 6만 8,900여 엔이었다. 그러나 4년 후인 1879년에는 수출액이 56만 6,900여 엔으로 약 9.5배 증가했고 수입액도 67만 7,000여 엔으로 열 배가 늘어났다. 수입과 수출의 비율이 4년 전과 비슷비슷하니 큰 문제가 없었을까? 그렇지 않았다. 조약체결 후 일본에서 생산한 옥양목과 한랭사 같은 면직물 등 2차 제조업 상품이 거의 제한 없이 수입되었고, 조선은 쌀과 콩, 금 등 1차 상품을 수출했다. 일부 지주들은 곡물수출로 큰 수익을 봤겠지만, 빈농들과 도시빈민들은 국내 쌀 공급이 부족해지자 쌀가격이 급등해 배를 곯아야 했다.

일본 화폐의 유통도 심각한 문제를 일으켰다. 일본 은행이 지점을 조선에 설치해 자국 상인들에게 금융지원을 했다. 일본 상인들은 양국간의 환시세를 조작해 수출품을 염가로 매입하고, 일본 은행에서 지원받은 자금으로 조선 상인에게 고금리로 빌려주고 환차익도 얻었다.(강만길, 2012: 306~307) 일본의 국립제일은행 조선지점의 예금과 대출은 1878년에 각각 4,000원과 1만 7,000원이었다. 1906년에는 예금 1,393만 9,000원과 대출 1,028만 8,000원으로 1000배 이상 급증했다.(이헌창, 2012: 267) 국내 화폐주조의 난맥상으로 일본 화폐의 국내 영향력은 대단히 높았다. 또한 곡물수출권이 허용돼 쌀가격이 급등하자 조선농민과 하층민의 삶은 힘들어졌다. 조선인들의 피폐해진 생활에 대한 불만은 결국 임오군란으로 터져 나왔다.

1882년 체결된 조미통상조약에서는 치외법권을 인정했지만, 관세율은 수입품 10퍼센트, 수출품 5퍼센트로 규정됐다. 조약의 초안에는 수입관세율이 30퍼센트짜리도 있었다. 관세는 개항장에서만 인정됐다. 즉 개항장 밖에서 이뤄지는 거래는 관세를 안 내도 되는 것이다. 연안 해운이 승인되고, 이번에는 조선의 곡물수출금지권이 인정됐다. 그러나 최혜국대우 조항이 들어가 있었다. 다른 나라에서 특권을 얻으면 균점할 수 있는 규정이다. 최혜국 조항은 한미 자유무역협정FTA이나 한·EU 자유무역협정에도 모두 들어가 있다.

강화도조약을 맺은 6년 뒤 조선의 조정이 똑똑해져서 무관세에서 수입관세율 10퍼센트, 수출관세율 5퍼센트를 적용했을까? 아니였다. 그것은 청나라 리훙장의 '꼼수' 덕분이었다. 리훙장은 조미조약에 청나라가 서구 열강에서 받은 통상 상의 불평등성을 약화시키는 조문을 명문화함으로써, 조미조약을 근거로 청나라의 불평등 조약을 개정할 의도였다.(송병기, 1984: 198; 최덕수 외, 2010: 71 재인용) 물론 리훙장의 이런 꼼수는 청나라가 1883년 조선에 강요한 '조청상민수륙무역장정(이하 조청장정)' 탓에 제대로 효과를 보지 못했다. 리훙장은 자기 꾀에 자기가 빠져든 것이다.

1882년 임오군란을 진압한 청나라는 1883년 '조청장정'을 강요했다. '조약'이 아닌 '장정'은 속국인 조선의 조정이 비준할 필요도 없다는 의미였다. 조선을 속방으로 규정하고 사대의리에 따라 청나라 특권의 부여가 명시돼 있다. 치외법권을 인정하고, 서울 양화진(현재 목동)에 청나라 상인의 점포를 개설할 수 있는 권리와 여행권, 개항장 밖에서 통상이 가능한 내륙통상권과 연안무역권까지 인정했다. 홍삼을 제외한 물품에 대한 5퍼센트의 관세를 부과하고, 청나라 어부들에게 연안어업권도 인정했다. 청나라는 이런 규정이 청나라만의 특권이어야 한다고 주장했으나, 이후 일본·미국·영국·독일 등은 최혜국대우 조항을 내세워 조약 개정을 요구했다. '장정'의 불평등 조약이 나머지 국가에도 확산된 것이다.(이헌창, 2012: 254~55; 강만길, 2006: 308) 이 조청장정으로 청나라 상인들은 서울에 거주하며 자유롭게 수입상품과 육의전의 전매물품까지 매매할 수 있게 됐다. 시전상인은 거래의 위축으로 국역을 감당할 수 없다고 정부에 호소하였으며, 그 항의로 1887년, 1890년, 1898년 세 차례 영업을 중단하고 철시투쟁을 벌이기도 했다.(이헌창, 2012: 281)

영국은 '조미조약'을 바탕으로 청나라가 제안한 '조영조약'을 초기에 반대하지 않았다. 이 내용이 청나라와 일본 등에서 영국이 불평등 조약을 통해 얻은 이익을 일부 침해하는 것을 알고 있었으므로 조약을 체결한 뒤 영국 의회가 비준하지 않고 시간을 끌었다. 그러던 차에 '조청장정'이 발효되자 비준도 거치지 않은 조영조약의 개정에 들어갔다.(최덕수 외, 2010: 75, 80) '조청장정'을 근거로 미국과 독일도 조약개정에 들어갔다. 영국은 조약을 개정해 수출 5퍼센트, 수입 7.5퍼센트를 관세로 부과했다. 개항장 밖의 과세가 부인되고, 연안무역권·연안해운권·치외법권·최혜국대우가 모두 인정됐다. 거류지 밖 4킬로미터까지 외국인의 토지·가옥의 임차와 구매가 용인됐다. 서울 양화진 개방과 내륙통상권 등이 모두 인정됐다.

일본도 1883년 조선과 강화도조약 당시의 통상장정을 조일통상장정으로 개정했다. 청나라에서 파견한 묄렌도르프가 조선 측 교섭을 주관해 일본의 초안을 고스란히 통과시켰다. 수출 5퍼센트, 수입 8퍼센트로 관세협정을 했으나, 개항장 밖에서 거래되는 수출입 품목에 대한 과세가 일체 부인됐다. 관세자주권이 부인된 것이다. 조미조약,

조청장정에서 각각 승인된 연안무역권과 연안해운권도 승인됐다.

최혜국대우에 따라 개정된 조약의 내용은 다른 나라에도 모두 용인됐다. 조선의 서울뿐만 아니라 시골 오지까지 외국상인들이 모두 들락날락하면서 물건을 팔 수 있게 됐고, 이들이 판매한 물건과 수입하는 물건에 대한 세금은 조선 정부가 1전도 걷을 수 없게 된 것이다. 따라서 영세했던 조선정부의 재정은 엉망이 됐고, 정부의 보호를 받지 못하는 조선인들의 삶도 피폐해졌다.(강만길, 2006: 308~10) 쉽게 말해 조선이라는 집이 있다면 솟을대문은 물론 중문과 안방 문, 장롱 문까지 다 열어놓았다고 생각하면 되겠다.

1888년부터 일본 상인은 조선인의 범선을 이용해 개항되지 않은 내지를 항행할 수 있는 특권을 획득해 쌀을 대량으로 반출할 수 있게 됐다. 청일전쟁 이후 내지통상은 한층 전진돼 개항장 객주의 경제적 기반이 점차 취약해져갔다.(이헌창, 2012: 283)

이런 상황을 일본과 비교하면 얼마나 기가 막힌 현실인지 알 수 있다. 21세기 한국도 외국과의 조약체결에서 협상력이 없다든지, 불평등 조약을 체결했다는 비판을 받는데, 조선의 정부는 협상능력이 탁월한 일·청·미·영과 조약체결에서 백전백패였다.

일본은 미일통상조약에서 수출품은 5퍼센트, 수입품은 20퍼센트의 관세를 원칙으로 했다. 외국인 상인들이 일본 내부로 들어오는 것을 완전히 배제해 국내 시장을 외국 상인으로부터 방어했다. 이것은 생산자와 판매자뿐만 아니라 소비자도 보호하는 것이다. 또한 연안무역권·연안해운권 등의 권리를 인정하지 않았다. 조선과 청나라의 해관은 외국인이 관리했으나 일본은 해관 관리의 자주권을 끝까지

지켰다. 조선은 개항장과 개시장에서 외국 상인들에게 주택이나 창고 공장 등의 설립을 허용했으나 일본은 허용하지 않았다. 청나라는 청일전쟁이 끝난 뒤 1895년 시모노세키조약에서 허용했다. 이 중에 수도를 개방한 나라는 조선밖에 없었다.

일본은 미국, 유럽 등과의 불평등 조약(:정일성, 2002) 중에서 1897년 치외법권 조항을 폐지해 사법주권을 되찾았고, 1911년 관세자주권을 회복해 완전히 유럽 선진국과 동일한 출발선상에 서게 됐다.(이헌창, 2012: 255, 262; 정일성, 2002) 참고로 일제 식민지였던 조선에서는 관세자주권이 일제강점기인 1920년대에 회복되었고, 남만주에서는 1931년까지 이어졌다. 조청장정 이후 조·청 무역은 육로무역에서 개항장 무역으로 전환됐다. 해상무역이 물류비용도 싸고 관세도 쌌기 때문이다. 조선의 경제는 청나라와 일본으로 빨려들어가는데 이를 막을 정책적 수단을 가지고 있지 못했다.

조선의 개항장 무역은 1879년 100만 원, 1895년 1,000만 원, 1904년 3,000만 원을 넘어섰다. 1885~1910년 동안 금·은을 제외한 실질무역액은 열여섯 배 증가했다. 1911년 재화 서비스의 무역액은 1억 원으로 국내총생산의 19퍼센트로 확대됐다.(이헌창, 2012: 257~59) 19세기 초 무역의 비중이 1.5퍼센트였던 점을 환기한다면 12.7배로 시장이 확대된 것이다. 개항장 이외의 곳에서 거래되는 수출입 물품에 대해 세금을 매길 수 없기 때문에 이런 무역시장의 확대가 정부에는 즐거운 소식이 되지 않았다.

조선의 무역대상은 청나라가 가장 컸다가 일본으로 넘어갔다가 다시 청나라로 넘어갔다가 일본으로 넘어가는 과정을 거친다. 정치적 입김이 경제에 영향을 미친 것이다. 개항 이전에 조·청 무역과 조·일 무역은 미미한 액수였지만 30 대 1로 청나라 쪽이 많았다. 그러나 개항 후 6년이 지나면 조·청 무역은 1881년에 수입액이 39만 5,000엔, 수출액이 14만 3,000엔 등 합계가 53엔 8,000엔이다. 반면 조·일 무역은 수입액 194만 4,000엔, 수출액 137만 2,000엔으로 합계가 331만 6,000엔으로 청나라와의 교역보다 여섯 배 많아졌다.(강만길, 2006: 312~14; 이헌창, 2012: 260~61)

임오군란과 갑신정변으로 청나라의 간섭이 심해지자 다시 청나라가 지분을 찾아가기 시작했다. 조선의 두 나라에 대한 수출액은 그 기간 중에 큰 차이가 없다. 다만 수입액은 1892년 청나라가 205만 5,555엔이고 일본은 255만 5,675엔으로 45 대 55로 중국의 조선 수출이 확대됐다. 청일전쟁 직전인 1893년 조선의 수입은 청나라 49.1퍼센트, 일본 50.2퍼센트, 러시아 0.7퍼센트로 구성된다. 청일전쟁 이후에는 일본에서의 수입 비중이 72.2퍼센트까지 대폭 확대되고 청나라에서의 수입은 26.2퍼센트로 감소된다. 러시아로부터 수입은 1.6퍼센트로 증가했다.

일본은 청일전쟁 이전부터 중계무역을 탈피하려는 노력을 기울여 성공했다. 일본이 조선에 수출한 물품 중에 일본제품의 비중은 1882년 이전까지 10퍼센트 남짓하다가 1883년 이래 50퍼센트 전후로 상승했고, 1890년부터 해마다 80퍼센트를 넘어섰다. 고급 면제품인 금건金巾의 일본 상인의 몫이 1886년 10퍼센트 대에서 1888년 2퍼센트로 하락했다. 높은 신용도와 사업수완을 가진 청나라의 상인들이 중계무역에서 일본 상인보다 더 강세를 보인 탓이다. 또 상하이가 나가사키보다 중계무역항으로도 더 우월한 지위에 있었다. 청일전쟁에서 청나라가 패배하기 전까지 조선에서 청나라의 위세가 청나라 상인의 경제활동을 도왔다.(이헌창, 2012: 260~61)

일본제 면제품은 일본이 청일전쟁에서 승리하자 조선시장을 급속히 파고들었다. 1885년 일본에서 수입하는 섬유제품 중 일본산이 31퍼센트였으나 1896년에는 97퍼센트였다. 백목면과 시팅sheeting(시트용 천)을 중심으로 한 일본제 면제품은 가격이 저렴하고 내구성이 강해 조선의 서민층에 잘 팔렸다.(이헌창, 2012: 264) '덕분에' 조선의 면직물 가내수공업은 전멸했다.

일본에서 면방적 산업 등이 크게 발달한 이유는 일본 정부가 민간자본에 대한 보조금과 저리 융자, 주식회사와 은행의 설립 장려 등 강력한 식산흥업정책을 수행한 덕분이다. 시부사와 에이이치는 1882년에 1만 추 규모의 오사카방적을 설립할 수 있었다. 대도시의 면업 관련 상인이 오사카방적을 모델로 대규모 기계방적 공장을 설립했다. 1886~88년 면방적업과 철도업, 광산업을 중심으로 창업이 시작됐다. 후발 산업혁명이 시작된 것이다. 러일전쟁 때는 역직기가 급속히 보급됐다. 생산수단의 국유화가 진행되었고 러일전쟁 직후에 산업혁명을 완료했다. 일본 면제품의 밀어내기 수출로 조선의 수입품 중 면제품은 1900년까지 과반에 이르렀다.(이헌창, 2012: 260~62) 일본산 값싼 면제품은 면·삼베·모시 등 조선의 국내 가내수공업을 급속히 해체했다.

조선은 일본의 면제품을 사고 쌀과 콩, 쇠가죽, 금 등을 수출했다. 1896년에서 1898년까지 3년간 통계에서 전체 수출액 중 쌀이 55.7

퍼센트를, 콩이 21.2퍼센트를, 쇠가죽이 3.4퍼센트를 자치했다.(강만길, 2006: 316) 일본은 도시의 공장 노동자에게 값싼 외국쌀을 공급할 목적으로 1890년을 기점으로 미곡수입국으로 변모한다.(이헌창, 2012: 264) 이제 조선은 일본제 공산품의 상품시장으로, 일본 공장의 원자재시장이자 일본 도시노동자를 위한 식량공급지로 수직계열화됐다.

금융에서 일본의 조선 지배는 1910년 한일병합이 이루어지기 전에 아주 심각한 수준이었다. 흥선대원군은 고액권인 당백전을 유통시켜 국가재정을 보완하려고 한 적이 있다. 고종도 임오군란 이후 1883년 묄렌도르프의 건의에 따라 전환국을 설치하고 고액권인 당오전을 발행했다. 외채를 도입하자는 김옥균의 의견이 묵살되고, 당오전을 발행해 재정적 곤란을 해결하려 한 것이다. 그러나 당백전과 마찬가지로 당오전이 발행되자 물가가 급등하고 사회경제적 혼란이 찾아왔다.

김옥균은 "당오전 · 당십전 · 당백전 등 보조화폐의 발행은 정부에 이익을 주지만 국가를 부유하게 하는 정책이 아니다. 재정의 정리는 먼저 본위화폐를 정한 뒤 다음 보조화를 발행해야 한다"고 근대적 화폐제도로의 전환을 주장했지만, 1884년 정변이 실패하면서 그의 정책은 실행되지 못했다. 1891년 상평통보 유통량이 200만 관, 당오전 유통량은 상평통보의 네 배 가까운 770만 관이 될 만큼 당오전이 남발됐다. 당오전은 상평통보의 다섯 배 가치여야 하지만, 1년도 못 돼 명목가치의 절반 이하로 폭락했다. 돈의 주조 이익이 적어지자 1891년 평양감영에서 상평통보의 3분의 1의 가치도 안 되는 1푼짜리 평양전을 대량으로 발행했다. 화폐의 가치는 계속 하락했다. 결국 1892

년에는 전국에 당오전·평양전·당일전(상평통보)이 구별 없이 모두 1푼의 가치로 유통됐다. 1894년 갑오개혁 정부는 당오전을 당일전과 같은 가치로 유통할 것을 정식 결정했다. 악화의 남발로 인플레이션이 극심해져 1894년 경인지방 쌀값이 당오전이 처음 발행된 1883년에 비해 일곱 배 폭등했다.(강만길, 2006: 320)

이를 타개하고자 김가진과 안경수가 근대적 화폐제도 개혁을 위해 '대조선국화폐조례'를 발표했다. 외국인 전용 다섯 냥 은화와 내국인용 1냥 은화를 본위화로 하고, 보조화로 2전 5푼짜리 백동화와 5푼짜리 동전을 발행하기로 하고, '동질·동량·동가'의 외국화폐를 함께 통용시켰다. 이것이 일본인의 화폐가 돌아다니게 된 원인이 된다. 청일전쟁이 끝났을 때 조선에는 300만 엔의 일본 은화가 유통됐고, 지폐도 돌아다녔다. 때문에 일본 상품의 농촌 침투는 더 활발해졌다. 일본 화폐를 노임이나 상품 값으로 받은 뒤 엽전으로 바꾸는 과정에서 조선인은 손해를 볼 수밖에 없었다. 조선에서는 본위화보다 백동화 등을 더 많이 주조했는데, 백동화 남발로 인한 인플레이션은 파괴적이었다. 또 가짜 백동화가 돌아다녀 경제를 혼란시켰다.(강만길, 2006: 322)

그렇다면 가짜 백동화는 어떻게 발생했나? 조선 정부는 화폐를 주조하고 이를 유통할 수 있는 권리를 개인에게 매도하는 것이 보편화된 관습이었다. 이 같은 관습 탓에 최고가를 부르는 입찰자에게 개인적인 용도로 사용할 수 있는 공인화폐의 금형을 임대해주었다.(아일런드, 2008: 182) 더 나아가 주요 외국 공사관에도 직접 주조권을 제공했기에, 조선정부로서는 대체 통화가 얼마나 풀리는지 확인할 길도 없고, 막을 길도 없었다. 특히 1894년부터 지세 등을 현물이 아닌 화폐로 지급하라고 해놓았기 때문에 주조권이 있는 사람들은 마음대로 화폐를 찍어서 이익을 챙길 수도 있었다. 조선의 공인 화폐를 외국인에게도 찍을 수 있게까지 했다면, 도저히 제대로 된 나라라고 할 수가 없다.

당백전과 당오전의 남발로 인플레이션의 폐단을 경험하고도 조선 정부는 건전한 화폐제도의 확립이라는 요청을 저버리고, 정부의 재정난을 타개하기 위해 백동화를 남발했다. 개혁을 수반하지 않은 부국강병책은 한계가 명확했다는 지적이 나오는 이유다.(이헌창, 2012: 278)

조선 정부의 재정이 얼마나 엉망인지 알아보자. 1895년 총세입 가운데 약 3분의 1이 조세수입이고 나머지는 모두 차입금이나 외채에 의해 지탱됐다. 일본에 대한 조선의 경제적 의존은 심화될 수밖에 없었다. 1894년 갑오개혁 정부가 파악한 조선왕실이 안고 있던 미지불 금액은 백관록 46개월분에 이서 계급의 급료 56개월분, 각사 경비지출금이 9개월분이었다. 이렇게 제시된 미지급금 161만 원 외에도, 제실(帝室)의 채무로서 구한말 왕실재정 정리에 나타난 청구금액 240만 원 등을 합쳐 총 금액이 400여 만 원(신상준, 1970: 54)이었다. 이를 모두 외부에서 동원해야 했던 만큼 조선 정부는 1895년 일본에 차관을 요청했다. 이노우에 가오루는 당시 조선 정부가 요청한 300만 엔을 초과하는 500만 엔의 차관을 제공하겠다고 허풍을 쳤지만, 자본축적에 고통받던 일본은 군사예산에서 300만 엔을 전환해서 빌려주는 것으로 최종결정했다.(김동로, 2009: 100)

1895년부터 1905년까지 일본은 조선에 790만 원의 차관을 제공하고, 그 차관제공의 대가로 광산채굴권, 철도부설권, 전선가설권, 해관운영권 등 각종 이권을 획득했다. 차관에 대한 담보물도 잡았는데, 해관세·광산세·인삼세 등이었다. 때문에 재정운영의 자주성이 없었다.

조선에는 정부가 합법적으로 발행한 국채가 없었는데, 이유는 국고 신용도가 너무 좋지 않아 이와 같은 계약이 성사될 수 없었던 탓이다. 1905년 대한제국 시절에 일본 도쿄에서 200만 엔의 국고 채권을 발행한 것을 시작으로 통화제도 조정과 산업발달 사업, 화폐유통, 한반도 발전을 위한 다양한 계약 등을 위해 모두 3,219만 658엔의 국채를 발행했다. 이중 150만 엔은 일본 정부가 무이자로 빌려준 것이고, 나머지는 연리 6~6.5퍼센트로 일본 은행과 한국 은행이 빌려준 것이다. 대한제국은 1908년에 지출 증가분을 충당하기 위해 일본 정부에서 1,328만 2,623엔의 차관을 무기한 무이자로 제공받았다. 합병으로 한국의 국가 순채무는 4,559만 106엔이 됐다.(아일런드, 2008: 195~96) 다시 말해 한일병합 이전에 이미 경제적으로는 일본에게 포섭되고 장악된 상황이었다.

조선은 개항 초기의 미약한 내재적 산업화의 동력을 개항이 진행되는 과정에서 잃어버렸다. 일본은 근대화 과정에 필요한 대량생산된 상품의 소비시장과 원자재 공급시장으로 조선을 택했다. 특히 1890년 이후 급속히 진행된 일본의 산업화는 조선을 일본의 경제체제에 강력히 편입시켰다. 그 매개가 화폐였다.

글을 마치며

이 책을 다 읽고 난 독자들은 기분이 나쁠 것이다. 경우에 따라서는 아주아주 나쁠 것이다. 어떤 사람은 다 읽기도 전에 책을 내던졌을지도 모르겠다. 그랬다면 정말 죄송하게 생각한다.

우리는 '100년 전 개항기와 현재의 상황이 비슷하다'는 이야기를 하면서 벌써 10년을 보냈다. 그러니 110년 전 개항기와 현재의 상황이 비슷하다는 이야기다. 그런데 도대체 110년 전 개항기와 현재 대한민국의 상황이 어떻게 비슷한지 비교한 책은 없다. 현재의 상황과 비교하려면 110년 전 조선의 개항과 일본의 개항이 어떤 차이가 있었는지 비교한 책이 필요한데, 그런 책도 없다. '돌직구'를 던지는 심정으로 쓰게 된 것이다. '욕을 태산으로 먹겠구나' 하는 예감에 각오도 단단히 하고 있다.

일본의 개항과 조선의 개항은 시기적으로 20여 년의 차이가 나지만 국제적 환경이 서로 달랐기 때문에 일본은 성공하고 조선은 성공하지 못했다고 학자들이 분석한다. 이 분석은 정말 마음을 편하게 한다. 우리 민족은 아무런 과실이 없기 때문이다. 또 실패의 평계를 외부에 던져주는 것만큼 확실한 자국 세력의 결집이 이뤄지는 일도 없다. 그리고 외세의 간섭, 그것은 뒤집을 수 없는 사실이었다. 그러나 실패의 원인을 외부에서만 찾는다면 110년 전 실패한 조선의 역사에서 배울 것이 없다. 역사에서 배우지 못하면 다른 모양과 형태로 반복되는 역사의 소용돌이 속에서 현실을 헤쳐나가고 미래를 구상할 수 있는 힘을 얻지 못한다. 열강들의 야욕을 우리가 어떻게 할 수 있었겠느냐, 나쁜 놈들이다 하고 말면 그뿐이지 않는가 말이다.

그러니 자세히 살펴봐야 한다. 과연 조선개항의 실패가 일본과 중국, 러시아 등 외세만의 문제였는지 말이다. 나는 그렇지 않았다고 생각했다. 일본에는 외세의 영향력이 적었지만 영국이나 프랑스 등의 영향이 아예 없었던 것도 아니었다. 조선 개항의 실패의 원인을 내부에서, 자체의 역량의 준비 수준과 정책의 입안과 그 정책의 실행능력에서 찾아야 한다.

나는 무엇보다도 조선의 내부는 개항을 받아들일만한 내부적인 힘의 축적이 이뤄지지 않았다고 생각한다. 그것은 16~18세기까지 300여 년 동안 누적된 적폐 탓이기도 하다. 모든 분야에서 16세기 이래 조선은 진취성을 잃고 자만하고 자족하며 퇴행하고 있었다.

이런 상황에서 19세기 중엽 외세가 개입하지 않았더라도 조선왕조의 통치철학과 선비와 양반들의 사고수준, 세계에 대한 인식, 삼정문란으로 인한 국가재정의 궁핍 등은 개항과 개화의 걸림돌이 됐을 것이다. 중화주의와 존주론(공자 시절에 제기된, 주나라로부터 전승된 중화 문화를 존중하며 계승해야 한다는 논리)으로 똘똘 뭉친 조선 말기 조선왕실과 사대부의 인식은 나라의 운명을 개척해나갈 수 없게 했다. 19세기 중엽 가장 개화적이었다는 학자이자 관료인 박규수부터 중화주의와 화이관에 사로잡혀 있었으니, 한계가 명확했다. 개항론자의 수준이 그러했다. 문명국과 야만국을 확연하게 나누는 화이사상이 뿌리박혀 있었고, 일본의 발전에도 오랑캐 나라의 일이라며 한동안 외면하고 있었다. 변화하는 정세에 대해 예민하게 반응하지 않았다. 자신이 지키지 않으면 곳간이 털릴 수 있다는 사실을 깨닫지 못한 채 힘센 나라, 사대하던 나라가 지켜줄 것이라는 안이한 생각을 하고 있었다.

일본은 개항 이전에 나카사키를 통해 중국과 네덜란드로부터 각종 정보를 받아들였다. 에도막부는 쇄국기간에 서양의 종교와 철학, 인문학이 들어오는 것을 막았지만, 과학·천문·역학·의학·생물학·병학 등의 학문과 미술과 물감, 서양에서 제작된 세계지도 등은 들어올 수 있게 하였다. 이들을 통해 일본의 지식인인 사무라이들은 새로운 시각을 갖고 있었다. 이런 새로운 문물, 새로운 사상, 새로운 세계에 대한 인지수준은 일본이 개항과 동시에 도약할 수 있는 디딤돌 같은 것이 됐을 것이다.

단적인 예를 들어 보겠다. 조선에 유화와 서양화는 일제 침략기에 가서야 나온다. 그러나 일본에는 에도막부 초기인 17세기 초기부터 포교를 위해 일본에 온 포르투갈 예수회 선교사들에 의해 도입돼 소개됐다. 그러나 이런 서양풍의 표현들은 도쿠가와 막부가 1639년 쇄국을 단행하면서 급속히 쇠퇴했다. 하지만 나가사키를 통해 들어오는 새로운 문물은 일본에서 자체적으로 서양풍의 그림이 나올 수 있는 자극과 풍토를 마련했다. 선원근법과 음영, 빛을 묘사하는 서양풍의 표현기법을 절충한 그림들이 나오는데, 화가로는 시바 고칸, 와카스기 이소하치, 아라키 조겐, 이시자키 유시, 가와하라 게이가 등이 그들이다.(오카 야스마사, 2011) 일본 전통 화가들이 그려내던 18~19세기 초 다색판화인 풍속화 우키요에浮世繪에도 원근법 등이 나타나기 시작했다. 일본 미술은 18세기 중엽부터 이미 근대의 길을 가고 있었던 것이다.

물론 이런 주장을 두고 '미술의 영역에서만 나타난 것 아니냐. 미술만 가지고 근대가 이미 시작됐다고 볼 수 없지 않느냐'고 반론을 펼 수도 있다. 이것은 문화가 동시대적이라는 상황을 이해하지 못한 반박이라고 생각한다. 문화는 혼자 덩그러니 모습을 드러내는 것이 아니라 정치·경제·사회·과학기술 발전의 결정체로서 나타나는 것이다. 미국의 할리우드 영화와 팝 등 대중문화가 지난 100여 년간 전세계에 영향력을 행사한 배경에는 미국의 정치·경제력이 전세계에 영향을 미치고 있었기 때문인 것과 비슷하다. 즉 일본 미술에서 서양풍의 경향이 나타나기 시작한 시점이 18세기 중엽부터였다는 것은 일본이 개항 이전에 이미 경제적으로 사회적으로 근대에 접근하고 있었다는 이야기가 된다. 16~18세기 조선과 일본의 문화·경제·정치·사회를 비교한 글은 《못난 조선》을 참고하길 바란다.

철저하게 일본은 개항에서 성공한 길을 걸었고, 철저하게 조선은 개항에서 실패한 길을 걸었다는 극단적 비교가 불편하더라도, 다소 의도적인 비교라는 점을 감안해서 독자들이 스스로의 판단과 사고로 극복해나가길 바란다.

2013년은 한국·북한·중국·일본·러시아에 새로운 정부가 활발하게 활동할 시기다. 동아시아에 공교롭게도 모두 보수적인 정권들, 국익을 최우선에 두는 정부들이 들어섰다. 이런 점을 보면 110년 전 개항기를 떠올리게 한다. 개항기에 제국주의는 자국의 이익을 극대화하기 위해 다른 나라의 권리와 이익을 침해하고 빼앗았기 때문이다.

중국은 미국에 이어 세계 NO. 2 국가이고, 일본은 NO. 3 국가이다. 친미외교를 하고 있는 한국에서 부상하는 중국을 어떻게 관리할 것인가는 21세기 한국의 과제다.

무엇보다 일본이 걱정이다. 1988년 이래로 '잃어버린 25년'을 견디고 있는 일본을 보면서, "역시 일본은 안 돼"라며 내심 좋아하고 뻐기는 한국인들이 많다는 것을 안다. 하지만 일본은 2012년에 노벨생리의학상 수상자로 교토대학 재생의학연구소 교수인 야마나카 신야山中伸彌를 추가함으로써 노벨상 수상자 19명을 확보한 나라라는 점을 잊으면 안 된다. 평화상 한 명과 문학상 두 명, 나머지 열여섯 명은 모두 자연과학 분야에서 수상했다. 또 2000년 이후에만 열한 명이 수상했으니, 일본이 도대체 무엇을 잃어버렸다는 것인지 잘 따져보아야 한다. 한국은 김대중 대통령이 수상한 노벨평화상 한 개가 있다. 잃어버린 25년에도 불구하고 여전히 저력을 자랑하는 일본을 보면서 개인적으로 두려움을 느낀다.

한국은 교역규모가 세계 10위권 안으로 들어갔다고 자랑하지만, 중국과 일본의 규모와 비교하면 한없이 작다. 특히 외환보유액을 따져보면 그 어마어마한 규모 탓에 머리가 띵하기도 하다. 2012년 12월 현재 한국은 사상 최고치인 3,261억 달러라고 자랑하지만, 일본은 1조 2,708억 달러이며, 중국은 3조 2,850억 달러이다.

조선시대에도 그렇지만 한국은 일본에 비해서 책도 많이 읽지 않는다. 이 대목은 정말 답답하다. 정보화 사회, 지식기반 사회라는 21세기를 책도 읽지 않으면서 어떻게 헤쳐나가려 하는지 알 수가 없다. 국가적 차원에서 다양한 소재와 주제의 책읽기 운동이 펼쳐져야 한다.

북한도 2012년 12월 인공위성 광명호를 우주공간에 쏘아올림으로써 중국·일본 등과 함께 '스페이스클럽 10'에 들어갔다. 한국은 나로호를 쏘아올리기 위해 여러 차례 애쓴 끝에 2013년 1월 비로소 발사에 성공했다. 북핵문제 해결을 위해 한국은 북한과 경쟁하며 중국과 미국, 일본, 러시아 등에 열심히 외교전쟁을 벌여야 할 것이다. 지금까지의 수준을 보면 효과적인 외교전략을 구상하고 있는 것 같지 않아서 불안하다.

21세기 한국은 어느 위치에 있는지, 현재 무엇이 부족한지, 19세기 조선 개항문제를 살펴보면서 고민해보면 좋겠다. 불쾌하고 불편한 책을 내는 이유이다. 대한민국이 안고 있는 문제를 다양한 각도에서 바라볼 수 있는 책으로 잘 활용되길 바란다.

참고문헌

강만길, 《고쳐 쓴 한국근대사》, 창비, 2006.
강상규, 《19세기 동아시아의 패러다임 변환과 제국 일본》, 논형, 2007.
계승범, 《정지된 시간》, 서강대학교출판부, 2011.
_____, 《우리가 아는 선비는 없다》, 역사의아침, 2012.
교수신문, 《고종황제 역사 청문회》, 푸른역사, 2005.
권오영, 《근대 이행기의 유림》, 돌베개, 2012.
금병동a, 최혜주 옮김, 《일본인의 조선관》, 논형, 2008.
금병동b, 최혜주 옮김, 《조선인의 일본관》, 논형, 2008.
김구, 《백범일지》, 나남, 2004.
김경일, 《제국의 시대와 동아시아 연대》, 창비, 2011.
김동노, 《근대와 식민의 서곡: 한국》, 창비, 2009.
김명호, 《환재 박규수 연구》, 창비, 2008.
김상웅, 〈이완용의 죄와 벌〉, 《내일을 여는 역사 19호》, 서해문집, 2005.
김성배, 《유교적 사유와 근대국제정치의 상상력》, 창비, 2009.
김성해, 《국제뉴스의 빈곤과 국가의 위기》, 한국언론진흥재단, 2010.
김영나, 《20세기 한국미술 2》, 예경, 2010.
김영수, 《미쩰의 시기—을미사변과 아관파천》, 경인문화사, 2012.
김원모, 《한미수교사, 조선보빙사의 미국사행편》, 철학과현실사, 1999.
김용구, 《세계관 충돌과 한말 외교사》, 문학과지성사, 2001.
김용헌, 《조선 성리학, 지식권력의 탄생》, 프로네시스, 2010.

김윤희,《이완용 평전》, 한겨레출판, 2011.
김학준,《구한말의 서양 정치학 수용 연구》, 서울대학교출판문화원, 2012.
김희영,《이야기 일본사》, 청아출판사, 2006.
나가하라 게이지, 하종문 옮김,《20세기 일본의 역사학》, 삼천리, 2011.
다카하시 히데나오, 이계황 외 옮김,《새로 쓴 일본사》, 창비, 2003.
다카하시 오사무 외, 송태욱 옮김,《문명개화와 일본 근대문학》, 웅진지식하우스, 2011.
《두산백과사전》.
문소영,《못난 조선》, 전략과문화, 2010.
＿＿＿,《서울신문》, 2012년 4월 26일자 10면.
미야지로 히로시, 노영구 옮김,《양반》, 강, 1996.
박경희,《연표와 사진으로 보는 일본사》, 일빛, 1998.
박삼헌,《근대 일본 형성기의 국가체제》, 소명출판, 2012.
박은숙,《김옥균 역사의 혁명가 시대의 이단아》, 너머북스, 2011.
박은식, 김대웅 역해,《한국통사》, 아카넷, 2012.
배기찬,《코리아, 다시 생존의 기로에 서다》, 위즈덤하우스, 2006.
배항섭,《19세기 조선의 군사제도 연구》, 국학자료원, 2002.
백성현·이한우,《푸른 눈에 비친 하얀 조선》, 새날, 1999.
백영서,《동아시아 근대 이행의 세 갈래》, 창비, 2009.
송병기,〈김윤식·이홍장의 보정·천진회담(하)〉,《동방학지 45》, 1984.
신동준,《개화파 열전》, 푸른역사, 2009.

신용하, 〈오경석의 개화사상과 개화활동〉, 《역사학보 제 107집》, 1985.

아일런드, 얼레인, 김윤정 옮김, 《일본의 한국통치에 관한 세밀한 보고서》, 살림, 2008.

안승일, 《김옥균과 젊은 그들의 모험》, 연암서가, 2012.

언더우드, 릴리어스 호톤, 김철 옮김, 《조선견문록》, 이숲, 2008.

역사학자 18인, 《역사의 길목에 선 31인의 선택》, 푸른역사, 2010.

연갑수, 《고종대 정치변동 연구》, 일지사, 2008.

오상학, 《조선시대 세계지도와 세계인식》, 창비, 2011.

오카 야스마사, 〈시각의 근대화를 찾아서—일본 양풍화 소사〉, 《근대 일본이 본 서양》, 서울대미술관, 2011.

왕중추, 김영진 옮김, 《중국사 재발견》, 서교출판사, 2012.

위키피디아.

이경구 등, 《개념과 번역의 창조》, 돌베개, 2012.

이노우에 가쓰오, 《새로 쓴 일본사》, 창비, 2003.

이덕일, 《윤휴와 침묵의 제국》, 다산초당, 2011.

_____, 《근대를 말하다》, 역사의아침, 2012.

이상각, 《꼬레아 러시》, 효형출판, 2010.

이삼성, 《동아시아의 전쟁과 평화 1》, 한길사, 2009.

_____, 《동아시아의 전쟁과 평화 2》, 한길사, 2009.

이시하라 쇼지·히라이 가즈오미, 최덕수 옮김, 《끝나지 않은 20세기》, 역사비평사,

2008.

이영화, 《조선시대 조선사람들》, 가람기획, 1998.

이용주, 《동아시아 근대사상론》, 이학사, 2009.

이이화a, 《빼앗긴 들에도 봄은 오리니》, 김영사, 2008.

이이화b, 《파랑새는 산을 넘고》, 김영사, 2008.

이주한, 《노론 300년 권력의 비밀》, 역사의아침, 2011.

이헌창, 《한국경제통사》, 해남, 2012.

임경석 외, 《동아시아 전통사회의 구조와 해체》, 선인, 2009.

임경석 · 김영수 · 이항준 공편, 《한국근대외교사전》, 성균관대학교출판부, 2012.

전우용, 〈'지조' 황현과 '매국' 이완용〉, 《서울신문》 2012년 9월 17일자.

조선사회연구회, 《조선 사회 이렇게 본다》, 지식산업사, 2010.

쥐베르 · 마르탱, 유소현 옮김, 《프랑스 군인 쥐베르가 기록한 병인양요》, 살림, 2010.

정일성, 《후쿠자와 유키치》, 지식산업사, 2012.

_____, 《이토 히로부미》, 지식산업사, 2002.

_____, 《일제 조선지배 40년》, 지식산업사, 2010.

정옥자, 《지식기반 문화대국 조선》, 돌베개, 2012.

정형, 《일본 일본인 일본문화》, 다락원, 2009.

조동일, 《학문론》, 지식산업사, 2012.

《조선왕조실록》.

조재곤, 《그래서 나는 김옥균을 쏘았다》, 푸른역사, 2008.

최덕수 외,《조약으로 본 한국 근대사》, 열린책들, 2010.

최원식 등,《교차하는 텍스트, 동아시아》, 창비: 2010.

키신저,《중국에서》, 민음사, 2012.

탕진 외, 이지은 · 이주연 옮김,《대국굴기》, 이다미디어, 2007.

《한국민속문화대백과》.

한국역사연구회,《한국사 길잡이 하》, 지식산업사, 2008.

한상일,《1910 일본의 한국병탄》, 기파랑, 2010.

함규진,《고종, 죽기로 결심하다》, 자음과모음, 2010.

함동주,《천황제 근대국가의 탄생》, 창비, 2009.

황석영,《여울물 소리》, 자음과모음, 2012.

홈스, 버튼,《1901년 서울을 걷다》, 푸른길, 2012.

황준헌, 김승일 편역,《조선책략》, 범우사, 2011.

후지이 조지 외, 박진한 · 이계황 · 박수철 옮김,《쇼군, 천황, 국민》, 서해문집, 2012.

조선의 못난 개항
일본은 어떻게 개항에 성공했고 조선은 왜 실패했나

초판 1쇄 발행 2013년 2월 28일 초판 6쇄 발행 2016년 8월 1일

지은이 문소영   펴낸이 연준혁

기획 설완식

출판4분사
편집장 김남철

펴낸곳 (주)위즈덤하우스   출판등록 2000년 5월 23일 제13-1071호
주소 (410-380) 경기도 고양시 일산동구 정발산로 43-20 센트럴프라자 6층
전화 031) 936-4000   팩스 031) 903-3891
전자우편 yedam1@wisdomhouse.co.kr   홈페이지 www.wisdomhouse.co.kr

값 14,000원   ⓒ문소영, 2013
ISBN 978-89-93119-58-9 03900

- 역사의아침은 (주)위즈덤하우스의 역사 전문 브랜드입니다.
- 잘못된 책은 바꿔드립니다.
- 이 책의 전부 또는 일부 내용을 재사용하려면
  사전에 저작권자와 (주)위즈덤하우스의 동의를 받아야 합니다.
- 이 책은 한국언론진흥재단의 저술 지원을 받았습니다.

조선의 못난 개항 : 일본은 어떻게 개항에 성공했고 조선은 왜
실패했나 / 지은이: 문소영. ― 고양 : 위즈덤하우스, 2013
   p. ;   cm

참고문헌 수록
ISBN 978-89-93119-58-9 03900 : ₩14000

조선 시대[朝鮮時代]
개항 정책[開港政策]

911.059-KDC5
951.902-DDC21   CIP2013001314